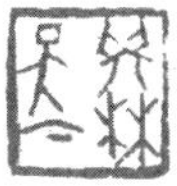

Treasures for Scholars Worldwide

瞿式耜未刊書牘

〔明〕瞿式耜 撰

嚴志雄 編

廣西古籍工作規劃項目

廣西師範大學出版社

GUANGXI NORMAL UNIVERSITY PRESS

·桂林·

瞿式耜未刊書牘
QUSHISI WEIKAN SHUDU

圖書在版編目（CIP）數據

瞿式耜未刊書牘 /（明）瞿式耜撰 ；嚴志雄編. -- 桂林 ：
廣西師範大學出版社，2023.12
ISBN 978-7-5598-6279-2

Ⅰ．①瞿… Ⅱ．①瞿… ②嚴… Ⅲ．①中國歷史－研究－
明代 Ⅳ．①K248.07

中國國家版本館 CIP 數據核字（2023）第 165191 號

廣西師範大學出版社出版發行

（廣西桂林市五里店路 9 號　郵政編碼：541004 ）
（網址：http://www.bbtpress.com ）

出版人：黃軒莊
全國新華書店經銷
廣西廣大印務有限責任公司印刷
（桂林市臨桂區秧塘工業園西城大道北側廣西師範大學出版社
集團有限公司創意産業園内　郵政編碼：541199）
開本：787 mm ×1 092 mm　1/16
印張：21.25　　字數：300 千
2023 年 12 月第 1 版　　2023 年 12 月第 1 次印刷
定價：118.00 元

如發現印裝質量問題，影響閲讀，請與出版社發行部門聯繫調換。

前　言

緣起

　　明末清初文學、文人一直是我的研究領域,對明清之際文壇宗主錢謙益(牧齋,1582—1664)尤所究心。錢謙益與瞿式耜(字伯略,一字起田,別號稼軒,1590—1651)同爲江蘇常熟人,份屬師徒,於晚明政壇且爲同志同黨,共同進退者,故我前此對瞿氏雖無專門研究,但因長期研究錢謙益,對瞿氏生平事蹟及其著述亦不算陌生。十餘年前,我獲悉北京中國社會科學院文學研究所善本室藏有一帙瞿式耜未刊稿。[1] 2013 年冬,特赴社科院借閱該集,是爲題名《瞿中丞啓稿》之一鈔本。數日研判,發現其乃十分珍貴的歷史文獻,有整理出版的價值。

瞿式耜與《瞿中丞啓稿》

　　瞿式耜,江蘇常熟人。萬曆年間進士。瞿氏乃明清之際名宦、文士,一生波瀾起伏,其忠義事蹟膾炙一時。崇禎元年(1628),瞿氏擢戶科給事中,奏章如火,直聲震朝野。瞿氏與其師錢謙益於晚明動蕩政局之中同屬東林“清流”,也同

---

[1]　此事因緣,請看本書《後記》。

因黨爭被黜。崇禎朝覆亡，清人定鼎北京，南明弘光朝立於南京，圖保半壁江山。不期年而清兵南下，弘光朝潰。弘光朝覆亡前不久，瞿氏受命巡撫廣西。清順治三年（1646），永明王朱由榔於廣東肇慶登基，以繼明統，史稱永曆帝，瞿氏爲支柱重臣。順治七年（永曆四年，1650），清軍薄桂林，諸將倉皇出奔。瞿式耜以"桂林留守"之身死守孤城，城破被執，壯烈殉國。[1] 瞿氏一生，由文人而名臣、黨錮人物、殉節孤忠，經歷絢爛壯烈，而又頭緒紛紜——《明史》有傳，叙瞿氏事蹟頗詳，可參看（見本書附錄一）。[2]

《瞿中丞啓稿》，鈔本，現藏中國社會科學院文學研究所善本室，入藏記錄題"明人書信"（索書號：856.26/6654 65）。本帙含瞿式耜未刊書信 280 通，恭楷抄錄，無頁碼，正文凡 111 葉，每半葉 9 行，行 24 字（偶有多於 24 字者），約合 4.8 萬字。書前有《大中丞瞿公啓稿叙言》一文，1.5 葉，文末署："藏之者，虞邑世家樂安氏也。叙之者，天都山人卯金子也。歲在閼逢執徐八月十五日也。"

《瞿中丞啓稿》之作期

崇禎改元（戊辰，1628），瞿式耜三十九歲。正月，自常熟赴京。四月二十五日，奉旨考授戶科給事中。式耜既在言路，即接連上疏，論大臣之宜去留者；彈劾漏網閹黨；爲"清""忠"死臣求謚；建議整頓邊防、改革民生等。式耜矯矯立名，其所議事多爲帝採納，然搏擊權豪，大臣多畏其口，難免樹敵招怨。七月，錢謙益應召赴闕，補詹事府詹事，尋轉禮部右侍郎，兼翰林侍讀學士。冬，"枚卜"事發。十一月三日，會推閣員成基命、錢謙益等八人，周延儒不與，周遂陰嗾禮部尚書溫體仁上疏訐謙益主浙試時受賄舊事。六日，帝於文華殿召對群臣，體仁責謙益把持枚卜，辭如泉湧，謙益倉猝失措，頗屈。謙益旋奉嚴旨，回籍聽勘，革職待罪；式

---

[1] 瞿式耜的新近研究，可看范雅琇：《從虞山到桂林——瞿式耜殉國叙事之研究》（臺北：政治大學中國文學系碩士論文，2013 年）。

[2] ［清］張廷玉等撰：《明史·瞿式耜傳》（北京：中華書局，1974 年），卷 280，頁 7179—7184。

耜降一級調用。式耜冬杪出居城外。次年三月，南還。四月，抵里。

今考《瞿中丞啓稿》全帙，開首數札作於崇禎元年（1628）四月下旬，式耜未確知考授何官時；最後數札，作於崇禎二年（1629）正月居城外準備南還之際。換言之，帙中各札，涵蓋式耜授官前後，至被貶謫、滯留北京期間，日期相對集中。諸札大體依時間順序編次（偶有錯簡）。根據札中内容及周邊證據，可大概確定其作期如下：札【一】至【一二】，崇禎元年四月札；札【一三】至【七三】，五月札；札【七四】至【一〇四】，六月札；札【一〇五】至【一二九】，七月札；札【一三〇】至【一五六】，八月札；札【一五七】至【一七一】，九月札；札【一七二】至【二〇五】，十月札；札【二〇六】至【二四三】，十一月札；札【二四四】至【二七〇】，十二月札；札【二七一】至【二八〇】，崇禎二年一月札。各札更確切的作期，請詳札後筆者按語。

關於《大中丞瞿公啓稿叙言》

《瞿中丞啓稿》前有"天都山人卯金子"所撰之《大中丞瞿公啓稿叙言》，録如下：

> 稱大中丞者何？此先帝特拔之恩遇也。叙諫垣事者何？此中朝炳蔚之鴻文也。在中朝，則歷歷可紀；在西粤，則湮没失傳。傳者傳之，失傳者闕之也。公與學士先生往來手札，皆其奏議中實事，觀者當以諫草視之，不徒以尺牘視之也。視其尺牘，則知其諫草；視其諫草所寓，則知其生平所存。余故於其叙寒煖、候起居之細節，則略而不書；於其論國是、薦人才之大事，則大書特書，不一書也。觀其運筆横飛，不加粉飾，一則曰"念念以報主□〔爲〕心"，再則曰"的從國家起見"，修辭立言，則皆忠君愛國之忱也。□若解散私黨，還歸蕩平，不激不隨，引邪返正；告誡

僚友，願以□虛平正之心，消水火玄黃之釁；內舉不避親，外舉不避怨，則有得於無黨無偏之義也。時人目之為東林黨幟者，則過也。公始罹璫忌，厄抑六年，繼擢戶垣，曾不數月，見嫉群小，旋遭放逐。去國之時，戀闕孤忠，每念不忘，諄諄往復，未嘗不以忠義勸勉同儕也。主心悔悟，一旦超擢，由京兆而晋中丞。鞠躬盡瘁，忼慨赴難，總以效忠先帝者效死社稷也。公不以中丞終也，而事不及詳；公又不以給諫始也，而辭不概見，則以嶺表敷陳疏稿，與家中所携著述，同罹公署兵燹也。其僅有存者，止《臨難遺表》，鳴咽流涕，悲憤交集，自稱"罪臣"，不書官位。余仍公之志，以故丁亥以後加秩，弗敢著也。桂山孤堞，時與江陵司馬、梧水披垣，以詩代書，互相酬答，見於《浩氣吟》篇帙，微露一斑，已徵全豹。傳者傳，而失傳者亦傳也。錢宗伯有言曰："其人為宇宙之真元氣，其詩則今古之大文章。"於篇什著之，亦於辭翰著之也。藏之者，虞邑世家樂安氏也。叙之者，天都山人卯金子也。歲在閼逢執徐八月十五日也。

文題中之"啓"，即"書啓"，書札、書信之謂；文中稱"手札""尺牘""辭翰"，即此。所謂"稿"，固以其未刊刻也。

文末披露，此帙書札之原藏者乃"虞邑世家樂安氏"，而此篇《叙言》為"天都山人卯金子"所作。"樂安氏"，孫姓之謂，此樂安氏乃江蘇虞山世家之子；"卯金子"者，劉姓之謂，而安徽黃山有天都峰，劉氏或即安徽人。惟孫、劉二氏，究為何人，筆者譾陋，不敢妄斷，又因資料不足，無從稽考，實望方家有以教我。

"閼逢執徐"，歲在甲辰。清世康熙三年（1664）、雍正二年（1724）、乾隆四十九年（1784）、道光二十四年（1844）、光緒三十年（1904），均閼逢執徐之歲。

《叙言》文首云："稱大中丞者何？先帝特拔之恩遇也。"今考甲申三月，北都淪陷；五月，弘光繼位於南京，紹續明統，史稱南明。十二月，式耜應弘光召，出任應天府丞，旋擢右僉都御史，巡撫廣西。"大中丞""中丞"，明清時期巡撫別稱，蓋都察院副御史職位相當於御史中丞,常用作巡撫之加銜,故有此稱。劉氏文中"先帝"云云,固指南明弘光帝也。

《叙言》又云:"叙諫垣事者何?此中朝炳蔚之鴻文也。在中朝,則歷歷可紀;在西粵,則湮没失傳。"此"中朝",則應指崇禎朝,而"諫垣""炳蔚之鴻文",即式耜崇禎元年(1628)任户科給事中時所上之諸奏章也。

《叙言》中段有云:"主心悔悟,一旦超擢,由京兆而晋中丞。鞠躬盡瘁,忼慨赴難,總以效忠先帝者效死社稷也。"亦述式耜應召復官後,由應天府丞擢右僉都御史、巡撫廣西之一連串陞轉也。此中種種,式耜長子玄錫所撰《稼軒瞿府君暨邵氏合葬行實》記載頗詳,云:

　　五月十五日,聖安帝[弘光]即位陪京[南京],以明年爲弘光元年,下詔求舊。……府君係先帝[崇禎]恩命,准復原官。……繼而冢宰嘉禾徐公石麒,以應天府府丞缺,推補府君,旋奉俞旨,促期赴任。……會廣西巡撫缺,部議以太僕少卿萬公元吉爲正推,而以府君副之。迨命下,不用正而點陪。[1]

又:

　　[翌年]五月初十,陪京失守,聖安蒙塵,大江南北,在在淪陷。……府君於六月初二日到吉安,方知南京之信。同行幕友,咸勸府君且還,以觀大勢,府君不顧,星言叱馭,過庾嶺而東。[2]

---

[1]　據余行邁、吳奈夫、何永昌點校:《稼軒瞿府君暨邵氏合葬行實》,《明史研究論叢》第5輯(1991年5月),頁373。

[2]　同上,頁375。

《叙言》後段云：

> 公不以中丞終也，而事不及詳；公又不以給諫始也，而辭不概見，則以嶺表敷陳疏稿，與家中所携著述，同罹公署兵燹也。其僅有存者，止《臨難遺表》，嗚咽流涕，悲憤交集，自稱"罪臣"，不書官位。余仍公之志，以故丁亥[按：桂王永曆元年（1647）]以後加秩，弗敢著也。桂山孤蝶，時與江陵司馬[按：即張同敞]、梧水掖垣[按：即金堡]，以詩代書，互相酬答，見於《浩氣吟》篇帙，微露一斑，已徵全豹。……錢宗伯[按：即錢謙益]有言曰："其人爲宇宙之真元氣，其詩則今古之大文章。"

考劉氏此中所述者，乃式耜之《臨難遺表》《浩氣吟》，及錢謙益爲撰之《浩氣吟序》，餘不及焉。順治七年（1650）閏十一月，式耜於桂林就義；稍後不久，其孫昌文將其"臨難詩文"一帙郵回常熟。順治九年（1652）三月，《浩氣吟》刻行，傳誦一時。[1]《浩氣吟》原刻，其編次爲：（一）錢謙益序；（二）釋性因序；（三）《臨難遺表》；（四）《浩氣吟》；（五）別山遺稿；（六）性因跋，並附其《和留守司馬唱和詩八首》及識語；（七）性因《上孔定南王書稿》；（八）昌文後記。[2]劉氏《叙言》所及，不出上述範圍，似不及見瞿昌文於康熙二十三年（1684）輯成之《虞山集》，或道光十四年（1834）常熟許氏刻行之《瞿忠宣公集》。[3]

承上所述，頗疑《大中丞瞿公啓稿叙言》後署之"閼逢執徐"，即康熙三年甲辰（1664），而《叙言》作者，乃式耜時人。原因如下：首先，《叙言》於"先帝""中

---

[1]　此據瞿果行《瞿式耜年譜》繫年。瞿氏按語云："原刻本《浩氣吟》，無鐫板成書年月，僅錢謙益序中說明書序在辛卯年小歲日。而昌文記孫成在壬辰四月由家鄉赴粵，已帶出此書刻本，姑編列于此。"見瞿果行編著：《瞿式耜年譜》（濟南：齊魯書社，1987年），頁185。牧齋序後署"歲在單閼重光小歲日蒙叟謙益再拜書於絳雲餘爐處"。"單閼重光"，辛卯年也，而冬至夜稱"小歲"，可知錢序成於順治八年（1651）十一月十日。

[2]　見《常熟文庫》編委會編：《常熟文庫》（北京：國家圖書館出版社，2019年），第63册。

[3]　順治十四年（1657），式耜子玄錫另輯刊有《桂林遺詩》（或稱《桂林詩稿》《東日堂詩》）。

朝""主心"再三致意,而依文中之指涉,此"先帝"乃弘光帝,"中朝"則崇禎朝。劉氏言之,區區惓惓,宛然明朝遺臣遺民口吻。再者,劉氏歎惜,式耜之"鴻文","在中朝,則歷歷可紀;在西粵,則湮没失傳",知其不及見康熙二十三年(1684)之《虞山集》及後道光十四年(1834)據之刊刻之《瞿忠宣公集》矣,蓋此二集載式耜桂林詩文頗夥(包括桂林時期之"留守封事"疏章)。復次,乾隆四十一年(1776)《欽定勝朝殉節諸臣錄》追謚式耜爲"忠宣",後刊於道光間之式耜集即名《瞿忠宣公集》,而審劉氏今仍以"大中丞瞿公"云云命其篇,應非乾隆朝以後之作。(現藏中國社科院文學所之《瞿中丞啓稿》,封面原有"瞿忠宣公啓稿"題簽。愚意以爲,此爲後藏者所題無疑,且必在乾隆四十一年以後。)

本書之文獻價值

瞿式耜爲明清易代之際重要歷史人物,而《瞿中丞啓稿》前此未曾刊行,對文史研究者而言,其文獻價值已不言而喻。瞿式耜著作,學者較常使用的是江蘇師範學院歷史系蘇州地方史研究室整理的《瞿式耜集》,出版於1981年。是書出版後至本書付梓四十餘年間,未再有重要的相關文獻面世。而今藏中國社科院之《瞿中丞啓稿》以善本庋藏,一般讀者無緣得讀,學界亦未見使用該集從事相關研究者。今本書對《瞿中丞啓稿》進行全面整理,並根據《啓稿》實際內容,改題今名《瞿式耜未刊書牘》,以"整理本"形式出版。這一份重要的歷史文獻得以流通於世,相信對明清文史研究不無裨益。以下略舉數端,以概見本書的價值。

1981年出版的《瞿式耜集》約共24萬字,而《瞿中丞啓稿》全帙近5萬字,其中僅約百字與《瞿式耜集》重複。本書出版,無疑是明清之際原始文獻的重大收穫。

《瞿中丞啓稿》含瞿式耜未刊信札280通。《瞿式耜集》卷三有"尺牘"類,含"家書"15通、"致親友書"8通,合共23通。《瞿中丞啓稿》與《瞿式耜集》僅有一通重複(約百字),在數量上遠遠超過《瞿式耜集》所收者。學者前此只能讀到瞿氏 23 通書札，現在增加至 302 通。

進一步對比，可知《瞿式耜集》所收"家書"15 通爲瞿氏清初順治二年至七年間（1645—1650）之札，"致親友書"8 通則爲前明之札，作期不一；《瞿中丞啓稿》所載 280 札，則盡皆瞿氏前明之作，時段集中在崇禎元年四月至二年正月（1628—1629），絕大部分爲元年札。換言之，自瞿氏崇禎元年四月底授官户科給事中，至冬間因錢謙益"枚卜"事件受牽連被降級調用、出京前的整個時段，瞿氏的行事、思想，大可考索之於《啓稿》。（《瞿式耜集》"致親友書"中只有二札關涉本年之事。）

本書之研究價值

本書對明清文史研究有特殊意義，兹略述一二如次：

一、晚明政治文化與士大夫研究

瞿式耜晚明入仕，位秩雖非顯赫，但瞿氏身歷晚明（啓禎二朝）政壇的風風雨雨，其於宦海之沉浮，尤與東林黨之盛衰、其師錢謙益之進退相終始，故而頗堪注目。研究瞿氏及其《瞿中丞啓稿》，可從明季歷史、政治、皇權、朝政、黨爭、朝野、邊患、人脉、個人性情與抱負等面向切入，以歷史、政治爲經，以人物爲緯，宏觀與微觀相結合展開探討。

《瞿中丞啓稿》收入瞿氏信札 280 通，涉及衆多人物，其中如李標、錢謙益、文震孟、倪元璐、茅元儀、高弘圖、劉鴻訓、錢龍錫、王永光、王在晋、王家禎、張國維、張鳳翔、范景文、薛國觀、李邦華、成基命、申用懋等，皆其時舉足輕重之政壇人物。瞿氏此批信札的作期集中在崇禎元年四月底至二年正月間，正值崇禎皇帝御宇之初，勵精圖治，鋭意興革，瞿氏書札之内容遂多涉及其時政局形勢、官僚之黜陟賞罰，以及崇禎元年冬會推閣臣之"枚卜"事件。瞿氏此批信札，給予研究者非常難得、特殊的研究素材，蓋瞿氏乃此崇禎改元時段歷史及政治事件之"局中人",其涉筆所及,每多内幕秘聞,頗可藉以窺見崇禎皇帝之作爲、性情,以及其時政壇大僚之舉措、品行、於京中之交游方式以及日常生活。凡此種種,皆可豐富吾人對晚明政治、人物、官僚體制以及政治文化的認識與瞭解。

再者,瞿式耜之書札與其任職户科給事中時所上之奏疏有着微妙的交集。今檢通行本《瞿式耜集》,内有《掖垣疏草》,載瞿氏 19 份奏疏(見本書附録二),首上者爲《任人宜責實效疏》,題奏於崇禎元年(1628)四月二十九日,最後一疏爲《邪謀不可不破疏》,上於十一月二十三日;前者爲瞿氏初在言路時所上,後者則爲其受"枚卜"案牽連,遭降秩外調處罰後不久所上。瞿氏"疏草"與"啓稿"之作期幾乎完全重疊。奏疏議國是、論君臣之得失,其得當者登於國史,流傳後世,其嚴肅、重要性可以想見。《明史·瞿式耜傳》有云:"式耜矯矯立名,所建白多當帝意,然搏擊權豪,大臣多畏其口。"[1]可見研究瞿式耜,其奏章乃重要文獻,而有趣且重要的是,瞿氏上奏的内容、目的、策略、發展、結果,每每於同時期的書札中有所披露,讓我們得知其奏疏文詞下的底藴、底細。瞿氏之奏疏與書札"公私互濟",實在難得。

二、晚明尺牘文學研究

明中葉以降,"尺牘"與傳統"書"體文字的分野越趨明顯。至明末,尺牘寫作與出版風靡一時。有謂自王世貞(1526—1590)對《尺牘清裁》的增編問世以後,文人尺牘顯露特色,復與晚明性靈文學交匯,搖身一變而爲晚明小品文的一種。再則在晚明經濟、商業要素的催生下,尺牘從精英階級之文人書翰變爲文化商品、閒賞讀物、社交媒介。然而,在此"尺牘小品"之外,晚明尺牘文學尚有所謂"儒者尺牘"一類,内多正言讜論、讀書學道、經國濟世之語,且以糾正偏邪、扭轉頹風、挽救危亡爲書寫目的。[2] 就某一意義而言,本書所載之瞿氏書札正屬儒

---

[1] 《明史·瞿式耜傳》,頁 7180。
[2] 可參趙樹功:《中國尺牘文學史》(石家莊:河北人民出版社,1999 年),頁 330、381—382。

者尺牘，至少在精神面貌上近之。瞿氏此批書信比較特殊之處在於其具體内容多關涉朝廷政治風波、官僚體系中各要員的交涉互動，以及朝野政治人物、名士的行誼及舉措。因此，筆者以爲，也許"政治場域的儒者尺牘小品"此一提法（措詞雖不無累贅之處），對理解瞿氏書札的特質不無幫助。此中之瞿氏尺牘，有不少其實就是他"勞形"的"案牘"，但瞿氏寫來，每每活潑生動，帶有"小品"韻味，且時見幽默，故又不乏可誦可味之言。（不過，也有數封是用傳統四六駢儷體寫成的，可說是集中的另一格。）總之，對於瞿氏之信札，吾人大可藉之探求瞿氏之士大夫淑世精神，也可玩味其小品之筆墨情韻。

本書行將付梓之際，友人徐隆垚於上海圖書館代覓得《瞿中丞啓稿》另一鈔本（屬"綫善"）示我。大喜過望，即持與本書底本對校一過，發現二本内容相同，僅存在少量異文。二本相較，謄寫水平仍以本書底本爲佳，而底本若干漫漶不清處，或訛、脱字，適可據上圖本補訂，亦幸事也。至於二本之傳承關係（或此二本與更早本之關係），因本書出版限期緊迫，未遑細考，請俟異日。

嚴志雄

凡　例

　　一、本書以中國社會科學院文學研究所藏《瞿中丞啓稿》鈔本爲底本，以上海圖書館藏同題另一鈔本（下稱“上圖本”）對校。

　　二、原帙各札，以寫作日期先後爲序，今一仍其舊，不重加編排。原札編次，偶有失當者，於該札後按語稍加説明。

　　三、原札無序號，今爲加上，以便稽考。

　　四、爲便讀者追索札中所涉事件，今據札中綫索，如有可能，試爲考出更準確之寫作時日，請參札後按語。參考文獻，主要爲瞿式耜長子玄錫所撰《稼軒瞿府君曁邵氏合葬行實》（後稱《行實》）[1]、瞿果行編《瞿式耜年譜》（後稱《年譜》）[2]、《崇禎實録》（後稱《實録》）[3]、《崇禎長編》（後稱《長編》）[4]。

　　五、致札對象，文後附若干傳記材料，如《明史》[5]有傳，優先採用（如傳文過長，斟酌删節），如無，搜諸地方史志記載。

---

　　[1]　據余行邁、吴奈夫、何永昌點校：《稼軒瞿府君曁邵氏合葬行實》，《明史研究論叢》第 5 輯（1991 年 5 月）。

　　[2]　瞿果行編著：《瞿式耜年譜》（濟南：齊魯書社，1987 年）。

　　[3]　臺北“中研院”歷史語言研究所據所藏嘉業堂舊藏鈔本（十七卷本）影印（臺北：“中研院”歷史語言研究所，1967 年）。

　　[4]　臺北“中研院”歷史語言研究所據所藏清汪楫編輯《崇禎長編》（存六十六卷）本影印（臺北：“中研院”歷史語言研究所，1967 年）。

　　[5]　[清]張廷玉等撰：《明史》（北京：中華書局，1974 年）。

六、附録中所載瞿式耜崇禎間奏疏,録自通行本《瞿式耜集》[1],原文無序號,今爲加上,以便參考對讀。

七、凡底本正文據上圖本改字者,加增删符號,圓括號表示改字,方括號表示增字,如札【一三】:"良□[是]盛事",札【二六】:"崇猷冠於(藩)[藩]服"。這些情況比較簡單,不另出校記。

八、原文漫漶不清處,以"□"代替。

---

[1] 江蘇師範學院歷史系蘇州地方史研究室整理:《瞿式耜集》(上海:上海古籍出版社,1981年)。

目　録

札七四至一〇四，崇禎元年六月 ·················· 87

大中丞瞿公啓稿叙言

　　稱大中丞者何？此先帝特拔之恩遇也。叙諫垣事者何？此中朝炳蔚之鴻文也。在中朝，則歷歷可紀；在西粵，則湮没失傳。傳者傳之，失傳者闕之也。公與學士先生往來手札，皆其奏議中實事，觀者當以諫草視之，不徒以尺牘視之也。視其尺牘，則知其諫草；視其諫草所寓，則知其生平所存。余故於其叙寒燠、候起居之細節，則略而不書；於其論國是、薦人才之大事，則大書特書，不一書也。觀其運筆橫飛，不加粉飾，一則曰“念念以報主□［爲］心”，再則曰“的從國家起見”，修辭立言，則皆忠君愛國之忱也。□若解散私黨，還歸蕩平，不激不隨，引邪返正；告誡僚友，願以□虚平正之心，消水火玄黄之釁；内舉不避親，外舉不避怨，則有得於無黨無偏之義也。時人目之爲東林黨幟者，則過也。公始罷瑞忌，厄抑六年，繼擢户垣，曾不數月，見嫉群小，旋遭放逐。去國之時，戀闕孤忠，每念不忘，諄諄往復，未嘗不以忠義勸勉同儕也。主心悔悟，一旦超擢，由京兆而晋中丞。鞠躬盡瘁，忼慨赴難，總以效忠先帝者效死社稷也。公不以中丞終也，而事不及詳；公又不以給諫始也，而辭不概見，則以嶺表敷陳疏稿，與家中所携著述，同罷公署兵燹也。其僅有存者，止《臨難遺表》，嗚咽流涕，悲憤交集，自稱“罪臣”，不書官位。余仍公之志，以故丁亥以後加秩，弗敢著也。桂山孤堞，時與江陵司馬、梧水掖垣，以詩代書，互相酬答，見於《浩氣吟》篇帙，微露一斑，已徵全豹。傳者傳，而失傳者亦傳也。錢宗伯有言曰：“其人爲宇宙之真元氣，其詩則今古之大文章。”於篇什著之，亦於辭翰著之也。藏之者，虞邑世家樂安氏也。叙之者，天都山人卯金子也。歲在閼逢執徐八月十五日也。

札一至一二，崇禎元年四月

【一】與陳之遴

不謂尊駕南還，如此之速也。 兩月周旋，飫聆大教，如矇子之忽得雙照。正喜老師將入國門，是父是子，弟不肖，欲父事兄事，併於一門也。 乃忽舍我而去耶？ 候命之身，未能效驪歌，少申別緒，此心益增踟蹰。 薄具不腆，深愧輶藝，惟仁兄勿罪而麾之，乃見世愛。 欲寄一札老師，匆冗未遑。 二兄出都，容圖之。 草草，不一。

按：本札有"兩月周旋，飫聆大教"及"候命之身，未能效驪歌"之語。據《行實》，瞿氏以崇禎元年（1628）正月"束裝北上，需次至四月廿五日，奉旨考授戶科給事中"，而下札【二七】《與顧元俞公子》有"仲春之月，不佞抵燕"云云，知瞿氏以二月抵京，本札應作於四月下旬候命之時也。

陳之遴（1605—1666），字彥升，又字彥生，號素庵，嘉興海鹽人。崇禎十年（1637）進士。授編修，後遷中允。入清後，官至少保兼太子太保。

《清史稿·陳之遴傳》：

陳之遴，字彥升，浙江海寧人。明崇禎進士，自編修遷中允。順治二年，來降，授秘書院侍讀學士。五年，遷禮部侍郎。六年，加右都御史。八年，擢禮部尚書。御史張煊劾大學士陳名夏，語涉之遴，鞫不實，免議，加太子太保，九年，授弘文院大學士。

時捕治京師巨猾李應試，王大臣會鞫，之遴默不語，王大臣詰之，之遴曰："上立置應試於法則已，如或免死，則必受其害，是以不言。"王大臣等以聞，上以詰之遴，疏引罪。上以之遴既悔過，宥之。調戶部尚書。議總兵任珍罪，與名夏及金之俊持異議，坐罪，寬貸如名夏。十二年，奏請依律定滿臣有罪籍沒家產、降革世職之例，下所司議行。復授弘文院大學士，加少保兼太子太保。

十三年，上幸南苑，召諸大臣入對，諭之遴曰：「朕不念爾前罪，屢申誥誡，嘗以朕言告人乎？抑自思所行亦曾少改乎？」之遴奏曰：「上教臣，臣安敢不改？特臣才疏學淺，不能仰報上恩。」上曰：「朕非不知之遴等朋黨而用之，但欲資其才，故任以職。且時時教飭之者，亦冀其改過效忠耳。」因責左副都御史魏裔介等婾阿緘默，裔介退，具疏劾之遴植黨營私，當上詰問，但云「才疏學淺」，良心已昧；並言之遴諷禮部尚書胡世安舉知府沈令式，旋爲總督李輝祖所劾，是爲結黨之據。給事中王楨又劾之遴市權豪縱，昨蒙詰責，不思閉門省罪，即於次日遨游靈佑宮，逍遥恣肆，罪不容誅。之遴疏引罪，有云：「南北各親其親，各友其友。」上益不懌，下吏部嚴議，命以原官發盛京居住。是冬，復命回京入旗。十五年，復坐賄結內監吳良輔，鞫實，論斬，命奪官，籍其家，流徙尚陽堡，死徙所。

【二】又［與陳之遴］

不肖某荷老年翁之噓拂栽培，此未可以筆舌鳴感也。 極欲急謝，以候旨未敢出門。 偶得桂花香帶一圍，喜其清芬可愛，奉□鑲而用之。 昨所懇大疏稿，望即賜一覽，旨意並抄示爲妙。

陳之遴小傳見【一】《與陳之遴》。

【三】與文文起（震孟）

上元時節，快聆玄霏，倏又三春言邁矣。 恭逢明聖側席求賢，發攄忠藎，靖獻一人，以襄平康盛治，正在斯時。 翁兄重望，不必有血性者欽之，兒童走卒，孰不稱歡？ 埋光日久，時與異度兄言，願星軺蚤發，亟入春明，諸夢卜於九重，慰雲霓於四海，毋過拘難進之節，而空辜見可之時。 惟翁兄與現聞兄，熟計一番，或同行，或先後行，總不必遲遲吾行也。 敬因貴長班齋咨之便，附此勸駕。 馬頭碌碌，捉筆無倫，統祈心焰，幸甚。

　　按：本札有云"上元時節，快聆玄霏，倏又三春言邁"，知作於四月間也。

　　文震孟（1574—1636），字文起，號湛持，蘇州長洲人。天啓二年（1622）壬戌科一甲第一名進士，官至禮部左侍郎兼東閣大學士。謚文肅。

　　《明史·文震孟傳》：

　　文震孟，字文起，吳縣人，待詔徵明曾孫也。祖國子博士彭，父衛輝同知元發，並有名行。震孟弱冠以《春秋》舉於鄉，十赴會試。至天啓二年，殿試第一，授修撰。

　　時魏忠賢漸用事，外廷應之，數斥逐大臣。震孟憤，於是冬十月上《勤政講學疏》，言："今四方多故，無歲不蹙地陷城，覆軍殺將，乃大小臣工卧薪嘗膽之日。而因循粉飾，將使祖宗天下日銷月削。非陛下大破常格，鼓舞豪傑心，天下事未知所終也。陛下昧爽臨朝，寒暑靡輟，政非不勤。然鴻臚引奏，跪拜起立，如傀儡登場已耳。請按祖宗制，唱六部六科，則六部六科以次白事，糾彈敷奏，陛下與輔弼大臣面裁決焉。則聖智日益明習，而百執事各有奮心。若僅揭帖一紙，長跪一諾，北面一揖，安取此駕行爻繡、橫玉腰金者爲。經筵日講，臨御有期，學非不講。然侍臣進讀，鋪叙文辭，如蒙師誦説已耳。祖宗之朝，君臣相對，如家人父子。咨訪軍國重事，閭閻隱微，情形畢照，奸詐無所藏，左右近習亦無緣蒙蔽。若僅尊嚴如神，上下拱手，經傳典謨徒循故事，安取此正笏垂紳、展書簪筆者爲。且陛下既與群臣不洽，朝夕侍御不越中涓之輩，豈知帝王宏遠規模。於是危如山海，而閣臣一出，莫挽偷安之習；慘如黔圍，而撫臣坐視，不聞嚴譴之施。近日舉動，尤可異者。鄒元標去位，馮從吾杜門，首揆冢宰亦相率求退。空人國以營私窟，幾似濁流之投。詈道學以逐名賢，有甚僞學之禁。唐、宋末季，可爲前鑒。"

疏入，忠賢屏不即奏。乘帝觀劇，摘疏中"傀儡登場"語，謂比帝於偶人，不殺無以示天下，帝頷之。一日，講筵畢，忠賢傳旨，廷杖震孟八十。首輔葉向高在告，次輔韓爌力爭。會庶吉士鄭鄤疏復入，内批俱貶秩調外。言官交章論救，不納。震孟亦不赴調而歸。六年冬，太倉進士顧同寅、生員孫文豸坐以詩悼惜熊廷弼，爲兵馬司緝獲。御史門克新指爲妖言，波及震孟，與編修陳仁錫、庶吉士鄭鄤並斥爲民。

崇禎元年以侍讀召。改左中允，充日講官。三年春，輔臣定逆案者相繼去國，忠賢遺黨王永光輩日乘機報復，震孟抗疏糾之。帝方眷永光，不報。震孟尋進左諭德，掌司經局，直講如故。五月復上疏曰："群小合謀，欲借邊才翻逆案。天下有無才誤事之君子，必無懷忠報國之小人。今有平生無恥，慘殺名賢之呂純如，且藉奥援思辯雪。永光爲六卿長，假竊威福，倒置用舍，無事不專而濟以狠，發念必欺而飾以朴。以年例大典而變亂祖制，以考選盛舉而擯斥清才。舉朝震恐，莫敢訟言。臣下雷同，豈國之福。"帝令指實再奏。震孟言："殺名賢者，故吏部郎周順昌。年例則抑吏科都給事中陳良訓，考選則擯中書舍人陳士奇、潘有功是也。"永光窘甚，密結大奄王永祚謂士奇出姚希孟門。震孟，希孟舅也。帝心疑之。永光辯疏得溫旨，而責震孟任情牽詆。然群小翻案之謀亦由是中沮。

震孟在講筵，最嚴正。時大臣數逮繫，震孟講《魯論》"君使臣以禮"一章，反覆規諷，帝即降旨出尚書喬允升、侍郎胡世賞於獄。帝嘗足加於膝，適講《五子之歌》，至“爲人上者，奈何不敬”，以目視帝足。帝即袖掩之，徐爲引下。時稱“真講官”。既忤權臣，欲避去。出封益府，便道歸，遂不復出。

五年，即家擢右庶子。久之，進少詹事。初，天啓時，詔修《光宗實録》，禮部侍郎周炳謨載神宗時儲位齟齬及“妖書”“梃擊”諸事，直筆無所阿。其後忠賢盜柄，御史石三畏劾削炳謨職。忠賢使其黨重修，是非倒置。震孟摘尤謬者數條，疏請改正。帝特御平臺，召廷臣面議，卒爲温體仁、王應熊所沮。

八年正月，賊犯鳳陽皇陵。震孟歷陳致亂之源，因言：“當事諸臣，不能憂國奉公，一統之朝，强分畛域，加膝墜淵，總由恩怨。數年來，振綱肅紀者何事，推賢用能者何人，安内攘外者何道，富國强兵者何策。陛下宜奮然一怒，發哀痛之詔，按失律之誅，正誤國之罪，行撫綏之實政，寬閭閻之積逋。先收人心以遏寇盜，徐議濬財之源，毋徒竭澤而漁。盡斥患得患失之鄙夫，廣集群策群力以定亂，國事庶有瘳乎！”帝優旨報之，然亦不能盡行也。

故事，講筵不列《春秋》。帝以有裨治亂，令擇人進講。震孟，《春秋》名家，爲體仁所忌，隱不舉。次輔錢士升指及之，體仁佯驚曰：“幾失此人。”遂以其名上。及進講，果稱帝旨。

六月，帝將增置閣臣，召廷臣數十人，試以票擬。震孟引疾不入，體仁方在告。七月，帝特擢震孟禮部左侍郎兼東閣大學士，入閣預政。兩疏固辭，不許。閣臣被命，即投刺司禮大奄，兼致儀狀，震孟獨否。掌司禮者曹化淳，故屬王安從奄，雅慕震孟，令人輾轉道意，卒不往。震孟既入直，體仁每擬旨必商之，有所改必從。喜謂人曰：“温公虛懷，何云奸也？”同官何吾騶曰：“此人機深，詎可輕信。”越十餘日，體仁窺其疎，所擬不當，輒令改，不從，則徑抹去。震孟大慍，以諸疏擲體仁前，體仁亦不顧。

都給事中許譽卿者，故劾忠賢有聲，震孟及吾騶欲用爲南京太常卿。體仁忌譽卿伉直，諷吏部尚書謝陞劾其與福建布政使申紹芳營求美官。體仁擬以貶謫，度帝欲重擬必發改，已而果然。遂擬斥譽卿爲民，紹芳提問。震孟爭之不得，咈然曰："科道爲民，是天下極榮事，賴公玉成之。"體仁遽以聞。帝果怒，責吾騶、震孟徇私撓亂。吾騶罷，震孟落職閒住。

方震孟之拜命也，即有旨撤鎮守中官。及次輔王應熊之去，忌者謂震孟爲之。由是有譖其居功者，帝意遂移。震孟剛方貞介，有古大臣風。惜三月而斥，未竟其用。

歸半歲，會甥姚希孟卒，哭之慟，亦卒。廷臣請恤，不允。十二年詔復故官。十五年贈禮部尚書，賜祭葬，官一子。福王時，追諡文肅。二子秉、乘。乘遭國變，死於難。

【四】與阮大鋮

連日抱病杜門，未獲趨領大教。 候考者今日已過堂矣。 收單會議，全在此時。 不肖守拙無營，恐同鄉反多異論，還望台臺力主持之。 或得探當事實語，密密見示，尤荷尤感。 欲躬叩，慮涉形迹，敢此肅勒布懇，惟心焰，不一。

阮大鋮（1587—1646），字集之，號圓海、石巢、百子山樵，安徽桐城人。萬曆四十四年（1616）進士，崇禎時任光禄寺卿，南明任兵部尚書兼右副都御史兼太子太保。

《明史·阮大鋮傳》：
……

大鋮機敏猾賊，有才藻。天啓初，由行人擢給事中，以憂歸。同邑左光斗爲御史有聲，大鋮倚爲重。四年春，吏科都給事中缺，大鋮次當遷，光斗招之。而趙南星、高攀龍、楊漣等以察典近，大鋮輕躁不可任，欲用魏大中。大鋮至，使補工科。大鋮心恨，陰結中璫寢推大中疏。吏部不得已，更上大鋮名，即得請。大鋮自是附魏忠賢，與霍維華、楊維垣、倪文煥爲死友，造《百官圖》，因文煥達諸忠賢。然畏東林攻己，未一月遽請急歸。而大中掌吏科，大鋮憤甚，私謂所親曰："我猶善歸，未知左氏何如耳。"已而楊、左諸人獄死，大鋮對客詡詡自矜。尋召爲太常少卿，至都，事忠賢極謹，而陰慮其不足恃，每進謁，輒厚賄忠賢閹人，還其刺。居數月，復乞歸。忠賢既誅，大鋮函兩疏馳示維垣。其一專劾崔、魏。其一以七年合算爲言，謂天啓四年以後，亂政者忠賢，而翼以呈秀，四年以前，亂政者王安，而翼以東林。傳語維垣，若時局大變，上劾崔、魏疏，脱未定，則上合算疏。會維垣方並指東林、崔、魏爲邪黨，與編修倪元璐相詆，得大鋮疏，大喜，爲投合算疏以自助。崇禎元年，起光禄卿。御史毛羽健劾其黨邪，罷去。明年定逆案，論贖徒爲民，終莊烈帝世，廢斥十七年，欝欝不得志。

流寇偪皖，大鋮避居南京，頗招納游俠爲談兵説劍，覬以邊才召。無錫顧杲、吳縣楊廷樞、蕪湖沈士柱、餘姚黄宗羲、鄞縣萬泰等，皆復社中名士，方聚講南京，惡大鋮甚，作《留都防亂揭》逐之。大鋮懼，乃閉門謝客，獨與士英深相結。周延儒内召，大鋮輦金錢要之維揚，求湔濯。延儒曰："吾此行，謬爲東林所推。子名在逆案，可乎？"大鋮沉吟久之，曰："瑶草何如？"瑶草，士英别字也，延儒許之。十五年六月，鳳陽總督高斗光以失五城逮治。禮部侍郎王錫袞薦士英才，延儒從中主之，遂起兵部右侍郎兼右僉都御史，總督廬、鳳等處軍務。

……

……當是時，中原郡縣盡失，高傑死睢州，諸鎮權侔無統。左良玉擁兵上流，跋扈有異志。而士英爲人貪鄙無遠略，復引用大鋮，日事報復，招權罔利，以迄於亡。

初，可法、弘圖及姜曰廣、張慎言等皆宿德在位，將以次引海内人望，而士英必欲起大鋮。有詔廣搜人材,獨言逆案不可輕議。士英令孔昭及侯湯國祚、伯趙之龍等攻慎言去之,而薦大鋮知兵。初,大鋮在南京,與守備太監韓贊周暱。京師陷,中貴人悉南奔,大鋮因贊周遍結之,爲群奄言東林當日所以危貴妃、福王者,俾備言於王,以潛傾可法等。群奄更極口稱大鋮才,士英亦言大鋮從山中致書與定策謀,爲白其附璫贊導無實跡。遂命大鋮冠帶陛見。大鋮乃上守江策,陳三要、兩合、十四隙疏,並自白孤忠被陷,痛詆孫慎行、魏大中、左光斗,且指大中爲大逆。於是大學士姜曰廣、侍郎呂大器、懷遠侯常延齡等並言大鋮逆案巨魁,不可召。士英爲大鋮奏辨,力攻曰廣、大器,益募宗室統鑹、建安王統鑅輩,連疏交攻。而以大學士高弘圖爲御史時嘗詆東林,必當右己,乃言“弘圖素知臣者”。弘圖則言先帝欽定逆案一書,不可擅改。士英與爭,弘圖因乞罷。士英意稍折,遲回月餘,用安遠侯柳祚昌薦,中旨起大鋮兵部添註右侍郎。左都御史劉宗周言:“殺大中者魏璫,大鋮其主使也。即才果足用,臣慮黨邪害正之才,終病世道。大鋮進退,實係江左興亡,乞寢成命。”有旨切責。未幾,大鋮兼右僉都御史,巡閱江防。尋轉左侍郎。明年二月進本部尚書兼右副都御史,仍閱江防。

呂大器、姜曰廣、劉宗周、高弘圖、徐石麒皆與士英齟齬,先後罷歸。士英獨握大柄,内倚中官田成輩,外結勳臣劉孔昭、朱國弼、柳祚昌,鎮將劉澤清、劉良佐等,而一聽大鋮計。盡起逆案中楊維垣、虞廷陛、郭如闇、周昌晋、虞大復、徐復陽、陳以瑞、吳孔嘉;其死者悉予贈恤,而與張捷、唐世濟等比;若張孫振、袁弘勳、劉光斗皆得罪先朝,復置言路爲爪牙。朝政濁亂,賄賂公行。四方警報狎至,士英身掌中樞,一無籌畫,日以鋤正人、引兇黨爲務。

初,舉朝以逆案攻大鋮,大鋮憾甚。及見北都從逆諸臣有附會清流者,因倡言曰:“彼攻逆案,吾作順案與之對。”以李自成僞國號曰順也。士英因疏糾從逆光時亨等;時亨名附東林,故重劾之。大鋮又誣逮顧杲及左光斗弟光先下獄,劾周鑣、雷縯祚殺之。時有狂僧大悲出語不類,爲總督京營戎政趙之龍所捕。大鋮欲假以誅東林及素所不合者,因造十八羅漢、五十三參之目，書史可法、高弘圖、姜曰廣等姓名，内大悲袖中，海内人望，無不備列。錢謙益先已上疏頌士英，且爲大鋮訟冤修好矣，大鋮憾不釋，亦列焉，將窮治其事。獄詞詭秘，朝士皆自危，而士英不欲興大獄，乃當大悲妖言律斬而止。

……

太子之來也，識者指其僞，而都下士民譁然是之。時又有童氏者，自稱王妃，亦下獄。督撫、鎮將交章争太子及童妃事。王亟出獄詞，徧示中外，衆論益籍籍，謂士英等朋奸，導王滅絶倫理。澍在良玉軍中，日夜言太子冤狀，請引兵除君側惡。良玉亦上疏請全太子，斥士英等爲奸臣。又以士英裁其餉，大憾，移檄遠近，聲士英罪。復上疏言：“自先帝之變，士英利災擅權，事事爲難。逆案先帝手定，士英首翻之。《要典》先帝手焚，士英復修之。越其杰貪婪遣戍，濫授節鉞。張孫振贓污絞犯，驟界京卿。他如袁弘勳、楊文驄、劉泌、王燧、黃鼎等，或行同狗彘，或罪等叛逆，皆用之當路。己爲首輔，用腹心阮大鋮爲添註尚書。又募死士伏皇城，詭名禁軍，動曰廢立由我。陛下即位之初，恭儉明仁，士英百計誑惑，進優童豔女，傷損盛德。復引用大鋮，睚眦殺人，如雷縯祚、周鑣等，鍛煉周内，株連蔓引。尤其甚者，借三案爲題，凡生平不快意之人，一網打盡。令天下士民，重足解體。目今皇太子至，授受分明。大鋮一手握定抹殺識認之方拱乾，而信朋謀之劉正宗，忍以十七年嗣君，付諸幽囚。凡有血氣，皆欲寸磔士英、大鋮等，以謝先帝。乞立肆市朝，傳首抒憤。”疏上，遂引兵而東。

士英懼，乃遣阮大鋮、朱大典、黃得功、劉孔昭等禦良玉，而撤江北劉良佐等兵，從之西。時大清兵日南下，大理少卿姚思孝，御史喬可聘、成友謙請無撤江北兵，亟守淮、揚。士英厲聲叱曰：“若輩東林，猶藉口防江，欲縱左逆入犯耶？北兵至，猶可議款。左逆至，則若輩高官，我君臣獨死耳！”力排思孝等議，淮、揚備禦益弱。會良玉死，其子夢庚連陷郡縣，率兵至采石。得功等與相持，大鋮、孔昭方虛張捷音，以邀爵賞，而大清兵已破揚州，逼京城。

五月三日，王出走太平，奔得功軍。孔昭斬關遁。明日，士英奉王母妃，以黔兵四百人爲衛，走浙江。經廣德州，知州趙景和疑其詐，閉門拒守。士英攻破，執景和殺之，大掠而去。走杭州，守臣以總兵府爲母妃行宫。不數日，大鋮、大典、方國安俱倉皇至，則得功已兵敗死，王被擒。次日，請潞王監國，不受。未幾，大兵至，王率衆降，尋同母妃北去。此即大器等之所議欲立者也。

　　杭州既降，士英欲謁監國魯王，魯王諸臣力拒之。大鋮投朱大典於金華，亦爲士民所逐，大典乃送之嚴州總兵方國安軍。士英，國安同鄉也，先在其軍中。大鋮掀髯指掌，日談兵，國安甚喜。而士英以南渡之壞，半由大鋮，而己居惡名，頗以爲恨。已，我兵擊敗士英、國安。無何，士英、國安率衆渡錢塘，窺杭州，大兵擊敗之，溺江死者無算。士英擁殘兵欲入閩，唐王以罪大不許。明年，大兵剿湖賊，士英與長興伯吳日生俱擒獲，詔俱斬之。事具國史。大鋮偕謝三賓、宋之晋、蘇壯等赴江干乞降，從大兵攻仙霞關，僵仆石上死。而野乘載士英遁至台州山寺爲僧，爲我兵搜獲，大鋮、國安先後降。尋唐王走順昌。我大兵至，搜龍扛，得士英、大鋮、國安父子請王出關爲内應疏，遂駢斬士英、國安於延平城下。大鋮方游山，自觸石死，仍戮屍云。

【五】上賈繼春

　　卑職某在老大人怙冒之下，已數載矣。　昨始得一望慈顔，歡忻踴躍，不可言喻。　過蒙垂注，披示勤拳，謂劣吳蒙，徽恩如此，感□欲泣。　目前考期，似定初九。　卑職以孤踪無援之身，貿貿而前□〔前〕，同鄉絶無一着力者。當此收單之日，主持更復何望？　茲幸老大人總憲持衡，人倫高下，悉憑甄品，候考者千載一時，而卑職仰荷二天，其爲慶忻，尤未可以恒情比也。　職稔知老大人，嘘植栽培，不遺餘力，第恐臨期衆議，不無稍稍參差，重辜厚恩，轉滋踾蹐。　爲此不惜冒昧以請，祈老大人委曲終恩，念通籍一紀，行取六年，幸無玷垢之身，或不妨濫厠清班之末。 而且當聖主闢門之日，有守拙寡營如職者，亦得與於華選，斯亦見公道昭明，而老大人憐才盛心，不至留餘憾矣。 大疏入告，想已施行。 疏稿倘不靳秘示之，尤私衷所深冀，而不敢遽請者也。 冒瀆崇嚴。

按：本札有云：“目前考期，似定初九。……當此收單之日，主持更復何望？ 茲幸老大人總憲持衡……而卑職仰荷二天，其爲慶忭，尤未可以恒情比也。”蓋求賈氏關照者也。本札應作於四月九日稍前。

賈繼春，字貞甫，號浮弋，衛輝新鄉人。萬曆三十八年（1610）進士，天啓時官御史。

《明史·賈繼春傳》：

賈繼春，新鄉人。萬曆三十八年進士。歷知臨汾、任丘二縣，入爲御史。李選侍移噦鸞宮，一時頗逼迫，然故無恙也。繼春聽流言，上書內閣方從哲等，略言：“新君御極，首導以違忤先皇，逼逐庶母，通國痛心。昔孝宗不問昭德，先皇優遇鄭妃。何不輔上取法？ 且先皇彌留，面以選侍諭諸臣，而玉體未寒，愛妾莫保。忝爲臣子，夫獨何心。”給事中周朝瑞駁之，繼春再揭，謂“選侍雉經，皇八妹入井”，至稱選侍爲未亡人。楊漣乃上移宮始末疏，謂：“宸宮未定，先帝之社稷爲重，則平日之寵愛爲輕。及宸居已安，既盡臣子防危之忠，即當體聖主如天之度。臣所以請移宮者如此。而蜚語謂選侍跟蹌徒跣，屢欲自裁，皇妹失所投井。恐釀今日之疑端，流爲他年之實事。”帝於是宣敕數百言，極言選侍無狀，嚴責廷臣黨庇。

時繼春出按江西，便道旋里，馳疏自明上書之故，中有“威福大權，莫聽中涓旁落”語。王安激帝怒，嚴旨切責，令陳狀。於是御史張慎言、高弘圖連章爲求寬。帝益怒，下廷臣雜議。尚書周嘉謨等言：“臣等意陛下篤念聖母，不能忘選侍。及誦救諭，知聖心自體恤。而繼春誤聽風聞，慎言等又連疏瀆奏。然意本無他，罪當宥。"未報。御史王大年、張捷、周宗建、劉廷宣，給事中王志道、倪思輝等交章論救，給事、御史復合詞為請，諸閣臣又於講筵救之，乃停慎言、弘圖、大年俸，宥志道等。既而繼春回奏，詞甚哀，且隱"雉經""入井"二語。帝嚴旨窮詰，令再陳。嘉謨等復力救，帝不許。繼春益窘，惶恐引罪，言得之風聞。乃除名永錮，時天啓元年四月也。其後言者屢請召還，帝皆不納。

四年冬，魏忠賢既逐楊漣等，即以中旨召復官。至則重述移宮事，極言："漣與左光斗目無先皇，罪不容死。且漣因傅櫆發汪文言事，知禍及，故上劾內疏，先發制人，天地祖宗所必殛。而止坐納賄結黨，則漣等當死之罪未大暴天下。宜速定爰書布中外，昭史冊，使後世知朝廷之罪漣等以不道無人臣禮也。"疏娓娓數百言，且請用楊所修言，亟修《三朝要典》，忠賢大喜。

莊烈帝即位，繼春方督學南畿，知忠賢必敗，馳疏劾崔呈秀及尚書田吉、順天巡撫單明詡、副都御史李夔龍，群小始自貳。旋由太常少卿進左僉都御史，與霍維華輩力扼正人。崇禎改元五月，給事中劉斯琜極言其反覆善幻，乃自引歸。已，楊漣子之易疏訐之，詔削籍。

初，繼春以移宮事詆漣結王安圖封拜，後見公議直漣，畏漣嚮用，俛首乞和，聲言疏非己意。還朝則極詆漣。及忠賢殛，又極譽高弘圖之救漣，且薦韓爌、倪元璐，以求容於清議。帝定逆案，繼春不列名，帝問故。閣臣言繼春雖反覆，持論亦可取。帝曰："惟反覆，故為真小人。"遂引交結近侍律，坐徒三年，自恨死。

【六】與阮大鋮

台臺望冠中朝，乃身處退着，曾未邀不次之擢，而僅得平等之移，此於物望興情，正多歉然。　顧反萌歸養之志耶？　此疏萬萬不須出。　燈下容拉何兄造高齋，面罄欲言也。　先此布復，不盡。

　　按：本札謂阮大鋮"未邀不次之擢，而僅得平等之移"。《長編》卷八，四月九日載"阮大鋮陞光祿寺卿"，或即瞿札所言之事？如是，本札作於九日稍後也。

　　阮大鋮小傳見【四】《與阮大鋮》。

【七】上賈浮弋

　　昨蒙老大人枉顧，榮出非常，即欲趨謝，以考期太迫，未敢冒嫌。　卑職之危而復安，敝邑令饒京之死而復生，皆老大人九鼎之力，再造之恩也。　今日會單，想已無復更議。　承諭後，即召饒令□與之言，渠感激之極，不禁涕泗交下。　此生自為童子時，先君□拔之知，夢寐至今，不忘知感。　今更蒙老大人費如許苦心，大力斡旋此一事，其頂踵圖報，又奚俟卑職言哉。　但楚中與考八人，聞可得也。　今此生即不敢望省中，必得與一北臺，俾得展布所長，亦不虛負老大人一番破格作養。　萬一不北而南，雖名目自佳，而作用已讓他人多矣。　敢此冒昧再懇，總期仰成憐才熱念。　他日此生備員屬末，試其才品，定知卑職此請，非為私交也。　卑職臨稟，無任悚仄待命之至。

　　按：本札有云："卑職之危而復安，敝邑令饒京之死而復生，皆老大人九鼎之力，再造之恩也。今日會單，想已無復更議。承諭後，即召饒令□與之言，渠感激之極，不禁涕泗交下。"考《長編》卷八，四月十五日公布

"考選科、道官給事中二十六員"名單,上列瞿式耜"兵科"。札中所云"會單",應即此名單。瞿中選而饒京列名"候補",故瞿致札賈,力爲之説項。本札應作於四月十五日左右。

賈浮弌即賈繼春,小傳見【五】《上賈繼春》。

【八】與吴焕

不肖某徼老年臺之鼎力,得濫廁清班,感激厚恩,此非可筆舌殫也。 即欲趨謁叩謝,以候旨未敢出門。 前所白陳令威、方潛夫,未知已登大疏否? 疏於何日發? 幸示之。 外蔣介如深感噓培,特托不肖某多致謝老年臺,將來尚不能無望於終恩也。 肅此代布,統容面叩,不一。

按:本札有"不肖某徼老年臺之鼎力,得濫廁清班""以候旨未敢出門"之語。下札【九】《上房壯麗》類此,而又謂"擬報者言是户垣,又有言兵垣者",則此爲瞿氏作於四月十五日稍後,二十五日奉旨考授户科給事中以前之札。札【一〇】【一一】有類似消息,應亦作於同時。

吴焕(或作渙),蘇州吴江人,萬曆四十四年(1616)進士。

乾隆《震澤縣志》卷一六:
吴渙,字文叔,曾祖洪,見《吴江志》。渙萬曆四十四年進士,授海寧知縣,調仁和,丁母憂。天啓二年起補内黄,以卓異行取入都。會闍黨曹欽程誣劾周宗建,以渙同鄉,且代爲仁和令,疑有姦私。事下所司,按之無跡,降三級。崇禎元年,召爲監察御史,首發太監崔文昇罪惡,並及曹欽程。上怒,繫文昇於馬房,杖一百,發孝陵淨軍,曹欽程下吏部議罪。時詔燬《三朝要典》,詞臣孫之獬涕泣固爭,以爲不可。煥抗章駁正之,獬乃坐廢。又上言:"封疆重事,必專任乃可有爲。今事急則以封疆爲陷阱,所憎驅而委之,事緩則以封疆爲捷徑,又將共攘而奪之,如此豈能成事?"上深然之。時以災異求直言,煥上言三大要,曰:"擊姦宜斷,進賢宜先,擇相宜慎。"尋巡按陝西。時秦中大饑,邊軍多去爲賊,攻掠西寧、漢中,勢漸張,有司不以狀聞。煥連疏糾游擊龔其勝等主撫縱賊;又疏盜起由民困,民困由官邪,官邪由法廢,惟飭吏足餉,則飢民不出而引外寇,飢軍不入而連内寇;又疏薦洪承疇、史可法俱堪大任;又請恤戰死千總王佐、百户劉爵。皆報可。踰年復命,命督遼餉。五年,以病請假歸。久之,起爲湖廣按察副使,病不赴。尋卒。煥性孝友,篤於倫誼,有奏疏五卷行世。

【九】上房壯麗

門生某荷蒙老師破格提挈,得以菲劣之質,濫厠清班,高厚之恩,直世世銘之,豈頂踵所能圖報萬一也。　擬報者言是户垣,又有言兵垣者,望老師以題稿見示。　且疏中委曲苦心,門生某急欲知之也。　本擬即叩謁稱謝,以候命尚未敢出。　謹肅勒代布,臨稟無任悚仄之至。

房壯麗,字威甫,號素中,保定安州人,萬曆二十三年(1595)進士。

康熙《平陽府志》卷二〇:
房壯麗,字威甫,安州進士,二十七年知縣。寬恕潔廉,和平敦大,人預期爲公輔,官至冢宰。有去思碑。

道光《安州志》卷五：

房壯麗,字威甫,號素中。先世江南句容縣人,自始祖祥志於永樂年遷入安州永昌里四甲,歷七世,封君春陽誕生公。幼而穎異,以父爲師,與憲副田一並同受學焉。入黌宫,即篝燈下帷,屢試冠軍,補餼,中萬曆乙酉科舉人,乙未科進士。初令陝西盩厔縣。方期年,丁外艱。起補山西襄陵縣,莅政以寬仁簡易爲務。公門湛如秋水,大著廉能之聲。覲京,行李蕭然,館穀之需,多貸於親族。在襄七年,得民心最久,兩立生祠,至今歌頌不衰。乙巳,擬禮部主事。丁未,考選湖廣道監察御史。正言讜論,多所建白。貌温和而心剛正,時以宋張錫比之。及按三吳,丰裁獨持,清均粮役,石碣猶存。薦屬官楊漣等十三人,皆爲名宦。掌河南道,總大計,鑒衡不爽。一切書函餽遺,閉户不納。庚申,陞大理左寺丞,矜疑獄,釋幽繫,有古廷尉風。辛酉,巡撫江西,主持大體,玉潔冰清,通省莫不懷德畏威。時有逆妖程鵬,與一二宗室謀亂,禍且不測。承平日久,城池器械頹廢,兵馬習於便安。毅然整頓振作,設法力擒程鵬伏法,餘黨旋即解散,將僞造天書進呈訖。此一事也,活千萬生靈,省百萬兵餉,不動聲色,而措於磐石之安。載在《明史通紀》,"功偉""戡亂",豈虛語哉!晋少司空,總督河道,建竑議,謹隄防,修築濬疏之費,歲省金錢無筭。爾時歸仁、青田等口决,遂晝夜躬宿河干,督率工作,迄告成功,形勞而心瘁,三疏請告。甲子,歸里養病,頤保天年。丙寅,起吏部右侍郎,後轉左侍郎。時天啓魏閹用事,目擊時艱,中立不倚,告休弗獲,註籍杜門,不入朝班者一載。至丁卯秋,崇禎登極。當在藩邸時,即聞清節,遂擢總憲。嘗早晚有御筆黄封,密啓之,皆抄没逆豎,並誅諂附惡黨事。遂委各御史凜遵執法,振台紀,核巡方,人不敢撓以私。以登極覃恩,加太子太保。冬十一月,任吏部尚書。戊辰主計。先是縉紳輩被權閹摧折者,疏名上請,名曰"起廢"。凡忠烈冤斃者,贈謚立祠;革奪誥命者,賜環復職。先后登庸,澄叙流品,銓衡均平,仕籍爲之一變。又進中、行、評、博、推知、考選,省臺部曹，一秉虛公，不阿私好，不立城府，庶幾師濟之休。考滿晉秩，加太子太傅。三侍經筵，兩陪枚卜。無何，鞠躬勞劬，四疏乞休，准馳驛歸。尋加太子太師。是時年七十有三，猶矍鑠如壯時。已歸里後，整理舊業，薄田數項，日與父老量晴雨，說桑麻，翛然林下風味，一切朝市之事，不入於耳。又與先達輩作"真率會"，每勝日令節，敲碁投壺，飲酒賦詩。暇時作小楷行書，搦管不減少年也。居家待人，惟以誠心守禮爲本，和平樂易。里中婚喪不能舉者，急以周之；親戚貧不自振者，廣以惠之，所謂年逾高而心逾下，德彌盛而氣彌和。間有院道府廳，造廬以請，咸披衷相告，務成人之美。課子擇友，立社學，手自批評。門下士如顧竟成、陳澎、馬騰龍、李呈秀，先後登科，洵文章有傳人也。居里靜養者十年，清介之操，一如寒素。享年八十二歲，至丙子八月，城陷死難。生平著書，有《巡吳疏稿》《撫江疏稿》《總河疏稿》行於世，又有詩文紀序尚未刊刻者若干篇。嗟乎！作令襄陵，口碑猶在，而名宦之典缺焉；居鄉善行，輿論允乎，而鄉賢之祀未舉。有道之墓不愧，中郎之撰誰司？或以待來茲也。

【一〇】與顧其國

恭喜年兄榮擢栢臺，輿論允服，弟之歡躍，又非可以常情比也。 擬即欲趨賀，以候命未敢出門，先此布雀躍之忱。 吾郡當久摧之後，此番得大暢玄風，良爲盛事。 願年兄爲正人領袖，弟輩得有所依歸也。 種種不盡。

顧其國，蘇州吳縣人，天啓二年（1622）進士。

崇禎《吳縣志》卷三四"天啓二年壬戌科文震孟榜"條：
顧其國，字在一，治《書》。歷官御史、行人司右司副。

乾隆《江南通志》卷一四○：

字在一，吴縣人。天啓壬戌進士，授永豐知縣。靖蓶苻，革耗羨。值歲災祲，曲措糧賦，民不知困。以政最擢御史，出巡按陝西。茶馬解京，馬匹獨踰常額。

【一一】與陳之遴

天雨殢行旌，此假緣於弟也，而以不得出門，未獲走晤。 菲將原愧輖瀆，果蒙見麾，祇益之慚矣。 外具松蘿二觔、鹿角膠一觔，奉爲途中之用，幸勿再郤爲感。

陳之遴小傳見【一】《與陳之遴》。

【一二】與賈繼春

不肖某仰藉台臺回天大力，得以謭劣之品，濫厠清班，高厚之恩，敢忘銘鏤？ 連日即欲趨謝，以未見朝叩恩，故爾遲遲。 頃聞大疏業已上達宸聰，不勝喜躍。 海内正人精氣，蚤已浮動於封章未出之先，從此宣幽振欝，阻深闇昧，悉耀光明。 台臺功在千秋，豈止目前宗社之福已也。 渴欲請疏稿一快讀，望台臺即簡出緘教，以慰翹企之誠。 未奉明綸，自秘不敢洩。 惟慈炤，幸甚。

按：本札云："不肖某仰藉台臺回天大力，得以謭劣之品，濫厠清

班……以未見朝叩恩，故爾遲遲。"應作於四月二十五日奉旨考授户科給
事中稍前也。

　　賈繼春小傳見【五】《上賈繼春》。

札一三至七三，崇禎元年五月

【一三】上錢牧齋

自賈浮老一進，而門生即有十分之望，更選郎一逐，而事益無碍手，遂得徹老師隆庇，從風波荆棘中，安然竟列清選之班。 龍飛首元，衰然以先聖後裔，冠冕人倫，良□［是］盛事。 而門生以序資俸，故遂亞於孔，自揣真逾分逾涯矣。 考選原題六十八人，初意尚欲扣數缺，以待未到推知。 今僅見在者足前數，而又以聖裔及門生、汪洲三人，提起在六十八缺之外，真徹浩蕩之恩，自非浮老力爲主持，安能有是異數哉。 浮老一疏，積十餘日而始上，緣冗極，不得操筆工夫。 頃往索之，讀過心目俱明。 孫、韓兩舊臣，想不日便可召還，而益吾亦旦夕登啓事矣。 老師榮轉，部中頃已覆過，咨文已久付長班。脂車之期，當在五月望前，惟勿更棲遲，以辜聖恩，以軼衆望。 冗次草此奉達，不既欲言。

按：本札乃向錢牧齋報告是次考選結果者，固應作於四月二十五日以後。札中又謂牧齋"脂車之期，當在五月望前"，則本札之作，不能早於五月十五日。又，下札【三九】《上錢牧齋》作於五月十日前後，則本札亦應作於十日以前。

錢謙益（1582—1664），字受之，號牧齋，蘇州常熟人。萬曆三十八年（1610）進士，崇禎朝官至禮部右侍郎兼翰林院侍讀學士，南明任禮部尚書，入清後任內翰林秘書院學士兼禮部侍郎，並任明史副總裁。

《清史列傳·貳臣傳乙·錢謙益傳》：

錢謙益，江蘇常熟人。明萬曆三十八年一甲三名進士，授翰林院編修。天啓元年，充浙江鄉試正考官。五年，聽勘御史崔呈秀作《東林黨人同志錄》，列謙益名，御史陳以瑞亦疏劾之，罷歸。

崇禎元年，起官，不數月，洊擢詹事、禮部侍郎。會推閣臣，謙益慮禮部尚書溫體仁、侍郎周延儒並推，則名出己上，謀沮之；囑其門人給事中瞿式耜言於主推者，擯體仁、延儒，以成基命及謙益等十一人列上。先是，謙益主試浙江時所取士錢千秋首場文用"一朝平步上青天"句，分置七義結尾，爲給事中顧其仁舉發，謙益先伺知，即具疏劾奸人金保元、徐時敏僞作關節，撞騙得賄，下刑部鞫訊。時敏、保元皆遣戍，千秋逾年始至，亦論遣，謙益奪俸。至是，體仁追論謙益賄賣關節，不當預選；延儒亦言會推名雖公，主持者止一二人，餘皆不敢言，即言徒取禍耳。莊烈帝御文華殿召對延儒諸臣，謙益辭頗屈，命禮部進千秋卷閱竟，責謙益。謙益引罪，遂褫職，下法司議，以謙益自發在前，不宜坐；體仁復言獄詞出謙益手。詔下九卿、科道再勘，乃坐杖論贖。千秋荷校死。十年，常熟人張漢儒訐謙益貪肆不法，巡撫張國維、巡按路振飛交章白其冤，乃下刑部逮訊，謙益嘗爲太監王安作碑文，爲司禮曹化淳所知，及獄急，求救於化淳。體仁聞，密奏交結狀，化淳時見信任，自請按治，刑斃漢儒，且發體仁他罪狀，體仁引疾罷，獄乃解。謙益削籍歸。

十七年，流賊李自成陷京師，明臣史可法、呂大器等議立君江寧，謙益陰推戴潞王常淓，與馬士英議不合。及福王由崧立，謙益懼得死罪，上疏頌士英功，士英乃引謙益爲禮部尚書。謙益復力薦閹黨爲阮大鋮等訟冤，大鋮遂爲兵部侍郎，而憾東林仍不時，會捕獲妖僧大悲，欲引謀立潞王事，盡誅東林諸人，謙益亦預焉，士英不欲興大獄，乃已。

本朝順治二年五月，豫親王多鐸定江南，謙益迎降。尋至京候用。三年正月，命以禮部侍郎管秘書院事，充修《明史》副總裁。六月，以疾乞假，得旨馳驛回籍，令巡撫、巡按，視其疾痊具奏。五年四月，鳳陽巡撫陳之龍擒江陰人黃毓祺於通州法寶寺，搜出僞總督印及悖逆詩詞，以謙益曾留黃毓祺宿其家,且許助貲招兵,入奏,詔總督馬國柱逮訊,謙益至江寧訴辯:"前此供職內院,邀沐恩榮,圖報不遑,況年已七十,奄奄餘息,動履藉人扶掖,豈有他念?"哀籲問官,乞開脫。會首告謙益從逆之盛名儒逃匿不赴質,毓祺病死獄中,乃以謙益與毓祺素不相識定讞。馬國柱因疏言:"謙益以內院大臣歸老山林,子姪三人新列科目,榮幸已極,必不喪心負恩。"於是得釋,歸。越十年死於家。

乾隆三十四年六月,諭曰:"錢謙益本一有才無行之人,在前明時身躋膴仕。及本朝定鼎之初,率先投順,洊陟列卿。大節有虧,實不足齒於人類。朕從前序沈德潛所選《國朝詩別裁集》,曾明斥錢謙益等之非,黜其詩不錄,實為千古綱常名教之大關。彼時未經見其全集,尚以為其詩自在,聽之可也。今閱其所著《初學集》《有學集》,荒誕悖謬,其中訕謗本朝之處,不一而足。夫錢謙益果終為明朝守死不變,即以筆墨騰謗,尚在情理之中;而伊既為本朝臣僕,豈得復以從前狂吠之語,列入集中?其意不過欲借此以掩其失節之羞,尤為可鄙可恥!錢謙益業已身死骨朽,姑免追究。但此等書籍,悖理犯義,豈可聽其留傳?必當早為銷毀,其令各督撫將《初學》《有學集》於所屬書肆及藏書之家,諭令繳出,至於村塾鄉愚,僻處山陬荒谷,並廣為曉諭,定限二年之內盡行繳出,無使稍有存留。錢謙益籍隸江南,其書板必當尚存,且別省有翻刻印售者,俱令將全板一併送京,勿令留遺片簡。朕此旨實為世道人心起見,止欲斥棄其書,並非欲查究其事。通諭中外知之。"三十五年,上觀錢謙益《初學集》,御題詩曰:"平生談節義,兩姓事君王。進退都無據,文章那有光?真堪覆酒甕,屢見詠香囊。末路逃禪去,原為孟八郎。"

四十一年十二月,詔於國史內增立《貳臣傳》,諭及錢謙益反側貪鄙,尤宜據事直書,以示傳信。四十三年二月,諭曰:"錢謙益素行不端,及明祚既移,率先歸命,乃敢於詩文陰行訕謗,是為進退無據,非復人類。若與洪承疇等同列《貳臣傳》,不示差等,又何以昭彰癉?錢謙益應列入乙編,俾斧鉞凜然,合於《春秋》之義焉。"

【一四】與曾國禎

弟某庸謭無似，重微老年臺鼎庇，濫厠清班，方深悚愧，乃更荷如天寵貺，儼然貴存，飲河之量自慚，覆□〔餗〕之懷滋懼，誼不敢拜。 見杯中已勒賤字，又不敢辭，敬對使九頓登嘉。 年臺誼固高，弟則顏之厚矣。 肅此布謝，尚容耑叩，不一。

　　曾國禎，字德符，號有菴，撫州臨川人。萬曆四十四年（1616）進士，官太僕少卿。

　　崇禎《烏程縣志》卷五：

　　曾國禎，字德符，號有菴，臨川人。萬曆丙辰進士，次年任。長才朗識，事多立剖。辛酉編審，善用均田之法。未事而密察，胥吏不及那移；當事而速定，公正不得需索。當堂公舉一二領議，隨酌隨簽，萬情允服，十載蒙安。自叙其事，書於便民樓壁，更歸功於周正、吳光裕二胥，用垂後法。歷太僕少卿，坐免。

【一五】啓周汝弼

恭惟年臺，帝資純忠，天開名世。 驄五花而振彩，久生借劍之風；豸一角而觸邪，獨抗埋輪之氣。 諫草特珍於隋璧，藩勳屢勒於秦碑。 當權貂肆虐之秋，慨浮雲之障日；值飛龍御極之始，喜撥霧而見天。 公論在人心，早勸東山之駕；泰來歸吾道，行傳北闕之綸。 弟迂類散樗，懲同小草。 棲踪故里，久辭鵷鷺清班；逐隊長安，敢望驊騮捷足？ 荷華函之遠錫，忽驚天外雙魚；藉遄使以傳悰，聊借雲中一雁。 某臨啓，無任銘結詹馳之至。

周汝弼，字二咸，光州商城人，萬曆四十四年（1616）進士。

嘉慶《商城縣志》卷九：

周汝弼，字二咸，慷慨有氣節。萬曆丙辰進士，授肥鄉令。多善政，擢御史。值魏璫專權，從副都御史楊漣上疏極諫，中云："願請尚方，肆諸市朝。"璫恚甚，矯旨除名。汝弼聞命，即日策蹇就道。後起爲江右糧道。每兑漕，輒自除冠服，雜入糧艘查驗，人莫能欺。歷副都御史，節鉞延綏，訓練兵馬，申明號令，邊賴以寧。時閣部楊嗣昌議調延綏兵勦賊，汝弼以地方空虛力爭，嗣昌啣之，遂乞歸。

【一六】又 ［啓周汝弼］

向者權璫鼓焰，威震中外，一時無不從風而靡。 獨年臺抗論彈奸，作狂瀾砥柱，至今海内傳誦奏草，嘖嘖稱朝陽鳴鳳。 浮雲蔽日，未免與二三正人，同遭毒手。 今幸聖明在御，公論昭於日月，昔時忠諫諸臣，盡歸帝簡。 年臺首列薦剡，大快輿評。 將來望重股肱，崇隆節鉞，直可拭目以俟喬擢，爲吾黨一洗幽塵氣色矣。 弟某自罹先子之變，久陳草土，一切四方聞問，缺焉罕通。今以雞肋未了，逐隊春明，孤踪無倚，安敢望清華要地？ 乃辱年臺情敦棣譜，翰貺遠垂。 自揣疏節罪人，何足當雲天高誼，對之益增顔甲。 一芹藉手附獻，聊展闊悰，非敢云報瓊也。 臨風有懷，不盡欲言，統惟慈炤。

周汝弼小傳見【一五】《啓周汝弼》。

【一七】與姚明恭

居長安中，日惟滾滾馬頭塵，即相知中所亟欲見、數欲見者，而卒未能如願也。 久隔台光，彼此俱不得一晤談。 茲爲麻城孝廉周生世璽廷試乞恩事，不揣思丐臺下一援手焉。 周兄係先君批首門生，其宏才邃養，諒翁兄久已知之，無俟弟言。 今因南宮不第，思就青氈一席，然非自列於上卷暨中卷之前，則需次選人，曠日難待。 臺下憐才念篤，且誼關桑梓，倘不斳一爲噓植乎？ 惠徹翁兄進閣閱卷，固此生一時奇遇。 如裁定之權，別有所屬，亦惟臺下錫之齒牙，俾得必與前茅，感不獨在周生也。 弟非樂爲曹丘，亦念先君昔年一段知己之情，自不能恝然坐視耳。 惟翁兄其鑒而許之。 臨楮可勝翹竚。

姚明恭（1583—1644），字玄卿，號崑斗，黃州蘄水人。萬曆二十三年（1595）進士，崇禎時官至户部尚書、文淵閣大學士。

《明人傳記資料索引》：

姚明恭，字玄卿，號崑斗，蘄水人。萬曆二十三年進士，選庶吉士，授檢討，陞諭德、庶子，掌翰林院，擢吏部侍郎。明恭出趙興邦門，公論素不予。崇禎中累官户部尚書、文淵閣大學士，庸劣充位而已。

【一八】與阮大鋮

重荷栽培，犬馬之私，自愧無緣申報，乃翻承鼎既下及，不幾倒行而逆施耶？ 懼踧不恭，靦顏登拜。 投醪思惠，飲水知源。 今而後期以焚香告天者，報答知己於萬一而已。 草草奉復，統容叩謝，不既。

阮大鋮小傳見【四】《與阮大鋮》。

【一九】與陳之遴

弟處抄報，甚是缺略，貴鄉相公此疏，遍查之無有也。 高陽頗協人望，而人言踵至，今且旦夕行矣。 彼其之子，又秉國成，將奈之何？ 聞劉、李兩公，即日可達春明，所不能無望於補牢耳。

按：本札云："高陽頗協人望，而人言踵至，今且旦夕行矣。"考《長編》卷八，四月二十六日載："時首輔李國𣚴、次輔來宗道皆以人言，先後杜門。"李國𣚴，高陽人。同書卷九五月九日載："允大學士李國𣚴致仕歸。"則本札當作於五月九日稍前也。

陳之遴小傳見【一】《與陳之遴》。

【二〇】與阮大鋮

疊承厚睍，慚悚交集。 頃晤閣近明，知老年臺大疏已發，而所薦各省人才，俱表表夐出時流，爲群望所咸集者。 功在社稷，匪直紳衿之私慶也。 幸不靳以疏稿見示。 專此，容圖面罄。

阮大鋮小傳見【四】《與阮大鋮》。

【二一】復錢士衡

前劇擾令舅，深用不安。　但佳樹名花，時時映拂胸懷。　竊不揣，尚思圖間一往，未知有緣否耳。　適奉謁尊寓，不值，歸而見手札，兼拜名畫之惠。此自吾兄秘寶，何乃割以贈人？　弟即貪，決不肯奪人之愛。　暨承雅命，暫領張掛，以增四壁之光，俟他日仍奉歸記室何如？　草草謝復，諸不既。

【二二】與倪元璐

早示楊疏，不覺撫掌。　將來群起而攻之者，政恐不能過也。　大篇義正詞嚴，理直氣壯，雖有點者，無所措其經營，雖有口者，無所申其翻駁，誠千秋之快事也。　留此細覽，遲日奉歸。　種種統容面謝。

倪元璐（1593—1644），字玉汝，號鴻寶、園客，紹興上虞人。天啓二年（1622）進士，官至户部尚書，兼禮部尚書、翰林院學士、兵部銜，兼攝吏部事。謚文正。

《明史·倪元璐傳》：
倪元璐，字玉汝，上虞人。父湅，歷知撫州、淮安、荆州、瓊州四府，有當官稱。
天啓二年，元璐成進士，改庶吉士，授編修。册封德府，移疾歸。還朝，出典江西鄉試。暨復命，則莊烈帝踐阼，魏忠賢已伏誅矣。楊維垣者，逆奄遺孽也，至是上疏並詆東林、崔、魏。元璐不能平，崇禎元年正月上疏曰……時柄國者悉忠賢遺黨，疏入，以論奏不當責之。於是維垣復疏駁元璐。元璐再疏曰……疏入，柄國者以互相詆訾兩解之。當是時，元兇雖殛，其徒黨猶盛，無敢頌言東林者。自元璐疏出，清議漸明，而善類亦稍登進矣。

元璐尋進侍講。其年四月請燬《三朝要典》，言……帝命禮部會詞臣詳議。議上，遂焚其板。侍講孫之獬，忠賢黨也，聞之，詣閣大哭，天下笑之。

元璐歷遷南京司業，右中允。四年進右諭德，充日講官，進右庶子。上制實八策：曰間插部，曰繕京邑，曰優守兵，曰靖降人，曰益寇餉，曰儲邊才，曰奠輦轂，曰嚴教育。又上制虛八策：曰端政本，曰伸公議，曰宣義問，曰一條教，曰慮久遠，曰昭激勸，曰勵名節，曰假體貌。其端政本，悉規切溫體仁。其伸公議，則詆張捷薦呂純如謀翻逆案事。捷大怒，上疏力攻，元璐疏辨，帝俱不問。八年遷國子祭酒。

元璐雅負時望，位漸通顯。帝意嚮之，深爲體仁所忌。一日，帝手書其名下閣，令以履歷進，體仁益恐。會誠意伯劉孔昭謀掌戎政，體仁餌孔昭使攻元璐，言其妻陳尚存，而妾王冒繼配復封，敗禮亂法。詔下吏部核奏，其同里尚書姜逢元，侍郎王業浩、劉宗周及其從兄御史元珙，咸言陳氏以過被出，繼娶王非妾，體仁意沮。會部議行撫按勘奏，即擬旨云："登科錄二氏並列，罪跡顯然，何待行勘。"遂落職閒住。孔昭京營不可得，遂以南京操江償之。

十五年九月詔起兵部右侍郎兼侍讀學士。明年春抵都，陳制敵機宜，帝喜。五月超拜戶部尚書兼翰林院學士，仍充日講官。祖制，浙人不得官戶部。元璐辭，不許。帝眷元璐甚，五日三賜對。因奏："陛下誠用臣，臣請得參兵部謀。"帝曰："已諭樞臣，令與卿協計。"當是時，馮元飆爲兵部，與元璐同志，鈎考兵食，中外想望治平。惟帝亦以用兩人晚，而時事益不可爲，左支右詘，既已無可奈何。故事，諸邊餉司悉中差，元璐請改爲大差，兼兵部銜，令清核軍伍，不稱職者即遣人代之。先是，屢遣科臣出督四方租賦，元璐以爲擾民無益，罷之，而專責撫按。戶部侍郎莊祖誨督剿寇餉，憂爲盜劫，遠避之長沙、衡州。元璐請令督撫自催，毋煩朝使。自軍興以來，正供之外，有邊餉，有新餉，有練餉，款目多，黠吏易爲奸。元璐請合爲一。帝皆報可。時國用益詘，而災傷蠲免又多。元璐計無所出，請開贖罪例，且令到官滿歲者，得輸貲給封誥。帝亦從之。

先是，有崇明人沈廷揚者，獻海運策，元璐奏聞。命試行，乃以廟灣船六艘聽運進。月餘，廷揚見元璐。元璐驚曰：「我已奏聞上，謂公去矣，何在此？」廷揚曰：「已去復來矣，運已至。」元璐又驚喜聞上。上亦喜，命酌議。乃議歲糧艘，漕與海各相半行焉。十月命兼攝吏部事。陳演忌元璐，諷魏藻德言於帝曰：「元璐書生，不習錢穀。」元璐亦數請解職。

十七年二月命以原官專直日講。踰月，李自成陷京師，元璐整衣冠拜闕，大書几上曰：「南都尚可爲。死吾分也，勿以衣衾斂。暴我屍，聊志吾痛。」遂南向坐，取帛自縊而死。贈少保，吏部尚書，諡文正。本朝賜諡文正。

【二三】與陳益吾

木易驕蹇跋扈，無人臣禮。 觀其貼黃數語，其目中曾有一人乎？ 舉朝艴然，共思糾之。 而豈知英主妙用，徑上傳著閣臣撰勅文，召還舊輔韓爌。 則蒲州一行之勅，即木易兩觀之誅，快孰快於此也！ 謹以原疏抄錄奉覽，並錄貼黃于尾，幸轉送錢業師觀之。

陳必謙（？—1644），字益吾，蘇州常熟人。萬曆四十一年（1613）進士，官至工部侍郎，晋尚書。

錢陸燦《常熟縣志》卷一八：

陳必謙，字益吾，號且融。萬曆癸丑進士，授知輝縣。倣古常平倉法，積穀賑饑。濬卓水、萬泉等河，民利賴之。秩滿入覲，御史左光斗特薦，左都御史鄒元標、吏部周順昌輩爭相引重。以目眚故，爲南京御史。值梃擊、紅丸二案罪人未得，特疏參戚臣鄭養性，及大臣之婿戚入閣者，群奸側目，削籍歸里。崇禎初，起補南京御史，當京察，陳六事，曰：正紀綱、明職業、重操守、破情面、禁借端、息黨議。疏入稱旨，申諭掌察諸臣，而逆案、計典遂定。然而小人之恨益深，朋黨之局不解矣。久之，擢巡撫河南。皆汴宋汝雒之間，所在皆寇。必謙所部兵不滿千人，援剿邊兵多駐雒西。必謙亟檄至，令主客兵分道殺賊。邊將左良玉與賊戰鄢陵之張橋，又戰郟縣之神㙮山，部將李雲程戰鄢陵之彭祖店，皆斬首無算。部將趙柱戰葉，馘其渠帥偽興世王。賊攻信陽，部將李國禎與知信陽州嚴栻擊却之；部將陳永福自陳趨沈丘，攻賊無意。賊潰爲兩，犇潁上及鞏洛之間。必謙曰：“濠潁接壤，園陵不可再驚。”而西賊又不容緩圖，乃自引兵而西，命陳永福率兵赴潁力戰。賊走黃州，西賊亦犇雒西。時永寧、靈寶告急，必謙遣別將救永寧，而自救靈寶。賊依朱陽山而陣，我師薄之，賊潰走死，川谷皆滿。別將亦敗賊於河底村，兩縣得完。已而賊帥偽號闖王者擁衆出關，又有號八大王、整齊王者數萬衆，共寇河南。必謙率邊將祖寬、左良玉等救之，戰於嵩之九皋山，又大戰於汝州之玩料鎮，斬賊闖塌天、整齊王二魁。賊皆潰走，或西入秦，或南入楚，而闖王則由汝寧入南直界以去。當是時，賊惟偽闖王最爲梟雄。必謙謂：“先擒闖，餘黨自潰。”遂上疏乞敕督師總理鎮守諸文武大臣會諸道兵，先剿闖賊一部，總理兵部侍郎常州盧象昇亦誓與必謙戮力討賊，刻期進兵。會賊別部復自秦、楚分道入寇，雒下大震。闖賊知我有西顧憂，復進窺歸德、開封。必謙督諸將迎擊，賊敗走，西賊聞亦氣奪。必謙度闖賊必西，分兵汝雒，設險以待。賊果西，邊將王進忠、祖大樂、左良玉部將湯九州等前後夾擊，破之。會楚、郿二撫不能同心，又京師戒嚴，邊帥在河南者皆召入衛，賊勢復猖。必謙與賊轉戰宛雒之間，斬賊偽掃地王，擒偽軍師金龍騰，饒有勞績。執政以門戶計，忌其成功。必謙薦陳永福戰功多，劾左良玉部將不用命，皆不報。遂以該撫墮計、土寇不戢二事爲罪，解任歸。必謙歸，而河南益不可問矣。懷愍帝常書天下清官四人於御屏，首文震孟，次即必謙，次劉宗周、黃道周。久之，思必謙廢棄非罪，召爲工部侍郎，督修永陵暨皇貴妃墳。墳例費三十餘萬，必謙以軍需孔急,奏請省三之二,疏薦祥符史可法可大倚任。晋工部尚書,未幾而三月十九日之難作矣。必謙被執,大清兵入自遼陽,得間亡歸,發憤病死。必謙少有清望,與顧端文、高忠憲、文文肅諸正人交好,諸正人咸推許之。性好論時藝,河南歸,猶與士子論文,娓娓不倦。著《柴居漫語》行於世。於乎!同一死耳,而死有先後,此必謙所以祈死而卒死也。敭歷中外,簏無餘資,二子皆諸生窮死,可以徵其品矣。弟必誠,字拙生,少困童子試,鏃厲名節,束修自好。尚書門第鼎盛,其心如水,雞窗雪案,泊如也。中崇禎己卯舉人。尚書念必誠貧,爲一教官美缺地。退朝視硯底留一札,急踪跡之,已飄然出國門矣,其安貧必欲自力於公車如此。舉鄉飲賓,年七十三而卒。所著《增廣楚詞》《南華經悟解》諸書藏於家。

【二四】與王光

不謂年兄榮發,如此之速也。 兩三月來,倍承教愛,更兼腆貺種種,慚愧交集,莫知所報。 宵來以賤恙,未獲造領玄屑。 乃弟折柳之敬未伸,而年兄盛筵反錫,不幾几杖之賜耶? 頃聞台驂具戒途矣,屬以敝鄉會議一公事,未得出城一別。 菲將表意,幸賜鑒存。 榮望久崇,不日還朝清擢,把臂政有日也。 伏楮依依。

按:王光,疑即王惟光。參下札【一一五】。

【二五】復阮大鋮

連日政爲冗擾,未獲趨侍左右。 乃年翁熱腸正氣,每遇同人,未嘗不極口贊服也。 承念惠我佳畫佳蔬,何物么麼,乃蒙注存若此? 敬謝敬謝。 附具玫瑰四枚、詩箋一百,幸賜莞留,諸容面請,不既。

阮大鋮小傳見【四】《與阮大鋮》。

【二六】與張孝

　　恭惟老公祖台臺,濟世弘圖,匡時巨鑰。 崇猷冠於(藩)〔藩〕服,卓譽灑於帝京;一人首加丕績,特晉方嶽重寄。 乃天哀吳民,不欲遽移福曜,復得再借五熊朱輪,作江左半壁。 將來保釐益茂,不次以旌殊勳。 建閫東南,使根本重地,長恃金湯以無恐。 某輩仰戴蘇旻,永依樾蔭,私衷倍爲雀躍矣。三吳久困荒祲,凋瘵日積,全賴老公祖八面雄風,一腔膏雨,不靳爲此方竭誠請命。 兩院改折一法,大是救時急著。 而司農拘牽常格,動以更弦爲難,不亮當局者苦無米之炊。 某近沐鴻庇,濫叨户省,度支便宜,亦職所宜言。 第恐漆議徒紛,膠瑟難化,造福元元,終在老公祖之金針起痼耳。 瑤函遠將,銘勒高誼,但明覜疊垂,拜登顏甲。 二縑引意,匪云報瓊。 翹企慈雲,曷任神溯? 統惟崇炤。

　　張孝,保寧巴縣人,萬曆三十二年(1604)進士。

　　康熙《徽州府志》卷三"兵備道"條:
　　張孝,四川巴縣人,進士。

【二七】與顧元俞公子

仲春之月，不佞抵燕。 未幾而尊公踵至，旅次相傍，晨夕得偕，聚首爲歡。 尊公望譽甚隆，將來考選，主爵者定以臺省清班相待。 居無何，忽抱疴伏枕。 不佞造榻把臂，笑語依然。 方謂神明無恙，曾不踰旬，而陡攖大變。事出倉卒，令人駭惋欲絕。 賴同籍諸君，及里中知交，急圖襄事，棺殮得宜，可於死者無憾。 但旅次飄飄，孤魂客邸，出門未久，而遽與家鄉骨肉，作此長別，念之能無神愴？ 死生定分，冥數莫逃，天實爲之矣。 議欲停喪都中，待門下至日扶歸。 天氣漸炎，長途暑月，未便登涉。 稍爲處分行李，所集賻儀，在竹陳兄以舫中藏貯爲難，封記明白，暫留不佞處，覓便完歸，亦行路慎重法。 門下哀哀孝思，想多悾愡。 第令祖驟聞凶耗，腸斷倚閭，未免過戚損神，是在慈孫曲有以寬之耳。 在竹經紀喪事，極盡友生深情，此亦南州高誼也。 種種渠能口道。 臨風黯然，恨不能作啼鳥相送。 統惟炤亮，不一。

曾倬《新刊常熟縣志》卷四《進士》：
顧懋勳，字元俞，天啓壬戌登第，除中書科中書舍人以才望選閱視宣大邊備，賚餉犒遼軍，盡瘁馳驅，賢勞著績。

【二八】啓張翼明

恭惟台臺，名世偉人，壯猷元佐。 經文緯武，夙推沼上夔龍；說禮敦詩，久作禁中頗牧。 當醜虜迫震鄰之勢，故朝廷借禦侮之才。 移萊公之鎖鑰於北門，手捧長安赤日；付大范之威名於西鎮，身驅絕塞黃塵。 玉壘净邊烽，會見九關雄虎豹；鉄山銷戰氣，佇看三捷奏麒麟。 某久伏蓬門，濫叨華序。 際飛龍之景代，葵藿欲傾；逐鳴鳳之高岡，蒭蕘罔獻。 遙凝霜戟，應知塞草生春；乍接雲箋，恍覩垣梧滴露。 登嘉顏甲，拜覬心銘。 臨啓無任戢勒依馳之至。

張翼明（1583—?），字伯寅，號滄雲，鳳陽宿州人。萬曆三十八年（1610）進士，崇禎時任兵部右侍郎，巡撫大同。

《明史·張翼明傳》：

張翼明，永城人。以兵部右侍郎巡撫大同。崇禎元年，插漢虎墩兔入犯，殺掠萬計。翼明及總兵官渠家楨不能禦，並坐死。

光緒《宿州志》卷十七：

張翼明，宿州丹城人，占永城籍。中萬曆庚戌科進士。天啓時，歷任禮部儀制司主事，兼南北國子監事。才識學問，當時多仰重之，遂爲權閹所羅致，以兵部侍郎巡撫大同。先是俺答受封，塞上息警者六十年，邊備盡廢。天啓七年，順義王卜石兔微弱，插漢虎墩兔西侵，盡有其衆，遂遣將臨宣府新平墩索賞。已而擁五六萬騎毀牆入，抵城，大殺掠。翼明不能禦，又不以實聞。巡按御史葉成章劾之。莊烈帝即位，方惡邊臣欺玩，欲重懲之，以警其餘。召大臣詰問，大學士劉鴻訓爲翼明解，帝不聽，論死。

【二九】又［啓張翼明］

某跧伏里門良久，近始作小草出山。 方愧樸遬無似，而過蒙採錄，濫據清班。 揣分知慙，深懷跼促。 忽荷瑤函遠貴，寵眖殷隆，飾夷光之質，以點綴嫫母，令人顏益甲矣。 台臺（剔）［敭］歷邊疆，鞅掌國事，以重臣而兼勞臣，殊勳爛焉耳目。 方今聖主在御，公道昭明。 台臺制勝臨戎，壯猷久茂。虜氛孔棘，雲中尤爲重鎮，中外且倚長城焉，不獨某私衷景挹也。 遙睇塞雲，依依如結，銘戢高誼，曷罄謝悰。 統惟霽炤。

【三〇】復孫詡

季春之月，小僮自家來，得門下遠函，且知賢郎跋涉左顧。 銘鏤高誼，曷其有諼？ 藉庇幸竣數年來未了之局，差可慰知己懸望之情。 而自顧空質，挾何建豎？ 正恐仰負聖明，蓋腸一日而九回也。 翰既再頒，具仞不遺。 第不佞素性介拙，誼不敢過叨。 況以門下清署蕭然，豈堪分俸？ 敬藉手完上，厚情則已心載之矣。 冗次草復，並謝，不一。

孫詡，字甫卿，蘇州常熟人。

錢陸燦《常熟縣志》卷二一：
孫詡，字甫卿。性豪邁，業古文，亦善小詞。與薛章同學張雨書，皆場屋士，詡尤利捷。後皆以隱終。

【三一】與錢士衡

日來暑氣蒸人，竟不能出戶。 一出戶，未有不踣頓而歸者，今賤體正踣頓時也。 前爲陳在竹南歸，略以小意餞之。 成何劇設，而台兄遽爾羨之耶？ 我輩無聊旅況，正欲知己常覓笑歡。 幸仁兄過家兄所，商一過節之法。 承諭久已領悉，容博訪之。 扇墜之惠，襲芬多矣。 附謝，不一。

【三二】復阮大鋮

連日亦無所聞，但聞參霍五疏，參楊亦二疏矣。 伏承大筆書扇，又荷鼎元公詩扇見貺，頓覺吳蒙增光十倍。 敬謝，敬謝。 刁酒之惠，又何念及小人之腹也。 煩暑中沃以甘露瓊漿，何快如之。 容面叩，不既。

按：本札謂"聞參霍五疏，參楊亦二疏"。考《長編》卷九所載，崇禎元年五月初，廷臣交章劾太僕寺少卿楊維垣、協理戎政兵部尚書霍維華。五月六日，楊削籍；八日，霍免職。瞿札固當作於五月六日稍前也。

阮大鋮小傳見【四】《與阮大鋮》。

【三三】與倪元璐

連日有所聞否？ 張異度昨已出都，惜不及過齋頭一話別也。 孫人持必不可毀之說，笑破人口，而更聞慟哭。 朝中有此怪物，有此奇事，翁兄謂足污白簡乎？ 參斗樞者，已見二疏，不知擬旨若何？ 擬霍旨又何如？ 乞一一示之。

按：本札云："孫人持必不可毀之說，笑破人口，而更聞慟哭。"翰林院侍講倪元璐請速毀《三朝要典》事，見載於《長編》卷八，四月二十九日；至卷九，五月十日有云："時《要典》擬毀。詞臣孫之獬上疏力爭之，且哭于閣中，言必不可毀。戎政尚書霍維華請削正，皆力主不毀之說。"瞿氏本札固作於五月十日稍後者也。

倪元璐小傳見【二二】《與倪元璐》。

【三四】復吳孔嘉

年兄之事，即弟之事也。 重以諄命惓惓，敢不惟力（視事）［是視］？日下倘有可□［陰］代其謀者，當曲圖之，以報命也。 黃兄處亦當面破之。榮發，弟愧不能折柳，而反叨隆惠，其何以當？ 領名杯，日醉年兄之德矣。草此謝復，冗次不多及。 惟心炤。

吳孔嘉（1588—1667），字元會，號天石，安徽歙縣人。天啓五年（1625）進士，任編修。

康熙《徽州府志》卷九"四十三年乙卯鄉試"條：
吳孔嘉，字元會，歙溪南人。乙丑探花，編修。

【三五】與曾國禎

貴門生，大有心人也。 弟正喜年兄得士，弟得友。 日來與談年兄，津津不置。 所索《吾徵録》，弟前偶從劉年兄處借觀，不謂貴門生同心如此。 茲暫馳上，乞仍發下，容弟卒業何如？ 冗次草復，不盡。

曾國禎小傳見【一四】《與曾國禎》。

【三六】復貢修齡

小疏已進兩日，卑之無甚高論。 楊、霍見彈，差足爲吾黨吐氣。 兩詞林争《要典》，彼言不可毀者，又是踵蒲州不可來故智。　〔按：原文此行天頭有小字注："詞林，指倪元璐。　蒲州，天啓朝相韓爌也。"當爲藏抄者所書。〕海上逐臭，一時乃有二人，可發狂笑矣。　尊什日玩不置，炎燠中得此，便覺快風習習生兩腋，弟借作一服清凉散。　弁言即當奉教，恐著糞佛頭，見哂詞壇耳。　草復，不盡。

　　按：本札有云："小疏已進兩日，卑之無甚高論。楊、霍見彈，差足爲吾黨吐氣。兩詞林争《要典》，彼言不可毀者，又是踵蒲州不可來故智。"《瞿式耜集》之《披垣疏草》疏【三】爲《直糾貪昧閣臣疏》，上於五月十三日，正在札中所謂"兩詞林争《要典》"之事稍後，而疏中亦有"喪心無賴之孫之獬"云云，瞿復貢札或即作於上疏後不久。下札【三八】《與陳益吾》亦謂"近孫獬復以《要典》必不可毀，又笑破長安之口"，想亦作於上疏前後。

　　貢修齡（1574—1641），初名貢萬程，字國祺，號二山，常州江陰人。萬曆四十七年（1619）進士，任東陽知縣，後補刑曹，晋少參。

　　崇禎《江陰縣志》卷三"國朝甲科：己未科莊際昌榜"：
　　貢修齡，字無修。初授東陽知縣，陞刑部主事，歷浙江、福建、江西參議副使。

　　康熙《金華府志》卷一二"知縣"條：
　　貢修齡，號二山，江陰進士。萬曆四十八年任。

康熙《常州府志》卷二四：

貢修齡，字國祺，江陰人。萬曆進士，知東陽縣，積弊一清。攝篆義烏，治行一如東邑。後補刑曹，引經斷獄，時稱明允。晋少參，董浙漕，陋規鐫削至盡。再副閩臬，以介直忤漕憲，投劾歸里。復起江西少參，分守湖東，單車就道，益勵清操，意與江撫某不合，遂解組歸。有《斗酒堂集》。

道光《江陰縣志》卷一六：

貢修齡，字國祺，初名萬程，安甫四世孫。萬曆己未進士，知東陽縣。革耗羨，蠲贖鍰，撫流亡，杜干請。攝義烏事，治行一如東陽。三薦卓異，士民畏壘祀焉。内召已注，吏部奄黨齕之。補刑曹，引經斷獄，稱明允。晋少參，董浙漕，革陋規至盡。再副閩臬，以介直不容，投劾歸。復起江西少參，分守湖東，單車就道，與江撫某不合，解組歸。著有《匡山》《斗酒堂》諸集。

【三七】與朱國盛

不肖某自陽豊弛擔後，久抱臯魚之痛，幽棲里門，四方聞問都絶。近始作小草出山，聊逐長安後隊。不意溝中朽斷，誤被青黄，濫叨掖序，循分自揣，跼蹐奚勝？乃辱翁臺推念梓誼，遠貢衮章，高情過溢，仰對明貺，倍增慙恧。翁臺久勞王事，懋著勤績，治河八載，不讓禹功，往者宣房瓠子之勳，後先媲美。在逆璫薰灼時，勢真掣肘，而能以碩膚之遜，曲自全於狼胡疐跋中，此翁臺一段苦心處。不肖某久已識東山妙用，寧俟翰教始悉也。方今朝政清明，公道不混，成勞具在，豈容概爲抹殺？將來推轂翁臺者，應有同心，而逢人説項，則尤不肖某所願効其區區耳。彈冠相慶，可卜非遥。臨楮不盡縷覼，統惟慈炤。

朱國盛（1579—？），字敬韜，號雲來，松江華亭人。萬曆三十八年

（1610）進士，歷任太常寺卿、工部尚書。

《南匯縣志》（民國十六年重印清光緒五年刻本）卷十三：

朱國盛，字敬韜，新場人。萬曆庚戌進士，歷官太常寺卿。畫山水，得小米筆意。董文敏題其畫云：“敬韜作米虎兒墨戲，不減高尚書。閱此欲焚吾硯。”其推許如此。

劉水雲《明代家樂考》[1]：

朱國盛，字敬韜，號雲來、雲崍，松江華亭（今上海市）人。明萬曆三十八年進士，累官太常寺卿、工部尚書。崇禎年間，朱國盛因與閹黨牽連，爲言語所糾，遂棄官歸里，“唯以聲伎自娛”。

【三八】與陳益吾

長安光景，邇來大是不同。 譬如旭日初升，尚有一段非雲非霧，烟氣濛濛。 今日漸高，則雲漸散，魑魅魍魎，不能舞奸弄巧於白日之下。 如木易以蒲州必不可來，方裂破長安之背，近孫獅復以《要典》必不可毀，又笑破長安之口。 天下儘有怪物，儘多異類，然不如此，何能一筆驅除？ 此實鬼神陰奪其魄，使之出乖露醜，貽臭萬年耳。 弟初入班行，茫無分曉，喜得日覲龍顏，懸知太平天子，將來必有數十年享用。 至於一腔報恩酬遇之心，實矢天日，實質影衾，斷不敢顧慮身名，擇取便利，違其所騪騪欲上之梯，而自甘雌伏；忍其所格格欲吐之語，而強學蟬棲。 惟是綫索未清，頭腦未握，脉絡未講，故事

---

[1] 參劉水雲：《明代家樂考》，《中國文哲研究通訊》第 13 卷第 1 期，2003 年 3 月，頁 87—122。

未熟，深以爲憂。 安得老親翁速入春明，提耳誨之，俾不迷於所往乎。 冗次，不一。

陳益吾小傳見【二三】《與陳益吾》。

【三九】上錢牧齋

日來新咨諸公，意氣太鋭，防邪太峻，且認人又不真切，楊、霍而後，遂及阮髯 [按：原紙天頭有按語："楊維桓、霍惟華。 阮髯，阮大鋮。"當爲後之抄藏者所添。]，今並及賈矣。 無論賈一段才情氣魄，真心熱腸，真豪傑中之所不易得者。 就如去秋冬以來，爲正人鑿山開道，與近日入都後，與楊人觸忌攖鱗，寧割自己學脉，寧斷夙昔交情，而拌入其身，以收拾挽回，竭力補救，此是何等功勞！ 今無望申明此一段，以顯其返邪歸正之功，而驀頭遂以窮兇極惡加之，且以崔、魏的派，楊、霍奥援駡之，使之不得容身。 嗟乎！ 浮弋已矣。 將來絶人爲善之門，斷人返正之路，挑人反噬報復之機，激人去正歸邪，紛紜水火玄黄之戰，正不知世界何時得清净也。 前門生首疏中，於憲臣中點綴數言，全是一腔照管念頭，所以收天下之逃墨歸儒者。 即昨次疏中，復以移宫一案，爲賈周旋一番。 老師幸蚤蚤入都，遲一日，則一日之決裂，即學海意亦然。 學海推楚撫，不日將出都矣。 會推銓憲及戎政，一一如小疏所請，差强人意。 新參如劉長山，大有擔當，良不易得，遠出高邑上矣。 若李高陽不可留，則來、楊定須逐去。 並附聞。

按：本札開首云："日來新咨諸公，意氣太鋭，防邪太峻，且認人又不真切，楊、霍而後，遂及阮髯，今並及賈矣。"又云："會推銓憲及戎政，一一如小疏所請，差强人意。"末云："若李高陽不可留，則來、楊定須逐去。"上札【三二】按語中已稍述楊維垣、霍維華事。據《長編》卷九：五月六日，楊削籍；八日，霍免職；九日，雲南道試御史毛羽健疏糾楊維垣把持朝政、光祿寺卿阮大鋮"牽合附會"；同日，刑科給事中劉斯琭疏劾都察院左僉都御史賈繼春奸邪"善幻"；同日，改王永光爲吏部尚書、李邦華爲兵部左侍郎。此中種種，皆與瞿致錢札中所言合，則瞿札作於五月九日稍後可知。

錢謙益小傳見【一三】《上錢牧齋》。

【四○】與賈浮弋

天下有熱腸苦心爲世道，如老先生者哉？況昨歲何時也？今春又何時也？挤一身以殉天下，乃天下亦既大轉矣。不以爲功，而反以賈戾耶？老先生救世婆心，豈患舉世無胸，千秋無眼？摩霄之骨，支傾之柱，亦豈患勳猷不茂，聞望不隆？但如此朝局，其能久乎？世界當倒翻之日，挽回收拾，且於鋼塞中鑿山通道，開闢乾坤，以有此今日，而一筆抹殺，且又從而誣蠛之。猶有鬼神，豈可欺也？昨午方得副院之信，不覺狂喜。少選見劉青老，知爲此者，即係前不肖與之敝舌相爭者。不肖已矣，人微言輕，不能信乎朋友，其如仰負明主何？所幸人心皆有同然，公道不容澌滅，旨擬已與兩平章極言之。老先生一片熱腸苦心，毋邊因而冷也。所懇歷來到今疏稿，幸不靳簡賜，荷甚，荷甚。

按：本札乃慰藉賈繼春者。上札【三九】按語中已述《長編》卷九載五月九日賈遭彈劾，帝且責言："賈繼春變幻多端，着調南京別衙門用。"又，《長編》同卷五月十七日載："都察院左僉都御史賈繼春免。明年削籍。”）瞿札當作於五月九日稍後。

賈浮弋即賈繼春，小傳見【五】《上賈繼春》。

【四一】與唐時

日來正爲此事，憂慮填膺，不知如何而可，世界方始太平。 正氣全然未復，乃一派迅厲之藥，交攻迭施，其能不反甚乎？ 仁兄幸有以策之。 弟愚拙，茫不知所爲計，且言輕不足取信於人，方抱愧恨耳。 初六日上一小疏，大約言人之所欲言，非挑釁者比也。 乞加塗抹付下，伺伺。 來教具見老婆心切，有所聞，幸頻頻見示。

按：本札謂“日來正爲此事，憂慮填膺”及“初六日上一小疏，大約言人之所欲言”。瞿疏【二】《順情平法疏》上於五月六日，中有爲賈繼春言不平者，則瞿與唐本札所言，應亦此事也。本札當作於五月九日前後。

唐時，字宜之，浙江吳興人，任壽陽縣判官。

《居士傳》卷四四、《净土晨鐘》卷一〇：

唐時，湖州人。初爲壽陽縣判官，後爲襄國輔弼之臣。明崇禎辛巳（1641）仲春，襄陽被流賊攻破，投端禮門左井中，所幸被家人救出，於是絕而復甦。參蓮池大師，授以念佛法門，遂勤修净業，諸眷屬皆能覆誦《金剛經》及《普門品》。清順治丁亥（1647）臘八，於南京長干寺念佛禮塔，見塔頂放白光，佛爲現相，如黃金色。戊子（1648）七月五日，坐禪堂念佛，推窗忽見大海中湧一山，佛坐其上，光明四徹，墻壁林木，盡空不見，其精誠所感如此。臨終現瑞相而逝。著有《蓮華世界書》《如來香》《頻迦音》等書。

【四二】與何若鶴

詔獄諸賢誥軸，弟謂劫灰久矣，即舉世亦謂付之秦燼矣。 乃尚有留至今日，以待我仁兄簡出，以付之其子孫者乎？ 我兩人緣契自不薄，而彼兩公之結緣於我兩人也，抑又奇。 此段公案，真足千秋，弟何敢付之草草也。 接教且喜且驚，且哭且笑，敬收下，即日尚伴齋還。 不知兩家子弟，其頂戴吾仁兄者，又若何也！ 晚涼容走叩，不盡。

【四三】復茅元儀

弟非有疑於兄也。 正以會長公恐問此，商何以薦兄，一時即解之，渠胸中未必甚豁然也。 且今年正人薦兄者，僅見吳玄垣；邪人薦兄者，凡兩見矣。又有南省之微詞，種種議論駁雜，恐當事之信兄，不及弟之信兄，夫是以委曲商量也。 至於上疏之稍遲者，弟非有他説。 誠念此老胸中執拗，既然批壞，恐即疏上，未必有佳語相酬，未必有益，而徒足取損。 弟以愛兄之故，信心直言，或其間情事，有不必如弟過繭者，亦惟兄行之可也。 兄近以徐人平昔交情，與近日狠薦緣由，略示一二。 弟非無心人，不敢不爲兄效顰也。 來儀存兄處，即如存弟處，姑勿示人以迹何如？

按：本札乃與茅商量如何推薦茅者，有云："且今年正人薦兄者，僅見吳玄垣；邪人薦兄者，凡兩見矣。"考《長編》卷九，五月間載記，五月十日太僕寺少卿徐景濂請用原任副總兵茅元儀;又,五月十八日,候補給事鄧英劾奏御史袁弘勛投拜楊維垣之門認爲義子,兼及袁受賄疏薦茅元儀事。則瞿復茅札大概爲本月中旬之事?

茅元儀(1594—1640),字止生,號石民,又號逸史、東海波臣、夢閣主人,湖州歸安人。崇禎時任翰林院侍詔。

光緒《歸安縣志》卷三六:

茅元儀,字止生,號石民,歸安人,國縉子。少孤,雄傑異常兒。萬曆三十六年,湖大饑。太守陳幼學集議賑荒,群公囁嚅莫敢應。元儀垂髫奮袖,請盡傾困廩賑國人。太守歎異曰:“魯子敬不是過也。”元儀好談兵,通知古今用兵方略,及九邊阨塞,口陳手畫,歷歷如指掌。慕古人毀家紓難,慨然欲以有爲。天啓元年,以邊才薦,劄授副將,母喪歸葬。孫承宗督師,以書生辟幕僚,與策兵事,皆得要領。常出塞相視紅螺山,七日不火食,從者皆無人色,元儀自若。承宗謝事,元儀亦罷歸。崇禎元年,進《武備志》,奏言邊事,及兵食富強大計,帝命侍詔翰林,尋又以人言罷。二年,承宗再出視師,半夜出東便門,元儀腰刀匹馬以從。四城既復,特授副總兵,提轄遼海覺華關島,署大將軍印。旋以兵譁下獄,遣漳浦。邊事急,再請募死士勤王,時相惡之,不許。早夜呼憤,縱酒而卒。元儀自負經奇,恃氣凌人,詩文才氣蠭涌,搖筆千言立就。而志之所存,在乎籌進取,論匡復,畫地聚米,決策制勝。有《石民四十集》。(《詩集小傳》)

錢謙益《列朝詩集小傳》丁集下:

元儀,字止生,歸安人。鹿門先生坤之孫,繕部國縉之子。少爲孤童,雄傑異常兒。年十歲,吳興大祲,太守集議賑荒,群公囁嚅莫敢應。止生垂髫奮袖,請盡傾困廩以賑國人。太守歎異曰:“魯子敬不是過也。”止生好譚兵,通知古今用兵方略，及九邊阨塞要害。口陳手畫，歷歷如指掌。東事急，慕古人毀家紓難，慨然欲以有爲。高陽公督師，以書生辟幕僚，與策兵事，皆得要領。嘗出塞相視紅螺山，七日不火食，從者皆無人色，止生自如也。高陽謝事，止生亦罷歸。先帝即位，經進《武備志》，且上言東西夷情、閩粵疆事及兵食富強大計。先帝命待詔翰林。尋又以人言罷。己巳之役，高陽再出視師，半夜一紙，催出東便門，僅隨二十四騎。止生腰刀匹馬以從。四城既復，牒授副總兵，治舟師，略東江。旋以兵譁下獄，遣戍漳浦。東事益急，再請募死士勤王。權臣惡之，勒還不許，盡夜呼憤，縱酒而卒。止生自負經奇，恃氣凌人，語多誇大。能知之者，惟高陽與余。而止生目中亦無餘子。世所推名流正人，深衷厚貌，修飾邊幅，眼光如豆，寧足與論天下士哉？止生爲詩文，才氣蠭涌，搖筆數千言，倚待立就。而其大志之所存者，則在乎籌進取，論匡復，畫地聚米，決策制勝。集中連篇累牘，洒江傾海，皆是物也。今既已化爲飛烟，蕩爲冷風矣。顧欲刺取一二有韻之言，簸揚而藻飾之，是豈止生之所以自命，而亦豈余之所以知止生者哉！

【四四】與大相公

汝既進學，尤當急圖出門用功，不可耽居故里，以不急之徵逐，耽廢工夫。　寄來文五篇，亦見用心。　學作好文，須從識見上擒得住、占得高，不專專矜字句之巧，自落小家數也。　會錄及五魁卷，寄汝一看。　又，龔季良文一册，是亦開山巨手，讀之可長精神。　仕籍一簿，並見京華物色也。

按：本札爲瞿致其長子玄錫者。有云"汝既進學，尤當急圖出門用功，不可耽居故里……"。《行實》載："五月，不肖[玄錫]補郡諸生，隨母夫人入都。"本札當作於五月玄錫入京前。

大相公即瞿玄錫（1610—?），瞿式耜長子，後避清聖祖諱改名嵩錫，或作元錫。蘇州常熟人。

【四五】上錢牧齋

建白一事，關係匪輕。 望老師旦暮登朝，得以朝夕請教。 長安賢者，雖亦有人，然或路正而識不高，或氣高而識不定，總非可憑仗而依歸者。 且目前正氣已覺大伸，邪焰永難再熾，遇此賢於堯舜之主，老師即欲不蚤出，以報答深知，其可得乎？ 敬因馬長班捧咨之便，肅此虔懇。

錢謙益小傳見【一三】《上錢牧齋》。

【四六】與饒京（前任常熟知縣，行取御史）

弟以六年前行取之人，而遲遲以待老父母作同年也，此其緣不可謂不奇矣。 顧弟得此進，殊不爲喜，而得曲折挽回於萬難成就之中，不失西臺地位，使老父母一段嶽嶽聰裁，亦終得表見於天下。 此則弟所歡忻踴躍，夢寐中狂喜無量者也。 批紅已久，大約明晨命下。 承念，草草布復，並謝不一。

按：標題括號內文字，疑爲藏抄者所加。

饒京,字黄山,一説字君大,號黄山,南昌進賢人。天啓二年(1622)
進士。

康熙《常州府志》卷二一:

饒京,字黄山。天啓壬戌進士。莅宜興,操守清謹,仁心爲質,弛力省
刑。調繁常熟,召爲御史,尋巡按下江。

康熙《蕲州志》卷八:

饒京,號黄山。天啓壬戌科進士。少不遇,從事遠游,於世務多練達。
初任宜興縣知縣,調常熟縣,行取御史,巡歷蘇松諸郡,再巡淮揚諸郡,甚著
風裁。時有大奸,蟠固不可動者,公悉誅之,遠近肅然。政事之才,罕能及
也。癸未,逆寇燬城,並與難。

【四七】與徐大相

去秋明天子首出御物,重整乾坤。 然餘氛正熾,在朝者大半爲璫之後身,
弟岌岌殆哉。 自濫清班,得關末議,無日不以年兄起補忙迫圖之。 臨期議
論,猶多參錯,或主用新咨,或主改部屬。 弟從中力贊,委曲商量,乃籌得一
策。 先陞胡而後推年兄,方兩不相碍也。 偶因鴻便,潦略附此。 空槭無伴,
統惟鑒原。

徐大相,字覺斯,號明衡,南康安義人。萬曆四十四年(1616)進士。萬
曆時任兵部主事,天啓間任吏部驗封司員外郎,後歸家。崇禎時起故官,後
遷吏部文選司郎中。

《明史·徐大相傳》：

徐大相，字覺斯，江西安義人。萬曆四十四年進士。授東昌推官。改武學教授，稍遷國子博士。四十七年九月朔，百僚將早朝，司禮中官盧受傳免。衆趨出，受從後姍侮。大相憤，歸草二疏。一論遼左事，一論受奸邪。時接疏者即受也。見遼事疏曰："此小臣，亦敢言事。"及帝閱第二疏，顧受曰："此即論汝罪者。"受錯愕，叩頭流血請罪，曰："奴當死。"疏乃留中。是日，南京國子學録喬拱璧亦疏劾受，不報。明年遷兵部主事。

天啓二年調吏部稽勳主事，移考功。明年進驗封員外郎。進士薛邦瑞爲其祖蕙請謚，大相與尚書張問達議如其請。熹宗方惡恤典冗濫，鐫大相三秩，出之外。問達等引罪，不問。大學士葉向高、都御史趙南星等連疏救，乃改鐫二秩。大相方候命，群奄黨受者數十輩，持梃譟於門。比搜大相橐，止俸金七十兩，乃闋然散。家居，杜門讀書，里人罕見其面。

崇禎元年起故官。俄改考功，遷驗封郎中。歷考功、文選。奏陳遵明旨、疏淹滯、破請託、肅官評、正選規、重掌篆、崇禮讓、勵氣節、抑僥倖、覈吏弊十事，帝即命飭行。故尚書孫丕揚等二十六人爲魏忠賢削奪，大相請復其官，帝不許。旋以起廢忤旨，貶秩視事。給事中杜三策言大相端廉，起廢協輿論，不當譴，不聽。父憂歸，卒於家。

【四八】與馬玉

年兄參大司馬極當，即他人不能曲爲之解。 昨渠請告，亦聊以自白其志："非敢欺君，以寬於隕越之誅。 原非戀此一官，以口舌相競也。"今雖奉旨慰留，即日自當歸矣。 秋防正急，方謀其代。 年兄或可稍寬糾駁，以待其歸乎？ 惟台教之，幸甚。

【四九】與陸文獻

據不肖鄙意，起廢應明告之朝廷，不應私請之當事。 然有鄉達尊主之，無容議矣。 但寫帖須寫停當，毋論眷晚鄉侍之紛紜，即四府中臺省，尚遺王、趙兩兄，不知何說也？ 乞翁兄增定之，以便用圖記。 不然，換而又換，益不便矣。 此復。

陸文獻，字足吾，一字徵甫，號宇懷，蘇州府嘉定人。萬曆四十一年（1613）進士。

康熙《嘉定縣志》卷一一"四十一年癸丑科周延儒榜"：
陸文獻，由太倉籍授太常博士，歷户、工、刑科給事中、光禄寺卿、都察院右副都御史，巡撫江西，戊辰告病回籍。當天啓時，朝議復漕，嘉民甚惶恐。時文獻在朝，其力能得之主計者。嘉邑仍永折，文獻之力也。

光緒《嘉定縣志》卷一六：
陸文獻，字足吾，一字徵甫。萬曆癸丑進士，授太常寺典簿，歷户、工、刑科給事中，擢光禄寺卿，終江西巡撫。天啓時魏忠賢用事，侯震暘日彈客氏，爲忠賢所切齒。文獻代爲剖解，恨稍釋。文震孟以"勤政"一疏忤忠賢，姚希孟爲閹黨所構，將被逮。駕帖至刑科，文獻持不可，白忠賢曰："江南近以周順昌故，無端煽動。今所逮文、姚二人，亦有虛名，倘復構釁，奈何？"忠賢懼，事遂寢。其扶持善類多如此。時朝議嘉定復漕，文獻上稽典章，下觀時勢，定部科之猶豫，平官府之異同，極力周旋，得永折。

【五〇】與陳益吾

弟藉老親翁九鼎之力，幸厠清班，如蚉負山，處非其據，昕夕轉滋惶仄也。　考前曾有東省人，貽書長安，指弟爲僉邪，力加阻撓，而又謂此得之同鄉者。　賈浮老初秘而不言其人，昨訊之，云係王季木貽高鑑齋書，弟益怪訝之。此公不知爲何人所弄，遂至於此。　然事後弟已置之飄風，即老親翁亦如弗聞也者可耳。　潘亦式中陳晃，近爲閣近明所糾駁，至再至三。　使閣再一駁，潘無容身地矣。　而同科勸勉止之。　然如此敗群，豈不羞與爲伍哉？　浙人以蕭山爲泰山，而昨參李高陽者，即浙之羅元賓。　蕭山勢亦不能獨存，羅遂叢衆怨於鄉人。　可笑袁弘勳，木易之死黨也，而亦薦蒲州，以自解免於人言。　今蒲州爲木易所撓，袁又何以自解免於木易乎？　長安似奕棋，今長安直似醜戲矣。目前助木易者，大約人有退心，不審此畜何恃而橫潑如此。　塵客乃郎進學，此極快事。　今仲恭輩亦將草疏，令伊侄伏闕訟冤乎？　抑遂已乎？　仲嘉兄聞以四月十六長行，計爾時弟考選之信，已聞於邑中。　不知縠聞之，作何光景？　發何議論？　有便不妨密示之，以破岑寂也。　縠專人持重橐，遍饋長安貴人，而黃山不及一字。　極周到人，何以疏闊至此？　吳門兩兄，近曾相晤乎？　錢業師行期，當與吳門同時，還在其先。　以愚見論，斡旋主持，與賈浮老同心共濟，此正其時。　斷且蚉出，不必過淹也。　有便郵，幸不靳頻頻惠教。

按：本札有云"昨參李高陽者"。又，"目前助木易〔按：即楊之隱語〕者，大約人有退心"。據《長編》，五月九日，允李國槽致事歸；五月六日，楊維垣削籍。本札所述在此等事前，則札作於五月初可知。上考瞿札【三八】《與陳益吾》作於五月九日稍後，而本札所涉者爲五月初事，則本札應置於札【三八】以前。次此，豈非其錯簡乎？

陳益吾小傳見【二三】《與陳益吾》。

【五一】復高弘圖

某不肖每從業師錢牧齋，具悉台臺卓識定力，爲時賢領袖，心甚欽之。 謭劣之質，不見擯於清時，皆台臺噓植之賜。 日者摳謁門屏，快接光儀，玄言正論，得未曾有。 不揣漫逐新咨之隊，如雛兒學語，深愧見笑大方。 乃不謂過蒙採納，獎借逾涯，其何以堪？ 聖政清明，凡在臣鄰，自應共矢和衷之誼，掃除籬見，還歸蕩平。 而意見紛如，言論側出，不肖人微力綿，愧不能有所補救，徒深搤腕。 主持調劑，惟望台臺熱心大力，爲世道熄將焚之焰，爲吾黨收未決之波，默轉潛移，上答主恩，下聯衆正。 將來蕩平之治，不難幾也。 謬辱下存，輒敢附布鄙臆，統祈台炤。 榮差何時出都？ 尚圖趨叩，不盡。

高弘圖（1583—1644），字研文，又字子猷，號硜齋，萊州膠州人（今山東膠州）。萬曆三十八年（1610）進士，崇禎時官至户部尚書，南明時任禮部尚書，後加太子少師，改户部尚書，進太子太保。諡忠直。

《明史·高弘圖傳》：

高弘圖，字研文，膠州人。萬曆三十八年進士。授中書舍人，擢御史。矻棱自持，不依麗人。

天啓初，陳時政八患，請用鄒元標、趙南星。巡按陝西，題薦屬吏，趙南星糾之，弘圖不能無望，代還，移疾去。魏忠賢亟攻東林，其黨以弘圖嘗與南星有隙，召起弘圖故官。入都，則楊漣、左光斗、魏大中等已下詔獄，鍛煉嚴酷。弘圖果疏論南星，然言“國是已明，雷霆不宜頻擊”，“詔獄諸臣，生殺宜聽司敗法”，則頗謂忠賢過當者。疏中又引漢元帝乘船事，忠賢方導帝游幸，不悦,矯旨切責之。後諫帝毋出蹕東郊,又極論前陝西巡撫喬應甲罪,又嘗語刺崔呈秀。呈秀、應甲皆忠賢黨,由是忠賢大怒,擬順天巡按不用。弘圖乞歸,遂令閒住。

莊烈帝即位,起故官。劾罪田詔、劉志選、梁夢環。擢太僕少卿,復移疾去。三年春,召拜左僉都御史,進左副都御史。五年遷工部右侍郎。方入署,總理户、工二部中官張彝憲來會,弘圖恥之,不與共坐,七疏乞休。帝怒,遂削籍歸,家居十年不起。

十六年召拜南京兵部右侍郎,就遷户部尚書。明年三月,京師陷,福王立,改弘圖禮部尚書兼東閣大學士。疏陳新政八事。一,宣義問。請聲逆賊之罪,鼓發忠義。一,勤聖學。請不俟釋服,日御講筵。一,設記注。請召詞臣入侍,日記言動。一,睦親藩。請如先朝踐極故事,遣官齎璽書慰問。一,議廟祀。請權附列聖神主於奉先殿,仍於孝陵側望祀列聖山陵。一,嚴章奏。請禁奸宄小人借端妄言,脱罪僥倖。一,收人心。請蠲江北、河南、山東田租,毋使賊徒藉口。一,擇詔使。請遣官招諭朝鮮,示牽制之勢。並褒納焉。

當是時,朝廷大議多出弘圖手。馬士英疏薦阮大鋮,弘圖不可。士英曰:“我自任之。”乃命大鋮假冠帶陛見。大鋮入見,歷陳冤狀,以弘圖不附東林引爲證。弘圖則力言逆案不可翻,大鋮、士英並怒。一日,閣中語及故庶吉士張溥,士英曰:“我故人也,死,酹而哭之。”姜曰廣笑曰:“公哭東林者,亦東林耶?”士英曰:“我非畔東林者,東林拒我耳。”弘圖因縱臾之,士英意解。而劉宗周劾疏自外至,大鋮宣言曰廣實使之,於是士英怒不可止。而薦張捷、謝陞之疏出,朝端益水火矣。内札用户部侍郎張有譽爲尚書,弘圖封還,具奏力諫,卒以廷推簡用。中官議設東廠,弘圖争不得。遂乞休,不許,加太子少師,改户部尚書,文淵閣。尋以太后至,進太子太保。

其年十月,弘圖四疏乞休,乃許之。弘圖既謝政,無家可歸,流寓會稽。國破,逃野寺中,絶粒而卒。

【五二】與田仰

　　臺臺但知張衛弁之疏，而未知袁道長之疏更奇也。　今舉朝無不閧然，行且起大兵矣。　如何，如何？　崇望深資，節鉞旦夕可俟。　來教何說也？　容即與當事者言之。　前小疏尚未上，緣昨甫參二輔耳。　冗次草復，不一。

　　按：本札謂"前小疏尚未上，緣昨甫參二輔"。瞿氏"參二輔"之疏爲疏【三】《直糾貪昧閣臣疏》，乃上於五月十三日者。然則本札當作於是日稍後。

　　田仰（1590—1651），字百源，吉安盧陵人。萬曆四十一年（1613）進士。

　　光緒《益都縣圖志》卷一八：
　　田仰，盧陵人，進士。萬曆四十四年知益都縣，纂修縣志，縣之有志自此始。任采集者，則鍾羽教、王大壯也。

【五三】與賈繼春

　　聞臺駕即刻出城矣。　某受老先生深知，敢不一送？　但苦泄瀉，不能出門。　且恃鑒諒於形迹之外，或不反在此世法周旋也。　大疏曾上否？　劉再疏附覽。　總之，公論不容不伸，老先生正不必與計較也。　出城後，臺駕且不妨從容。　容圖晤，以悉縷縷。

　　按：本札云："聞臺駕即刻出城矣。"據《長編》，五月九日賈繼春遭彈

劾,着調南京別衙門用,至五月十七日,被免職,則其出城,諒於五月十七
日稍後,而瞿札亦作於是時。

賈繼春小傳見【五】《上賈繼春》。

【五四】上成惢予

某庸譾疎拙,自分不適世用,且狺狺者注毒不休,荷老師九鼎噓培,得以
厠名垣末。 某固知老師聞之,必爲欣慰。 但言路無時不難,而在今日尤難,
蓋邪氣方斂,正氣未舒;將撲之焰,勃欲再騰;新集之師,深虞野戰。 爲今之
計,似應徐觀局面,熟審機權,銳氣勿遽加於小人,深心還廣託於君子。 若一
味任性,信筆參攻,施爲略無次第,等項全無分別,是適以藉小人之口,而我
輩將來受用,政無有了期,實目前之大憂也。 新咨諸兄,英銳喜事者固多,老
成持重者亦不少。 某賦性愚直,嫉惡頗嚴,然日來幾大頭目,俱未嘗出手糾
彈,寧爲江楚諸公所竊笑而不顧。 非怯也。 大約擔當之中,不失斟酌,斬截
之內,自寓從容,方爲可久之策。 老師以爲何如? 伏讀老師所賜手札,字字
見血,凡有心知,孰不警快? 此種議論,近來亦有闡發之者,所苦主持乏人,
情面難割,鐵中錚錚,庶幾長山可望,而又以浮言暫阻,中灰其任事之心。 所
望老師及蚤還朝,維持正氣,挽救時艱,使君子之志意不孤,小人之齒角陰
去,掃除搆鬥,還歸蕩平,亦不負聖主一片皇皇側席之心,而千古中興相業,
實老師一人肩荷之矣。 日者世兄言旋,匆匆不及附尺函爲候。 乃蒙老師專人
枉訊,隆儀厚幣,儼然下頒,捧受之時,汗悚莫喻。 賜出尊者,誼不敢踞不
恭,敬九頓祇領,草勒布謝。 區區之忱,尚圖嗣申。 台駕入春明,聞在季夏
之月,某與劉生謹翹足以竢。 冗次潦略,不既願言,臨書神往。

按：本札謂"台駕入春明，聞在季夏之月"，固作於六月以前者也。

成基命（1577—1635），字靖之，號毖予，大名元城人。萬曆三十五年（1607）進士，崇禎時官至禮部尚書兼東閣大學士，加太子太保兼文淵閣大學士，贈少保。謚文穆。

《明史·成基命傳》：

成基命，字靖之，大名人，後避宣宗諱，以字行。萬曆三十五年進士。改庶吉士，歷司經局洗馬，署國子監司業事。天啓元年疏請幸學不先白政府。執政者不悅，令以原官還局，遂請告歸。尋起少詹事。累官禮部右侍郎兼太子賓客，改掌南京翰林院事。六年，魏忠賢以基命爲楊漣同門生，落職閒住。

崇禎元年起吏部左侍郎。明年十月，京師戒嚴，基命請召還舊輔孫承宗，省一切浮議，倣嘉靖朝故事，增設樞臣。帝並可之。踰月，拜禮部尚書兼東閣大學士，入閣輔政。庶吉士金聲薦僧申甫爲將。帝令基命閱其所部兵，極言不可用，後果一戰而敗。袁崇煥、祖大壽入衛，帝召見平臺，執崇煥屬吏，大壽在旁股慄。基命獨叩頭請慎重者再，帝曰："慎重即因循，何益？"基命復叩頭曰："敵在城下，非他時比。"帝終不省。大壽至軍，即擁衆東潰，帝憂之甚。基命曰："令崇煥作手札招之，當歸命也。"時兵事孔棘，基命數建白，皆允行。及解嚴，召對文華殿。帝言法紀廢弛，宜力振刷。基命曰："治道去太甚，譬理亂絲，當覓其緒，驟紛更益擾亂。"帝曰："慢則糾之以猛，何謂紛更？"其後溫體仁益導帝以操切，天下遂大亂。

三年二月，工部主事李逢申劾基命欲脫袁崇煥罪，故乞慎重。基命求罷，帝爲貶逢申一秩。韓爌、李標相繼去，基命遂爲首輔，與周延儒、何如寵、錢象坤共事。以恢復永平敘功，並加太子太保，進文淵閣。至六月，溫體仁、吳宗達入，延儒、體仁最爲帝所眷，比而傾基命，基命遂不安其位矣。方崇煥之議罪也，基命病足不入直。錦衣張道濬以委卸劾之，工部主事陸澄源疏繼上。基命奏辯曰："澄源謂臣當兩首廷推，皆韓爌等欲藉以救崇煥。當廷推時，崇煥方倚任，安知後日之敗，預謀救之。其説祖逢申、道瀋，不逐臣不止，乞放歸。"帝慰留之。卒三疏自引去。

基命性寬厚，每事持大體。先是，四城未復，兵部尚書梁廷棟銜總理馬世龍，將更置之，以撼樞輔承宗。基命力調劑，世龍卒收遵、永功。尚書張鳳翔、喬允升、韓繼思相繼下吏，並爲申理。副都御史易應昌下詔獄，以基命言，改下法司。御史李長春、給事中杜齊芳坐私書事，將置重典。基命力救，不聽。長跪會極門，言："祖宗立法，真死罪猶三覆奏，豈有詔獄一訊遽置極刑。"自辰至酉未起。帝意解，得遣戍。逢申初劾基命，後以礦炸下獄擬戍，帝猶以爲輕，亦以基命言得如擬。爲首輔者數月，帝欲委政延儒，遂爲其黨所逐。八年卒於家。贈少保，諡文穆。

【五五】與倪元璐

向日與翁兄言敝社友考貢事，今日廷試已畢，四篇完卷，似已合例。 但人多路窄，必得列在進呈之內，則青氈一席可望。 目前不能俟河之清，杳無到手之期矣。 翁兄有相識者，千乞轉致之。 弟生平篤於友誼，此生爲先祖舊年家子弟，且有才有品，見同弟寓，弟極憐之，非兄更誰望援手乎？ 謹録承破于別紙，萬祈留神噓拔。 不第本生唧戴生成，而弟之榮施，且無量矣。 肅此奉懇，尚容面謝。

倪元璐小傳見【二二】《與倪元璐》。

【五六】與柴紹勳

長山公卓識定力，勇於任事，此宗社之福，天子之毗也。 兩日不進綸扉，覺茫然無主，此長安有血性者，心有同然，不肖豈能獨異乎？ 小疏明日可發，尚當請教。 不盡。

按：本札云“［長山公］兩日不進綸扉，覺茫然無主……小疏明日可發……”。長山公者，大學士劉鴻訓之謂也。考瞿疏【四】《嚴誅附黨臺臣疏》乃爲奏劾御史袁弘勳者，中及袁於劉“漫肆詆排”之事，與札中所暗示者合。瞿疏上於五月十六日，則札作於五月十五日也。

柴紹勳，字鴻生，杭州仁和人。萬曆四十一年（1613）進士，崇禎時任浙江按察司副使、揚州江防兵備道。

乾隆《杭州府志》卷八八：

柴紹勳，字鴻生，仁和人。萬曆癸丑進士，授嘉定知縣。地濱海，號罷劇難治，賦不易登。紹勳至，赫然更始。會大浸害稼，爲力請臺使者蠲漕粟十五萬，所全活飢民無算，邑人德之。累遷北兵部武選司郎中。時多徵發，視中樞爲進退。紹勳有才略，咸倚重之。擢廣東僉事，未赴，改備兵淮揚。揚介江海，爲巨寇淵藪。紹勳下車，設法捕治。又歲屢旱而河決，部内多被災。紹勳請賑，不獲，猶爲勸糴蠲助，日施糜粥湯藥，所在賴以少蘇。尋進湖廣參議，以勞瘁得疾，乞休歸。（《柴省軒文鈔》）

【五七】與柴紹勳

賤體連日大病，故不得躬叩臺下，罪歉無如。 長山公既蒙宣諭，自應蚤出，遲亦不過三五日間。 弟不肖過蒙見許，深慚國士之知，要惟精白此心，以報皇上，即所以報知己也。 小疏稿偶爲友人携去，容請教。 不一，原書附璧。

按：本札亦致柴紹勳者（參上札），内云："長山公既蒙宣諭，自應蚤出，遲亦不過三五日間。"《長編》卷九，五月十八日載劉鴻訓疏陳"既經臺臣[袁弘勳]指斥，惟席藁待罪，以聽皇上處分"。得旨："……今國事主持，正切倚賴，望即入閣贊襄，不必另陳。"瞿札"宣諭"云云，應即指此。本札固作於五月十八日稍後也。

柴紹勳小傳見【五六】《與柴紹勳》。

【五八】與晉淑抃

連日不敢□[數]混清署，未知令嗣世兄，已全安否？ 幸示慰。 年臺榮轉選司，已題過否？ 早間些須之敬，皆家鄉土儀，不知何以見却？ 恃在愛下，敢再瀆獻，幸莞留之。 外，玉露霜，此清火消痰之物，將奉賢嗣一匕之需，並祈叱入。 荷，荷。

按：标题中"抃"字，原帙中皆書"忭"，誤，今徑改，不一一註明。
按：本札云："年臺榮轉選司，已題過否？"據《長編》卷九所載，起陞晉淑抃爲文選司主事乃五月二十七日之事。瞿札固當作於是日稍前。

晋淑抃,字廉石,平陽洪洞人。萬曆四十四年(1616)進士。

順治《洪洞縣續志·人文志·科貢表》"四十四年丙辰錢士升榜進士"條:

晋淑抃,承賜仲子。工部主事,轉兵部主事,陞吏部員外。崇禎辛未,流寇猖獗,焚掠四境,逼近城垣,走書請兵協謀守禦。不憚勞瘁,民社賴以無虞。

民國《洪洞縣志》卷一二:

晋淑抃,字廉石,應槐孫也。幼穎異,讀書目數行下,十三補博士弟子員。明萬曆壬子,年甫冠,捷於鄉。丙辰以二甲進士,授工部都水司主事。皇極殿之成也,抃之力居多。旋遷兵部武選司員外郎,未幾以憂去。起補吏部文選司員外郎,游刃而治,物不能欺。精勤勞瘁,不知倦,同事皆以鐵漢目之。請假歸里,以興利除弊爲己任,革永和之柴夫,止芮城之協濟,禁趙城之截水,築郭盆之堤防。他如焚券蠲租,贍貧周急諸善事,難以更僕數。崇禎末,流寇直逼城垣。抃走書制軍,請兵靖之,集鄉兵協力固守,城賴無恙,邑人德之。(祀鄉賢。)

【五九】與陳星樞

不肖與選君,絶無相識。 且昨探問,送書甚難。 老年伯見教,敢不用力? 但尚須斟酌行之耳。 先此復,書稿留下備酌。

陳星樞,字漢文,號拱薇,一説字拱薇,蘇州常熟人。萬曆二十五年（1597）舉人。

萬曆《常熟縣私志》卷一三：
陳星樞,字漢文,號拱薇,國華次子。領萬曆丁酉鄉薦。

乾隆《江南通志》卷一五七：
陳星樞,字拱薇,常熟人,廣州知府國華子。萬曆丁酉舉人,知湯陰縣。思親,告歸終養,動息不離左右,以純孝聞。子煌圖,崇正壬子副榜,授翰林典籍,以親老辭徵不赴,人亦稱孝。

【六〇】與阮大鋮

仁年兄此番出山,正逢極盛之會。 止爲僉人所誤,多言取尤,真未免白璧微瑕之憾。 然如此一片熱腸委曲,要接引好人,要幹辦好事,又要挽回極不好之人,收拾極不好之事,具有肺腸者,孰不知之諒之？ 弟與仁年兄如何契誼,遇此時際,不能以聊城一矢,消患弭兵,慚負何極？ 榮發匆匆,弟竟以抱病不能出郊,一圖握別,方深愧歉,乃反辱垂注,翰使殷殷。 來翰中所云,一一皆弟身上事心中事也,無煩申囑。 年兄家居況味,原不減地行仙。 況垂白高堂,天倫歡慶,此人生有數全福。 此歸調琴弄鶴,潑墨敲詩,名山之藏,日茂一日,又何必非天之曲成我年兄不朽之名？ 以弟視之,祇深跂羨耳！ 大書奇蹤雄古,的足千秋,弟蜀望無厭,倘暇時極解衣盤礴之致,不惜多儲以惠。 我家孟啓周,大是韻人,乃住京兩月,竟不得一接芝宇,覿顔失之,緣真淺薄。又承垂念,贈以綈袍,銘刻雲天,何言可既？ 老得一遇,便談年仁兄,即不面,我兩人片札往來,未嘗不及年仁兄也。 仁植兄晤間,乞爲弟致意。 長山公（於）［與］弟頗莫逆，百凡事當倚之。　來教丁寧之說，毋待丁寧弟也。

　　按：本札謂"榮發匆匆，弟竟以抱病不能出郊，一圖握別"。《長編》卷九載"光禄寺卿阮大鋮罷"之事於五月十日，則阮之出城及瞿致札阮，當在十日稍後。

　　又：札中"孟啓周"旁有小字注"即起田"，未審爲原有，抑藏抄者所添，但"起田"實爲式耜字，原文無注己名字之理，頗疑此數字爲後人所加，且誤。"起田"疑應作"起周"。起周即式耜兄瞿式耒。

　　阮大鋮小傳見【四】《與阮大鋮》。

【六一】與王猷

　　弟不肖以癸亥舊咨，得附年臺驥尾，三生何幸？　冗溷馬蹄，未獲一接芝輝，緣又何慳也？　垣中雖云缺少，然事亦未可懸料，年臺何不即候補京師，而必循例乞假乎？　承諭覃恩事，正欲與孔年兄相聞。　查舊規，不必我輩具疏，止具一公呈於銓席之中，類題者也。　來命已悉，自不敢有異同。　先此附復，容圖摳謦，不盡。

　　按：據天啓二年（1622）壬戌科進士履歷，王猷，號雲臺，趙州人，山東長山知縣，戊辰考選授兵科給事中。又《長編》元年（1628）四月十五日，考選科道官給事中二十六員，孔聞禮吏科，陳獻策戶科，瞿式耜、王猷兵科，即札中所云"附年臺驥尾"也。

【六二】與郭萬鍾

接來教兩月矣，非弟敢恝置之，亦日夕思所以得當而後報足下也。 茲喜長山公差有臭味之投，伺間當與一商，倘有機括，當即圖之。 然事期萬全，政不必以目前急急，諒足下當自悉之也。 日來龍戰漸息，正氣似已大伸，第諸君子意氣雖佳，針綫頗少，故未免於清汰之餘，反構紛紜之釁。 不肖從中委曲調劑，良費苦心，真有不敢對人言者。 足下何以教之？ 使旋，勒此附謝。 冗次不備，容圖嗣申。

【六三】與晉淑抃

弟昨承大教，查之，並無所謂勵仲文者，恐此係假冒也，乞年兄且勿登冠帶疏中。 又，弟用圖書帖，而昨教空名帖；面教兩人，而簿上止一人，俱不可解。 並乞核實邵老先生，前日的係何人送來，或一或兩，或有圖記無圖記，所送者的係何名姓，便知分曉矣。 專此，瀆。

晉淑抃小傳見【五八】《與晉淑抃》。

【六四】與王猷

昨卿命，即往拜鄧年兄，已與說明。 鄧年兄意亦以處分過後，吾亦不復多求矣。 但勘之一字，在所不免，吾第不復催勘何如？ 弟敢據其言以復，幸秘之。

王猷小傳見【六一】《與王猷》。

【六五】與王祚遠

昨聞會推定於廿三，想又更期矣。 添註一事，實切燃眉，不肖欲再一申請。 前老先生題疏，未見發抄，乞以疏稿簡示，便於措詞也。 昨所懇萬生，荷蒙鼎覆，特令具一呈，乞台臺批准六月急選，以救枯魚。 不敢入投文内者，恐人多易混也。 惟慨賜批發，幸甚。

按：本札有"昨聞會推定於廿三，想又更期矣"之語，則本札作於五月二十三日前後也。

王祚遠，字無近，應天府句容人。萬曆四十一年（1613）進士。官至吏部左侍郎。

乾隆《貴州通志》卷二八：

王祚遠，字無近，普安州人。舉萬曆癸卯鄉試第二，癸丑成進士，選庶吉士，授檢討。歷官祭酒、禮部右侍郎、吏部左侍郎。遠少負異才，下筆萬言立就。凡試牘，不起草，既成而後補之。詩文閎肆，書法尤工。充經筵講官，丰儀秀整，音吐洪亮，熹廟常目送之。總銓政，進退人才，各當其任。崇正初，屢與枚卜，負重望。以請病歸，未及大用而卒。

【六六】復張國維

昨召對，弟亦未聞其詳。第知皇上切責諸大僚甚至，所詰各衙門事甚悉。大僚中有窘不堪者，青岳公出身回護之，而諸相公並進。惟青公所奏，贊爲"說得是"，似皇上真注意此老者。今此老益自任擔當矣，是亦可喜事也。承下詢，略舉以復，自當有記之者。

張國維（1595—1646），字其四，一字九一，號玉笥，晚號止庵，金華東陽人。天啓二年（1622）進士，崇禎時任兵部尚書兼都察院右僉都御史，南明官至少傅兼太子太傅、兵部尚書、武英殿大學士。謚忠敏。

《明史·張國維傳》：

張國維，字玉笥，東陽人。天啓二年進士。授番禺知縣。

崇禎元年擢刑科給事中，劾罷副都御史楊所修、御史田景新，皆魏忠賢黨也。已，陳時政五事，言："陛下求治太鋭，綜核太嚴。拙者跼蹐以避咎，巧者委蛇以取容，誰能展布四體，爲國家營職業者。故治象精明，而腹心手足之誼實薄，此英察宜斂也。祖宗朝，閣臣有封還詔旨者，有疏揭屢上而爭一事者。今一奉詰責，則俛首不遑；一承改擬，則順旨恐後。倘處置失宜，亦必不敢執奏，此將順宜戒也。召對本以通下情，未有因而獲罪者。今則惟傳天語，莫睹拜颺。臣同官熊奮渭還朝十日，旁措一詞，遂蒙譴謫。不可稍加薄罰，示優容之度乎？此上下宜洽也。"其二條，請平刑罰，溥膏澤。帝不能盡用。進禮科都給事中。京師地震，規弊政甚切，遷太常少卿。

七年擢右僉都御史，巡撫應天、安慶等十府。其冬，流賊犯桐城，官軍覆沒。國維方壯年，一夕鬚髮頓白。明年正月率副將許自强赴援，游擊潘可大、知縣陳爾銘等守桐不下。賊乃攻潛山，知縣趙士彥重傷卒。攻太湖，知縣金應元、訓導扈永寧被殺。國維至，解桐圍，遣守備朱士胤趨潛山，把總張其威趨太湖。士胤戰死，自強遇賊宿松，殺傷相當。安慶山民桀石以投賊，賊多死，乃越英山、霍山而遁。九月，賊復由宿松入潛山、太湖，他賊掃地王亦陷宿松等三縣。國維乃募土著二千人戍之，而以兵事屬監軍史可法。明年正月，賊圍江浦，遣守備蔣若來、陳于王戰却之。十二月，賊分兵犯懷寧，可法及左良玉、馬爌遏之。復犯江浦，副將程龍及若來、于王等拒守。諸城並全。又圍望江，遣兵援之，亦解去。

十年三月，國維率龍等赴安慶，禦賊酆家店，龍軍數千悉没。賊東陷和州、含山、定遠，攻陷六合，知縣鄭同元潰走，賊遂攻天長。國維見賊勢日熾，請於朝，割安慶、池州、太平，別設巡撫，以可法任之。安慶不隸江南巡撫，自此始也。議者欲並割江浦、六合，俾國維專護江南，不許。

國維爲人寬厚，得士大夫心。屬郡災傷，輒爲請命。築太湖、繁昌二城，建蘇州九里石塘及平望内外塘、長洲至和等塘，修松江捍海堤，濬鎮江及江陰漕渠，並有成績。遷工部右侍郎兼右僉都御史，總理河道。歲大旱，漕流涸，國維濬諸水以通漕。山東饑，振活窮民無算。

十四年夏，山東盜起，改兵部右侍郎兼督淮、徐、臨、通四鎮兵，護漕運。大盜李青山衆數萬，據梁山灤，遣其黨分據韓莊等八閘，運道爲梗。周延儒赴召北上，青山謁之，言率衆護漕，非亂也。延儒許言於朝，授以職。而青山竟截漕舟，大焚掠，迫臨清。國維合所部兵擊降之，獻俘於朝，磔諸市。兵部尚書陳新甲下獄，帝召國維代之。乃定戰守賞罰格，列上嚴世職、酌推陞、慎咨題等七事，帝皆報可。會開封陷，河北震動，條防河數策，帝亦納之。

十六年四月，我大清兵入畿輔，國維檄趙光抃拒螺山，八總兵之師皆潰。言者詆國維，乃解職，尋下獄。帝念其治河功，得釋。召對中左門，復故官，兼右僉都御史，馳赴江南、浙江督練兵輸餉諸務。出都十日而都城陷。

福王召令協理戎政。尋叙山東討賊功，加太子太保，廕錦衣僉事。吏部尚書徐石麒去位，衆議歸國維。馬士英不用，用張捷。國維乃乞省親歸。

南都覆，踰月，潞王監國於杭州，不數日出降。閏六月，國維朝魯王於台州,請王監國。即日移駐紹興,進國維少傅兼太子太傅、兵部尚書、武英殿大學士,督師江上。總兵官方國安亦自金華至。馬士英素善國安,匿其軍中,請入朝。國維劾其十大罪,乃不敢入。連復富陽、於潛,樹木城緣江要害,聯合國安及王之仁、鄭遵謙、熊汝霖、孫嘉績、錢肅樂諸營,爲持久計。順治三年五月,國安等諸軍乏餉潰,王走台州航海,國維亦還守東陽。六月知勢不可支,作絕命詞三章,赴水死,年五十有二。

【六七】與王應斗

渴慕年兄,以病冗,尚未圖面晤。 所上《擊媚表忠》一疏,雖見俞旨,而尚未見全抄,乞年兄以原稿見賜一覽。 引退以全國體,快甚。 不知有疏奏者,何以自處之也? 容趨晤,不一。

王應斗,字天侯,武昌崇陽人。天啓二年(1622)進士,授江西鄱陽知縣。官至雲南道監察御史。

康熙《江西通志》卷二六:
王應斗,字天侯,湖廣崇陽人。天啓壬戌進士。和易愷悌,治鄱五載,未嘗枉朴一人。時催科漸迫,而能輕刑省耗,每於灾畐,尤加撫字。獄有屈抑,必多方昭雪之至。待士特加禮遇。任滿以殊異擢御史去,士民至今思之。

【六八】與徐沔

累次失迓台旌,罪罪。 弟連日病甚,懶接客,故閽人不知,而槪辭之也。

承手諭諄切，仁人孝子之用心，無所不至矣。　尊堂旌表棹楔，自出秉彝，當事者豈得不速奉行？　徐念老恤典事，亦輿論之僉同者，敬一一如命矣。　楊兄已晤過，即當致當事，定此一缺。　敝邑受福，皆兄之惠也。　佳刻見頒，何啻百朋！　木天之品，即欲辭之不可得，不肖何敢靳順風之呼也？　冗次草復，不一。

徐汧（1597—1645），字九一，號勿齋，蘇州長洲人。崇禎元年（1628）進士，任翰林院檢討，後任日講官，奉使益王府。南明時任詹事府少詹事兼翰林院侍讀學士。

《明史·徐汧傳》：

徐汧，字九一，長洲人。生未期而孤。稍長砥行，有時名，與同里楊廷樞相友善。廷樞，復社諸生所稱維斗先生者也。天啓五年，魏大中被逮過蘇州，汧貸金資其行。周順昌被逮，緹騎橫索錢，汧與廷樞斂財經理之。當是時，汧、廷樞名聞天下。

崇禎元年，汧成進士，改庶吉士，授檢討。三年，廷樞舉應天鄉試第一。中允黃道周以救錢龍錫貶官。倪元璐，道周同年生，請以己代謫，帝不允。汧上疏頌道周、元璐賢，且自請罷黜，帝詰責汧。汧曰：“推賢讓能，蓋臣所務；難進易退，儒者之風。間者陛下委任之意希注外廷，防察之權輒逮閹寺，默窺聖意，疑貳漸萌。萬一士風日賤，宸嚮日移，明盛之時爲憂方大。”帝不聽。汧尋乞假歸。還朝，遷右庶子，充日講官。

十四年奉使益王府，便道還家。當是時，復社諸生氣甚盛，汧與廷樞、顧杲、華允誠等往復尤契。居久之，京師陷。福王召汧爲少詹事。汧以國破君亡，臣子不當叨位。且痛宗社之喪亡，由朋黨相傾，移書當事，勸以力破異同之見。既就職，陳時政七事，惓惓以化恩讐、去偏黨爲言。而安遠侯柳祚昌疏攻汧，謂：“朝服謁潞王於京口，自恃東林巨魁，與復社楊廷樞、顧杲諸奸狼狽相倚。陛下定鼎金陵,彼爲《討金陵檄》,所云'中原逐鹿,南國指馬'是何語? 乞置汧於理,除廷樞、杲名,其餘徒黨,容臣次第糾彈。"時國事方棘,事亦竟寢。汧移疾歸。

明年,南京失守,蘇、常相繼下。汧慨然太息,作書戒二子,投虎丘新塘橋下死。郡人赴哭者數千人。時又有一人儒冠藍衫而來,躍虎丘劍池中,土人憐而葬之,卒不知何人也。

於是廷樞聞變,走避之鄧尉山中。久之,四方弄兵者群起,廷樞負重名,咸指目廷樞。當事者執廷樞,好言慰之。廷樞嫚罵不已,殺之蘆墟泗洲寺。首已墮,聲從項中出,益厲。門人逄紹原購其屍葬焉。

汧子枋,字昭法,舉十五年鄉試。枋依隱,有高行云。

【六九】上孫愷陽

門生某自仲夏抵燕,即日與二三及門之士,謀所以推轂老師,期於早光揆席。 既叨鼎庇,濫廁清班,益不自揣,亟圖以候蟲之吟,闡揚鴻業。 乃察之物情,探之衆口,殊有異同。 又私念初入班行,後進微言,不足爲老師重,而或因此更挑忌者之腸,於事轉無所濟。 逡巡兩月,夢寐難安。 近特商之政府劉青翁,渠深念老師,而語次亦微以爲不應遽然者。 故某袖中疏草,懷之良久,而未敢即上。 惟老師明示進止,俾知從事。 門生雖不才,豈甘處趙生洪範下哉? 業師錢牧齋宮詹,摧抑多時,輿論咸惜。 籍老師發慈悲心,李相公運神通力,回天轉軸,得正端尹,料秋涼准可入都。 近有郵筒相聞,注念老師特切,敢並及之。 餘懷縷縷,不及盡布。 統容嗣奏,不宣。

孫承宗(1563—1638),字稚繩,號愷陽,保定高陽人。萬曆三十二年(1604)進士。崇禎時任少師兼太子太師,後遷太子太保,加太傅,又加太保。

南明時贈太師,謚文忠。

《明史·孫承宗傳》:

孫承宗,字稚繩,高陽人。貌奇偉,鬚髯戟張。與人言,聲殷牆壁。始爲縣學生,授經邊郡。往來飛狐、拒馬間,直走白登,又從紇干、清波故道南下。喜從材官老兵究問險要阨塞,用是曉暢邊事。

萬曆三十二年登進士第二人,授編修,進中允。"梃擊"變起,大學士吳道南以諮承宗。對曰:"事關東宮,不可不問;事連貴妃,不可深問。龐保、劉成而下,不可不問也;龐保、劉成而上,不可深問也。"道南如其言,具揭上之,事遂定。出典應天鄉試,發策著其語。攖黨人忌,將以大計出諸外,學士劉一燝保持,乃得免。歷諭德、洗馬。

熹宗即位,以左庶子充日講官。帝每聽承宗講,輒曰"心開",故眷注特殷。天啓元年進少詹事。時瀋、遼相繼失,舉朝洶洶。御史方震孺請罷兵部尚書崔景榮,以承宗代。廷臣亦皆以承宗知兵,遂推爲兵部添設侍郎,主東事。帝不欲承宗離講筵,疏再上不許。二年擢禮部右侍郎,協理詹事府。

未幾,大清兵逼廣寧,王化貞棄城走,熊廷弼與俱入關。兵部尚書張鶴鳴懼罪,出行邊。帝亦急東事,遂拜承宗兵部尚書兼東閣大學士,入直辦事。越數日,命以閣臣掌部務。……

……

……承宗在關四年,前後修復大城九、堡四十五,練兵十一萬,立車營十二、水營五、火營二、前鋒後勁營八,造甲冑、器械、弓矢、礌石、渠答、鹵楯之具合數百萬,拓地四百里,開屯五千頃,歲入十五萬。後叙寧遠功,廕子錦衣世千户。

莊烈帝即位,在晉入爲兵部尚書,恨承宗不置,極論世龍及元儀熒惑樞輔壞關事,又嗾臺省交口訿承宗,以沮其出。二年十月,大清兵入大安口,取遵化,將薄都城,廷臣爭請召承宗。詔以原官兼兵部尚書守通州,仍入朝陛見。承宗至，召對平臺。帝慰勞畢，問方略。承宗奏：“臣聞袁崇煥駐薊州，滿桂駐順義，侯世禄駐三河，此爲得策。又聞尤世威回昌平，世禄駐通州，似未合宜。”帝問：“卿欲守三河，何意?”對曰：“守三河可以沮西奔，遏南下。”帝稱善，曰：“若何爲朕保護京師?”承宗言：“當緩急之際，守陴人苦饑寒，非萬全策。請整器械，厚犒勞，以固人心。”所條畫俱稱旨。帝曰：“卿不須往通，其爲朕總督京城内外守禦事務，仍參帷幄。”趣首輔韓爌草敕下所司鑄關防。承宗出，漏下二十刻矣，即周閱都城，五鼓而畢，復出閱重城。明日夜半，忽傳旨守通州。時烽火徧近郊，承宗從二十七騎出東便門，道亡其三，疾馳抵通，門者幾不納。既入城，與保定巡撫解經傳、御史方大任、總兵楊國棟登陴固守。而大清兵已薄都城，乃急遣游擊尤岱以騎卒三千赴援。旋遣副將劉國柱督軍二千與岱合，而發密雲兵三千營東直門，保定兵五千營廣寧門。以其間遣將復馬蘭、三屯二城。

至十二月四日，而有祖大壽之變。大壽，遼東前鋒總兵官也，偕崇煥入衛。見崇煥下吏，懼誅，遂與副將何可綱等率所部萬五千人東潰，遠近大震。承宗聞，急遣都司賈登科齎手書慰諭大壽，而令游擊石柱國馳撫諸軍。大壽見登科，言：“麾下卒赴援，連戰俱捷，冀得厚賞。城上人群詈爲賊，投石擊死數人。所遣邏卒，指爲間諜而殺之。勞而見罪，是以奔還。當出搗朵顏，然後束身歸命。”柱國追及諸軍，其將士持弓刀相向，皆垂涕，言：“督師既戮，又將以大礮擊斃我軍，故至此。”柱國復前追，大壽去已遠，乃返。承宗奏言：“大壽危疑已甚，又不肯受滿桂節制，因譌言激衆東奔，非部下盡欲叛也。當大開生路，曲收衆心。遼將多馬世龍舊部曲，臣謹用便宜，遣世龍馳諭，其將士必解甲歸，大壽不足慮也。”帝喜從之。承宗密札諭大壽急上章自列，且立功贖督師罪，而己當代爲剖白。大壽諾之，具列東奔之故，悉如將士言。帝優詔報之，命承宗移鎮關門。諸將聞承宗、世龍至，多自拔來歸者。大壽妻左氏亦以大義責其夫，大壽斂兵待命。

當潰兵出關，關城被劫掠，閉門罷市。承宗至，人心始定。關城故十六里,衛城止二里。今敵在內,關城無可守,衛城連關,可步屨而上也。乃別築牆,橫互於關城,穴之使礮可平出。城中水不足,一晝夜穿鑿百井。舊汰牙門將僑寓者千人,窮而思亂,皆廩之於官,使巡行街衢,守臺護倉,均有所事。內間不得發,外來者輒爲邏騎所得,由是關門守完。乃遣世龍督步騎兵萬五千入援,令游擊祖可法等率騎兵四營西戍撫寧。三年正月,大壽入關謁承宗,親軍五百人甲而候於門。承宗開誠與語,即日列其所統步騎三萬於教場,行誓師禮,群疑頓釋。

時我大清已拔遵化而守之。是月四日拔永平。八日拔遷安,遂下灤州。分兵攻撫寧,可法等堅守不下。大清兵遂向山海關,離三十里而營。副將官惟賢等力戰。乃還攻撫寧及昌黎,俱不下。當是時,京師道梗,承宗、大壽軍在東,世龍及四方援軍在西。承宗募死士沿海達京師,始知關城尚無恙。關西南三縣:曰撫寧、昌黎、樂亭;西北三城:曰石門、臺頭、燕河。六城東護關門,西繞永平,皆近關要地。承宗飭諸城嚴守,而遣將戍開平,復建昌,聲援始接。

方京師戒嚴,天下勤王兵先後至者二十萬,皆壁於薊門及近畿,莫利先進。詔旨屢督趣,諸將亦時戰攻,然莫能克復。世龍請先復遵化,承宗曰:"不然,遵在北,易取而難守,不如姑留之,以分其勢,而先圖灤。今當多爲聲勢,示欲圖遵之狀以牽之。諸鎮赴豐潤、開平,聯關兵以圖灤。得灤則以開平兵守之,而騎兵決戰以圖永。得灤、永則關、永合,而取遵易易矣。"議既定,乃令東西諸營並進,親詣撫寧以督之。五月十日,大壽及張春、丘禾嘉諸軍先抵灤城下,世龍及尤世祿、吳自勉、楊麒、王承恩繼至,越二日克之。而副將王維城等亦入遷安。我大清兵守永平者,盡撤而北還,承宗遂入永平。十六日,諸將謝尚政等亦入遵化。四城俱復。帝爲告謝郊廟,大行賞賚,加承宗太傅,賜蟒服、白金,世襲錦衣衛指揮僉事。力辭太傅不受,而屢疏稱疾乞休,優詔不允。

朵顏束不的反覆,承宗令大將王威擊敗之,復賚銀幣。先以册立東宮,加太保。及《神宗實録》成，加官亦如之。並辭免，而乞休不已。帝命閣臣議去留，不能決。特遣中書齎手詔慰問，乃起視事。四年正月出關東巡，抵松山、錦州，還入關，復西巡，徧閲三協十二路而返。條上東西邊政八事，帝咸採納。五月以考滿，詔加太傅兼食尚書俸，廕尚寶司丞，賚蟒服、銀幣、羊酒，復辭太傅不受。

初，右屯、大凌河二城，承宗已設兵戍守。後高第來代，盡撤之，二城遂被毀。至是，禾嘉巡撫遼東，議復取廣寧、義州、右屯三城。承宗言廣寧道遠，當先據右屯，築城大凌河，以漸而進。兵部尚書梁廷棟主之，遂以七月興工。工甫竣，我大清兵大至，圍數周。承宗聞，馳赴錦州，遣吳襄、宋偉往救。禾嘉屢易師期，偉與襄又不相能，遂大敗於長山。至十月，城中糧盡援絶，守將祖大壽力屈出降，城復被毀。廷臣追咎築城非策也，交章論禾嘉及承宗。承宗復連疏引疾。十一月得請，賜銀幣乘傳歸。言者追論其喪師辱國，奪官閒住，並奪寧遠世廕。承宗復列上邊計十六事，而極言禾嘉軍謀牴牾之失。帝報聞而已。家居七年，中外屢請召用，不報。

十一年，我大清兵深入内地。以十一月九日攻高陽，承宗率家人拒守。大兵將引去，繞城納喊者三，守者亦應之三。曰“此城笑也，於法當破”，圍復合。明日城陷，被執。望闕叩頭，投繯而死，年七十有六。

子舉人鈐，尚寶丞鑰，官生鉥，生員鈴、鎬，從子鍊，及孫之沆、之潡、之澋、之洁、之瀗，從孫之澈、之渼、之泳、之澤、之涣、之瀚，皆戰死。督師中官高起潛以聞。帝嗟悼，命所司優恤。當國者楊嗣昌、薛國觀輩陰扼之，但復故官，予祭葬而已。福王時，始贈太師，諡文忠。

【七〇】與倪元璐

承教，如貧兒驟富，快不可言，但愧不能織錦耳。弟有一腔心事，欲爲楊、周、魏三公結一公案。 病中漫書數紙，茲特呈覽，須爲我痛加改削，期於極確極妥，弟將即日上之，存此一不可磨滅之議論於天下也。 惟仁兄即圖之。

按：本札及下【七一】《又［與倪元璐］》、【七三】《上劉鴻訓》均言欲爲"楊、周、魏三公結一公案"，上疏"乞殊旌"。又，札【七四】《與倪元璐》云："前三忠疏，今日已上。"此疏當爲疏【六】《特表忠清疏》，上於六月初二日，則此數札當作於五月杪也。

倪元璐小傳見【二二】《與倪元璐》。

【七一】又［與倪元璐］

查楊已有諡許祠，周亦有人疏請諡、祠，下部覆議矣。 魏止許蔭，而諡、祠俱無人說起。 今弟欲請足三人之諡，而合建三人之祠，似亦輿情公論所共快者。 一二異同，不足與較也。 頃覓得張、葉兩公爲周請恤公疏稿呈覽。 弟此疏關係風化不小，望仁兄以化工之筆，細加改竄。 知此等事人有同心，定不罪其煩瀆也。

按：本札作期請參上札【七〇】《與倪元璐》按語。

倪元璐小傳見【二二】《與倪元璐》。

【七二】與范景文

某黔淺吳蒙，於海內賢豪無能爲役。乃獨叨台臺臭味之知，風期相感，別有玄情。台臺以元禮之高門，兼太丘之廣道，王平子所謂一經品題，便作佳士者。而於某更自諄諄，不靳獎飾，齒芬所及，九鼎增輝，鮑子知我，感不獨仲雪矣。仰藉台庇，過蒙採錄，濫廁清班，幸處昌言之朝，狂愚無諱，然襪綫短絲，何能爲補？兼以胸中暗如漆桶，一切頭路，茫然未清，每出一言，深惧貽笑四方，昕夕皇皇，惟餗覆是慮。既辱台臺道誼相成，若以孺子爲可教也者，幸時賜之德音，俾得奉司南作指迷，弗至速其顛隕。拜德寧有涯量？都中近事，頃又變換一番，蓋緣新咨意氣銳然，尋題作文，不遺餘力，故一時驅逐，未免多已甚之爲。至驅及新鄉，則憤然不平者，十人而九。某不肖力綿言絮，愧不能有所調停，徒滋悒快而已。方今聖明側席求賢，若勳舊宿德，盡列升庸。台臺品望崇隆，人心爭思東山風采。讀禮將終，自宜早出，以翊新運。某契托蘭芬，素心久合，躍躍爲吾黨彈冠稱慶，蓋萬倍恒情也。久稽修候，疏節增謷，敬勒短槭，聊通積愫。一芹不腆，幸祈叱入。

范景文（1587—1644），字夢章，號思仁，又號質公，人稱二不公。保定吳橋人，萬曆四十一年（1613）進士。崇禎時任刑部尚書、工部尚書兼東閣大學士，入參機務，南明贈太傅，謚文貞。清謚文忠。

《明史·范景文傳》：

范景文，字夢章，吳橋人。父永年，南寧知府。景文幼負器識，登萬曆四十一年進士，授東昌推官。以名節自勵，苞苴無敢及其門。歲大饑，盡心振救，閣郡賴之。用治行高等，擢吏部稽勳主事，歷文選員外郎，署選事。泰昌時，群賢登進，景文力爲多，尋乞假去。

天啓五年二月起文選郎中。魏忠賢暨魏廣微中外用事，景文同鄉，不一詣其門,亦不附東林,孤立行意而已。嘗言:"天地人才,當爲天地惜之。朝廷名器,當爲朝廷守之。天下萬世是非公論,當與天下萬世共之。"時以爲名言。視事未彌月,謝病去。

崇禎初,用薦召爲太常少卿。二年七月擢右僉都御史,巡撫河南。京師戒嚴,率所部八千人勤王,餉皆自齎。抵涿州,四方援兵多剽掠,獨河南軍無所犯。移駐都門,再移昌平,遠近恃以無恐。明年三月擢兵部添注左侍郎,練兵通州。通鎮初設,兵皆召募,景文綜理有法,軍特精。嘗請有司實行一條鞭法,徭役歸之官,民稍助其費,供應平買,不立官價名。帝令永著爲例。居二年,以父喪去官。

七年冬,起南京右都御史。未幾,就拜兵部尚書,參贊機務。屢遣兵戍池河、浦口,援廬州,扼滁陽,有警輒發,節制精明。嘗與南京戶部尚書錢春以軍食相訐奏,坐鐫秩視事。已,叙援剿功,復故秩。十一年冬,京師戒嚴,遣兵入衞。楊嗣昌奪情輔政,廷臣力爭多被謫,景文倡同列合詞論救。帝不悅,詰首謀,則自引罪,且以衆論僉同爲言。帝益怒,削籍爲民。

十五年秋,用薦召拜刑部尚書,未上,改工部。入對,帝迎勞曰:"不見卿久,何癯也?"景文謝。十七年二月命以本官兼東閣大學士,入參機務。未幾,李自成破宣府,烽火偪京師。有請帝南幸者,命集議閣中。景文曰:"固結人心,堅守待援而已,此外非臣所知。"及都城陷,趨至宮門。宮人曰:"駕出矣。"復趨朝房,賊已塞道。從者請易服還邸,景文曰:"駕出安歸?"就道旁廟草遺疏,復大書曰:"身爲大臣,不能滅賊雪恥,死有餘恨。"遂至演象所拜辭闕墓,赴雙塔寺旁古井死。景文死時,猶謂帝南幸也。贈太傅,謚文貞。本朝賜謚文忠。

【七三】上劉鴻訓

病中具一小疏，蓋爲詔獄中異等三人乞殊旌也。 字字可質鬼神，須老相公主持批允，不肖某乃敢上，兹先以藁呈覽。 此因匹夫匹婦之公心，亦忠臣義士之榜樣也，惟老相公圖之。 昨所請者，爲館選在即，欲圖破其鑽營，以光大典，非有別意。 尚容具疏請教，不一。

按：本札作期請參上札【七〇】《與倪元璐》按語。

劉鴻訓（1565—1634），字默承，號青岳，濟南長山人。萬曆四十一年（1613）進士，崇禎時官至禮部尚書兼東閣大學士，加太子太保，進文淵閣大學士。

《明史·劉鴻訓傳》：

劉鴻訓，字默承，長山人。父一相，由進士歷南京吏科給事中。追論故相張居正事，執政忌之，出爲隴右僉事。終陝西副使。

萬曆四十一年，鴻訓登第，由庶吉士授編修。神、光二宗相繼崩，頒詔朝鮮。甫入境，遼陽陷。朝鮮爲造二洋舶，從海道還。沿途收難民，舶重而壞。跳淺沙，入小舟，飄泊三日夜，僅得達登州報命。遭母喪，服闋，進右中允，轉左諭德。父喪歸。天啓六年冬，起少詹事，忤魏忠賢，斥爲民。

莊烈帝即位，拜禮部尚書兼東閣大學士，參預機務，遣行人召之。三辭，不允。崇禎元年四月還朝。當是時，忠賢雖敗，其黨猶盛，言路新進者群起抨擊之。諸執政嘗與忠賢共事，不敢顯爲別白。鴻訓至，毅然主持，斥楊維垣、李恒茂、楊所修、田景新、孫之獬、阮大鋮、徐紹吉、張訥、李蕃、賈繼春、霍維華等，人情大快。而御史袁弘勛、史塛、高捷本由維垣輩進，思合謀攻去鴻訓，則黨人可安也。弘勛乃言所修、繼春、維垣夾攻表裏之奸，有功無罪，而誅鋤自三臣始。又詆鴻訓使朝鮮,滿載貂參而歸。錦衣僉事張道濬亦訐攻鴻訓,鴻訓奏辯。給事中顏繼祖言:"鴻訓先朝削奪。朝鮮一役,舟敗,僅以身免。乞諭鴻訓入直,共籌安攘之策。至弘勛之借題傾人,道濬之出位亂政,非重創未有已也。"帝是之。給事中鄧英乃盡發弘勛贓私,且言弘勛以千金贄維垣得御史。帝怒,落弘勛職候勘。已而高捷上疏言鴻訓斥擊奸之維垣、所修、繼春、大鍼,而不納孫之獬流涕忠言;謬主焚燬《要典》,以便私黨孫慎行進用。帝責以妄言,停其俸。史䔮復佐捷攻之。言路多不直兩人,兩人遂罷去。

七月,以四川賊平,加鴻訓太子太保,進文淵閣。帝數召見廷臣。鴻訓應對獨敏,謂民困由吏失職,請帝久任責成。以尚書畢自嚴善治賦,王在晉善治兵,請帝加倚信。帝初甚向之。關門兵以缺餉鼓譟,帝意責戶部。而鴻訓請發帑三十萬,示不測恩,由是失帝指。

至九月而有改敕書之事。舊例,督京營者,不轄巡捕軍。惠安伯張慶臻總督京營,敕有"兼轄捕營"語,提督鄭其心以侵職論之。命覈中書賄改之故,下舍人田佳璧獄。給事中李覺斯言:"稿具兵部,送輔臣裁定,乃令中書繕寫。寫訖,復審視進呈。兵部及輔臣皆當問。"十月,帝御便殿,問閣臣,皆謝不知。帝怒,令廷臣劾奏。尚書自嚴等亦謝不知,帝益怒。給事中張鼎延、御史王道直咸言慶臻行賄有跡,不知誰主使。御史劉玉言:"主使者,鴻訓也。"慶臻曰:"改敕乃中書事,臣實不預知。且增轄捕卒,取利幾何,乃行重賄?"帝叱之。閱兵部揭有鴻訓批西司房語,佳璧亦供受鴻訓指,事遂不可解。而侍郎張鳳翔詆之尤力。閣臣李標、錢龍錫言鴻訓不宜有此,請更察訪。帝曰:"事已大著,何更訪爲?"促令擬旨。標等逡巡未上,禮部尚書何如寵爲鴻訓力辯,帝意卒不可回。乃擬旨,鴻訓、慶臻並革職候勘。無何,御史田時震劾鴻訓用田仰巡撫四川,納賄二千金;給事中閻可陛劾副都御史賈毓祥由賂鴻訓擢用。鴻訓數被劾,連章力辯。因言"都中神奸狄姓者,詭誆慶臻千金,致臣無辜受禍。"帝不聽,下廷臣議罪。

明年正月，吏部尚書王永光等言："鴻訓、慶臻罪無可辭，而律有議貴條，請寬貸。兵部尚書王在晋、職方郎中苗思順贓證未確，難懸坐。"帝不許。鴻訓謫戍代州，在晋、思順並削籍，慶臻以世臣停禄三年。覺斯、鼎延、道直、玉、時震以直言增秩一級。

鴻訓居政府，銳意任事。帝有所不可，退而曰："主上畢竟是冲主。"帝聞，深銜之，欲置之死。賴諸大臣力救，乃得稍寬。七年五月卒戍所。福王時，復官。

札七四至一〇四，崇禎元年六月

【七四】與倪元璐

　　前見尊札，知仁兄有西河之痛，蘭摧玉折，其何以堪？　弟於昨年兩日内殤二子，一四齡，一五齡，初時亦憐痛之，已悟造化弄人，畢竟空華泡影，尋亦散遣去。　仁兄學問，又高弟十倍，知無俟弟爲寬解之言矣。　日來蕭山畢竟如何？　有去志否？　弟因抱病，數日不出門，耳目俱聾瞶。　有所聞，希詳教之。前三忠疏，今日已上。　弟於末後又增入一段，似亦不容己者。　稿附覽，幸教之。　餘容再布。

　　近示暫發下，仍馳上。

　　　按：本札作期請參上札【七〇】《與倪元璐》按語。

　　　倪元璐小傳見【二二】《與倪元璐》。

【七五】與晋淑扑

　　家兄啓周，兩叩龍門，而未獲一面，兹製一畫扇，並家集馳上，亦可一以當（而）〔兩〕也。　惟年兄鑒而留之。　弟病甚，容稍間圖晤。　太宰來信何如？　少宰畢竟浩然否？　附訊，幸示。

　　　晋淑扑小傳見【五八】《與晋淑扑》。

【七六】上高弘圖

台臺高風峻節，海内有心，孰不欽仰？ 謠諑之口，政不足介意。 耿耿孤忠，聖明洞鑒，此日雖暫允休沐，政恐東山之席，未得煖也。 不肖鄙陋無識，與台臺相期相訂，永以爲盟，原不在此一時効力。 且私計言之無序，於台臺與浮翁，未必遂有所濟，而反塞他日補救之門，故稍需之，諒台臺亦必深諒之也。 連日抱病杜門，未獲走叩，不謂台旌出都，如此之迅速。 一腔欝緒，無緣傾吐，奈何奈何？ 溽暑修途，惟爲道爲天下自愛。 不一。

　　按：本札云："謠諑之口，政不足介意。耿耿孤忠，聖明洞鑒，此日雖暫允休沐，政恐東山之席，未得煖也。"末云："溽暑修途。"溽暑，季夏六月。《長編》卷十，六月三日載："太僕寺少卿高弘圖引疾去。"瞿札固作於六月三日稍後也。

高弘圖小傳見【五一】《復高弘圖》。

【七七】與游肩生（六月初四日）

數日抱病，一客不接。 從者枉顧失迎，歉可知也。 大疏儘佳，但既叙入王道長疏旨，此旨五月廿三方發抄，數日間江南豈能遽達？ 幸即欲上，尚須中旬耳。 尊意已領悉，當即致之銓部晋年兄。 先此復。

　　按：本札原標題後注："六月初四日。"

游士任（1584—1643），字肩生，武昌嘉魚人。萬曆三十八年（1610）進士，官至户部主事。

康熙《湖廣武昌府志》卷七：
游士任，字肩生，世爲嘉魚人，徙江夏。萬曆庚戌進士，任長興知縣，擢廣西道御史。熹宗初，魏璫潜附客氏，謀蠱上心，然禍未顯著，舉朝尚未有諫者。士任憂之，慨然曰："此亂本也。"會差巡按山東，監軍務。陛辭前一日，具疏參客、魏，指爲妖孽，極言無隱。自是臺省交章，皆士任啓之也。及逆璫矯旨逮殺楊漣，併逮士任。下錦衣獄，拷掠備至。幸不死，謫戍安慶。崇禎改元，詔釋之，還其冠服。

【七八】與趙洪範

孫老師仗年兄大力，弟方喜候勅召用之旨，可旦暮須也。 乃群起而攻之者，果何意乎？ 昨聞聖上將年兄再疏，躊躕改票者數四，此未必非上用之意也。 年兄疏稿，幸借一觀，當即奉繳無誤。 卧病旬餘，不得走晤，特此。

趙洪範，字元錫，蘇州嘉定人。天啓二年（1622）進士，官至御史，巡按雲南。

康熙《嘉定縣志》卷一一"天啓元年壬戌科文震孟榜"條：
趙洪範，湖廣麻城知縣，歷任陝西道監察御史，巡按雲南。有傳。

康熙《嘉定縣志》卷一六：
趙洪範，字元錫。童時篤志好學，深自期許，後成進士。初令麻城，有異績,入爲御史,以直言忤時宰,奉命巡滇。土酋普名聲蓄謀不軌,洪範移書撫軍王伉預防之。越明年,酋竟叛去。因用間説酋腹心何天衢,使之降,遂反擊酋兵,卒斃之。先是酋攻彌勒州,道將不之備,棄城宵遁。洪範聞變,督兵急擊之,酋引去。於時滇撫爲樞部所劾,疏入,時宰以舊怨,閣票株連,按臣被逮,普兵益張,賴天衢在,故得勦滅,皆洪範用間之功也。所著有《周易要義》《西臺疏稿》行世。

【七九】與陸文獻

凡爲翁臺稱屈者,滿長安也。 接來教,更悉種種。 苟可申公道,豈有靳焉? 弟愧人微不足爲重輕耳。 肅此布復,厚儀不敢當,藉手完璧。 不盡。

按:《長編》卷十,六月四日載巡撫江西副都御史陸文獻劾免。以此,瞿札當作於六月四日前後。

陸文獻小傳見【四九】《與陸文獻》。

【八〇】與陳拱薇

賤齒已平復十之六矣。 藉庇,從此再調攝數日,便可出門也。 承垂念,感何可言? 客中不能少叙雞黍,而反蒙雅惠,其何以當? 拜嘉增愧矣。 容面謝。

陳拱薇即陳星樞,小傳見【五九】《與陳星樞》。

【八一】與馮明玠

　　弟以賤恙，伏枕旬餘，至今尚不能飯，故筋力罷軟，應酬都從減廢。　頃蒙枉顧，（又）〔有〕失倒屣，罪歉何如？　巡視皇城，幸喜與年兄共事，弟每事得所依歸。　茲聞初七日榮任矣。　弟以委頓，擬于初十，諸凡祈年兄爲弟一照管。　我二人同功一體，知年兄決不見外也。　專此奉瀆。

　　　　按：本札言及"巡視皇城"派職事，有云："茲聞初七日榮任矣。弟以委頓，擬于初十……"。則本札作於六月七日後，十日前可知。

　　　　馮明玠，松江華亭人。天啓二年（1622）進士，任澄海知縣。

　　　　乾隆《潮州府志》卷三三：
　　　　馮明玠，華亭進士。以經術飭吏治，卓有政聲，遷御史。官澄海者民立專祠，自馮明玠始。

　　　　乾隆《澄海縣志》卷一二：
　　　　馮明玠，江南華亭進士。天啓四年任，能以文章餂吏治。丁卯，擢山西御史。有專祠，在縣治前之右，今祀名宦。

【八二】與田仰

　　今日講急著，莫過于錢粮，而錢粮亦須用得其法，又莫過於兵馬，而兵馬亦須馭得其人。　人法兩得，東西交訌，無足虞也。　昨承教者，既不必盡言，但虛陳大勢，提醒昏夢，雖引其端，而實已概其全，則似不可少也。　翁臺豈無意乎？ 原稿馳上，言簡而盡。 他日字字句句，直應驗到底，是則隆中真識力耳。 如何？

田仰小傳見【五二】《與田仰》。

【八三】與薛國觀

老年臺祭告還朝，不肖弟以犬馬之疾，未獲走叩。 伏承枉顧，又失擁篲，罪可知也。 聞年臺有遼東邊事一疏，尚未發抄，可以見示否？ 又昨者召對一番，明良都俞光景，年臺必有紀述，可先以大略示知，祛我病魔乎？ 伏枕草勒，統容面請。 不既。

按：本札謂薛"祭告還朝"，"有遼東邊事一疏"。《長編》卷十，六月八日載："先是刑科都給事中薛國觀以祭告北鎮醫巫閭歸，極言關門內外營伍虛冒扣剋之弊。"瞿札所言當即指此，則札作於六月八日前後也。

薛國觀（？—1641），字家相，號賓廷，西安韓城人。萬曆四十七年（1619）進士，崇禎時官至少保、吏部尚書，進武英殿。

《明史·薛國觀傳》：
薛國觀，韓城人。萬曆四十七年進士。授萊州推官。天啓四年擢戶部給事中，數有建白。魏忠賢擅權，朝士爭擊東林。國觀所劾御史游士任、操江都御史熊明遇、保定巡撫張鳳翔、兵部侍郎蕭近高、刑部尚書喬允升，皆東林也。尋遷兵科右給事中，於疆事亦多所論奏。忠賢遣內臣出鎮，偕同官疏爭。七年再遷刑科都給事中。

崇禎改元,忠賢遺黨有欲用王化貞,寬近高,出胡嘉棟者,國觀力持不可。奉命祭北鎮醫無間,還言關內外營伍虛耗、將吏侵剋之弊,因薦大將滿桂才。帝褒以忠讜,令指將吏侵剋者名。列上副將王應暉等六人,詔俱屬之吏。陝西盜起,偕鄉人仕於朝者,請設防速剿,並追論故巡撫喬應甲納賄縱盜罪。削應甲籍,籍其贓。國觀先附忠賢,至是大治忠賢黨,爲南京御史袁燿然所劾。國觀懼,且虞掛察典,思所以撓之,乃劾吏科都給事中沈惟炳、兵科給事中許譽卿,言:"兩人主盟東林,與瞿式耜掌握枚卜。文華召對,陛下惡章允儒妄言,嚴旨處分。譽卿乃持一疏授惟炳,使同官劉斯琭邀臣列名,臣拒不應,遂使燿然劾臣。臣自立有品,不入東林,遂罹其害。今朝局惟論東林異同向背,借崔、魏爲題,報仇傾陷。今又把持京察,而式耜以被斥之人,久居郭外,遥制察典,舉朝無敢言。"末詆燿然賄劉鴻訓得御史。帝雖以撓察典責之,國觀卒免察。然清議不容,旋以終養去。

三年秋,用御史陳其猷薦,起兵科都給事中。遭母憂,服闋,起禮科都給事中,遷太常少卿。九年擢左僉都御史。明年八月拜禮部左侍郎兼東閣大學士,入參機務。國觀爲人陰鷙谿刻,不學少文。溫體仁因其素仇東林,密薦於帝,遂超擢大用之。

十一年六月進禮部尚書。其冬,首輔劉宇亮出督師,國觀與楊嗣昌比,搆罷宇亮。明年二月代其位。叙剿寇功,加太子太保、戶部尚書,進文淵閣。叙城守功,加少保、吏部尚書,進武英殿。

先爲首輔者,體仁最當帝意,居位久,及張至發、孔貞運、劉宇亮繼之,皆非帝意所屬,故旋罷去。國觀得志,一踵體仁所爲,導帝以深刻,而才智彌不及,操守亦弗如。帝初頗信嚮之,久而覺其奸,遂及於禍。

始帝燕見國觀,語及朝士貪婪。國觀對曰:"使廠衛得人,安敢如是。"東廠太監王德化在側,汗流沾背,於是專察其陰事。國觀任中書王陛彥,而惡中書周國興、楊餘洪,以漏詔旨、招權利劾之,並下詔獄。兩人老矣,斃廷杖下。其家人密緝國觀通賄事,報東廠。而國觀前匿史壟所寄銀,周、楊兩家又誘塋蒼頭首告。由是諸事悉上聞,帝意漸移。

……

帝初憂國用不足,國觀請借助,言:"在外群僚,臣等任之;在內戚畹,非獨斷不可。"因以武清侯李國瑞爲言。國瑞者,孝定太后兄孫,帝曾祖母家也。國瑞薄庶兄國臣,國臣憤,詭言"父貲四十萬,臣當得其半,今請助國爲軍貲"。帝初未允,因國觀言,欲盡借所言四十萬者,不應則勒期嚴追。或教國瑞匿貲勿獻,拆毀居第,陳什器通衢鬻之,示無所有。嘉定伯周奎與有連,代爲請。帝怒,奪國瑞爵,國瑞悸死。有司追不已,戚畹皆自危。因皇五子病,交通宦官宮妾,倡言孝定太后已爲九蓮菩薩,空中責帝薄外家,諸皇子盡當夭,降神於皇五子。俄皇子卒,帝大恐,急封國瑞七歲兒存善爲侯,盡還所納金銀,而追恨國觀,待隙而發。

國觀素惡行人吳昌時。及考選,昌時虞國觀抑己,因其門人以求見。國觀僞與交驩,擬第一,當得吏科。迨命下,乃得禮部主事。昌時大恨,以爲賣己,與所善東廠理刑吳道正謀,發丁憂侍郎蔡奕琛行賄國觀事。帝聞之,益疑。

十三年六月,楊嗣昌出督師,有所陳奏。帝令擬諭,國觀乃擬旨以進。帝遂發怒,下五府九卿科道議奏。掌都督府魏國公徐允禎、吏部尚書傅永淳等不測帝意,議頗輕,請令致仕或閒住。帝度科道必言之,獨給事中袁愷會議不署名,且疏論永淳徇私狀,而微詆國觀貌肆妬嫉。帝不懌,抵疏於地曰:"成何糾疏!"遂奪國觀職,放之歸,怒猶未已。

國觀出都,重車纍纍,偵事者復以聞。而東廠所遣伺國觀邸者,值陛彥至,執之,得其招搖通賄狀。詞所連及,永淳、奕琛暨通政使李夢辰、刑部主事朱永佑等十一人。命下陛彥詔獄窮治。頃之,愷再疏,盡發國觀納賄諸事,永淳、奕琛與焉。國觀連疏力辨,詆愷受昌時指使,帝不納。

至十月,陛彥獄未成,帝以行賄有據,即命棄市,而遣使逮國觀。國觀遷延久不赴,明年七月入都。令待命外邸,不以屬吏,國觀自謂必不死。八月初八日夕,監刑者至門,猶鼾睡。及聞詔使皆緋衣,蹶然曰:"吾死矣!"倉皇覓小帽不得,取蒼頭帽覆之。宣詔畢,頓首不能出聲,但言"吳昌時殺我",乃就縊。明日,使者還奏。又明日許收斂,懸梁者兩日矣。輔臣戮死,自世廟夏言後,此再見云。法司坐其贓九千,沒入田六百畝,故宅一區。

國觀險忮,然罪不至死。帝徒以私憤殺之,贓又懸坐,人頗有冤之者。

【八四】與李澤深

某抱疴伏枕,已旬餘矣。 故前日華札下頒,既不能操筆奉答,今者台旌枉顧,又不獲擁篲出迎,種種罪譴,莫可云喻。 日前面諭,久識於心。 蜀中借重,業已托晉摩蒼年兄,與當事者言之矣。 以宏才鼎望如老年伯,且素以軍功著,一蜀撫何足辦哉? 某日前曾以優恤冤獄,具疏上聞,蒙俞旨行京兆,為壇設祭,以慰幽魂矣。 但此事果行,必以速,必以實,方可上回天和。 老年伯幸留神,即圖之。 幽明本自合一,毋以為迂而忽之也。 並此附懇。

【八五】與徐汧

昨晚得長山公手報,據云已曙尊旨。 今晨往面叩之,適靜攝不出。 令管家出云,昨札已遍示閣中諸老,大抵其意甚善,明後日倘可相晤,尚當再詳之。 先此奉復,萬不敢勞台駕。 總之弟有力,決不敢不盡也。

徐汧小傳見【六八】《與徐汧》。

【八六】與王祚遠

頃造謁，值台臺靜攝，未敢求面。 方今聖明皇皇圖治，正賴卓識定力如台臺，有主持贊襄，使衆正畢登，朝廷享得人之利。 養恬高尚，政所不必。 諒台臺胸中，自有權衡輕重也。 向所白江右敝門生選教職事，業蒙台臺准批，第本生既不敢執呈自前，而不肖又不便致書銓部。 既荷台臺加惠寒儒，不識可即轉致當事，以始終大德乎？ 茲去急選之期迫矣，惟留神，荷，荷。 肅此申懇，諸不一。

王祚遠小傳見【六五】《與王祚遠》。

【八七】與丁啓濬

昨決許顯純，夜來即雨，可見天心之好生而惡殺也。 前見教提解吳淳夫等，而遺田吉，曾於邸抄見之，而偶一時簡點不出。 乞台臺示以人，示以月日，或得全疏一覽，尤快也。 河南掌道，大須得人，茲楚中劉貞白已來，人望頗屬，幸老先生主持之。 草草奉瀆，諸容面請，不既。

按：本札云："昨決許顯純，夜來即雨，可見天心之好生而惡殺也。"《長編》卷十，六月九日載：刑科給事中楊文昌以天時久旱，慘死諸臣上干天和，宜誅許顯純、李寔二人，以祈甘澤。十三日，誅許顯純。瞿札當作於是日稍後。

丁啓濬，字亨文，號哲初、平圃、蓼初，泉州晉江人。萬曆二十年（1592）

進士,崇禎時任刑部右侍郎、左侍郎,後贈刑部尚書。

乾隆《泉州府志》卷四四:

丁啓濬,字亨文,號哲初,繼號蓼初,晋江人,自申孫。由德化庠領萬曆戊子鄉薦,壬辰成進士,授寶慶府推官。蒞事精詳,宿案疑獄,一讞立剖,積猾老胥爲咋舌,有半神仙之稱。前後直指按楚,所部事必屬焉;巡行郡邑,輒與俱報命。兩首列薦剡。分校浙闈,得姚會嘉等七人,皆英俊。丁外艱,起補杭州府推官。上官倚如左右手,檄署仁和篆,辭焉。入爲户部主事,籌邊措餉,循舊典,酌時宜,裒決如流,上下稱便。大司農趙南渚深器重之,差榷關及典楚試,俱辭。趙公亦不欲其一日離部,故不之强。會吏部缺員,趙公力言于冢宰,轉文選司主事,且謂啓濬曰:“子清通簡要,衡鑒倫品,舍子誰任?吾豈以版曹一職淹賢者路。”及履任,則以振拔幽滯爲己任。稍遷考功員外,司察内外,門絕苞苴,澄叙無爽。假歸省母,旋即起用,周歷四司,最後即家起文選郎中。未行,丁内艱,得親含飯,人謂孝感。服除,仍補文選郎中。公慎素著,吏不敢欺以弊,人不敢干以私,益兢兢慎名器,惜人材,獎恬抑競,期無負職守。神宗深居靜攝,章奏多留中不下。啓濬佐太宰,凡會推、行取、起廢、陞遷、選補,一疏不得,請至再,再疏不得,請至三,蓋荷俞旨十七八,而銓政賴無叢脞。秩滿,擢翰林院,提督四譯館太常少卿。有掌科某,當啓濬握銓時推補右納言,有所屬,不應。至是遂以選事劾之,調南太僕少卿。時閹勢薰灼,至滁署,日偕僚寀徜徉平山堂、豐樂、醉翁二亭閒。未幾,遂告歸。崇禎初,召爲南太常寺少卿,旋陞太僕正卿,晋刑部右侍郎,轉左。時刑部、都察院二正卿俱缺,兼理二篆。有禮部尚書温體仁以侍郎錢謙益推閣臣不列其名,訐奏錢謙益主浙試時賄中錢千秋,朝命鞫治,御史郎署無敢作爰書者,啓濬奮筆起草,扶摘其奏,凛如秋霜,體仁無以難也。在都察院,擬差某御史督學北畿,已咨吏部矣。而某求改南畿,屬一掌科爲言。以咨訖,辭之。掌科笑曰:“咨在也。”出自袖中,蓋密向太宰索回者。啓濬駭然,曰:“言路之橫，一至於此！"堅持不可。時方治魏、崔黨。蘇州織造太監李實，嘗以一疏逮周起元、周順昌、繆昌期等十三人，斃詔獄。啓濬讞擬大辟。帝御便殿，問實罪何以坐重。對曰："實出片紙，殺十三人，又悉國家清介忠亮不貳心之臣，罪惡容逭？"帝曰："此魏忠賢罪，于實何與？"啓濬對："雖忠賢意，疏原出實手。"帝曰："當忠賢煽燄時，誰不爲頤指，寧獨實夫？實疏墨填硃上，蓋忠賢取空符紙以肆螫也。實罪如是，虎、彪又何以處之？"啓濬奏謂："虎、彪稽誅，以未逮至耳。"帝命閣臣從御案取實疏，殿外驗硃、墨跡，諸閣臣覆奏，如帝旨。移時，帝未霽顏，諸大臣咸股栗目懾。啓濬徐奏曰："好生者人主大德，執法者臣存職分。臣據律定讞，惟上裁奪。"帝意稍解，命之出。翼日，實得減死，屏遠方。諸附閹案，續告竣。適溫體仁入相，啓濬遂以病告歸。會推刑部尚書者二，總漕尚書者一，俱報罷。生平事親，孝養備至。居喪，哀毀骨立，營葬躬自負土。篤愛兄弟，先業盡推畀之，祠墓則獨肩焉。族中有婚喪及不能舉火者，周給無倦，視疏戚爲差。遇士流，雖寠賤，必優禮之。自幼至老，手不釋卷，凡歷代沿革典故，諳練習熟，故歷試咸宜。葉向高謂其如魏相，好條秦漢興以來典制，有大事可屬焉。林居，值海氛洊警，撫軍陳師至境，式其廬，凜取成算，獲底寧謐。先是自太僕告歸時，見德化民上倉永寧衛，山海遠隔，每挾金至泉市穀，守候維艱。又縣令歲領郡金積穀，其縣民鮮儲蓄，歲僅足支，買穀無所，而德化道可走尤溪，達於京師，縉紳利便爭趨，地無郵置，每捉農民應役，有棄耕逃者。啓濬一一告於當事，請除之。惟尤溪之路，額派能肩任者數十人，以待上官之行，餘槩勿應。又請增德邑科額，士民歡欣頌德，建祠生祀之。尤負知人鑒。汪元標以選人旅見，大器異之。汪感其意，再試南宮獲雋，歷仕以丰裁著。其他因文以決菀枯，多奇中。年六十八卒於家，贈刑部尚書，賜祭葬、蔭子。所著有《平圃文集》《詩集》行于世。

【八八】復龔士驤

連日正爲兄事忙忙，竭力圖之，但茫不得要領。 今所恃惟長山公耳，往復書柬，不下幾番。 渠以分卷未必到手遲疑，然弟言之再三。 總之稍有隙可通，未有不惟力是視者也。 先此草復。

龔士驤，字季良，號麟侯，金華義烏人。崇禎元年（1628）進士，任溧水知縣。牧齋門生。

康熙《金華府志》卷一八：
龔士驤，字季良，憲副一清季子。十四補博士弟子。性曠逸，爲詩古文詞類，自成一家。筮仕得溧水，卒于官，未竟其志。所著有《石芝園集》。

康熙《義烏縣志》卷一四：
龔士驤，字季良，號麟侯，一清子。狀貌甚偉，腰腹十圍，譚吐雄邁，目光電發。爲人慷慨有志節，立意不欺爲然諾。一清卒嶺右臬署，士驤四歲，母謝二十餘。不急使就學，輒自詣塾師讀，然性好弄辯口。十四補博士弟子，能爲古文辭，而好弄愈甚，以氣凌其儕偶，往往走匿。已而折節讀書，造請諸賢豪長者，不避風雨。囊中贏一錢，夜不能寐，起貰酒召客，閉門轟飲達曙，一語當意，跙踔大呼，聲徹戶外。古玩匜羅之屬，恒在子錢家，過當割膏腴償之，所餘甌脱耳。不少衰，食客亦日進。凡星氣、握奇、博射，暨形家、軒岐諸方技，一見能習試，不能洞精，竺乾書如《楞嚴》幾於精矣。晚乃大厭，好治藥物化黄金，不驗更端試之。或止之，則大怒，益市丹砂，紛紜不已。天啓辛酉舉於鄉，崇禎戊辰成進士，庚午知溧水縣，辛未夏暴卒，年四十三。其生平絶出者，莫如詩歌，精苦沈細，在唐人名家中不多見。嘗自謂：“降格爭奇，亦有玄勝，不必開曆，便足登峰。”所著有《石芝園稿》行世。子廣生，崇禎庚午舉人。

【八九】復陳宗虞

承諭自應如命，但日前爲敝鄉友人發過一函，事同一體，涉於馮婦。 兄丈倘能別圖之更佳也。 草草奉復，幸惟原亮。

陳宗虞，福建巡撫子貞子。入京爲其父請卹典。

【九〇】復郭萬程

弟於仲夏拜疏，到今凡七次矣。 翁兄於邸報中，當自悉之，其紕繆之狀，須從實下針，使弟得知向往爲妙。 舊高決不容起，此近日人情爾爾，姑徐候之。 弟忝在門墻，恨不能違衆而力挽之耳。 兄事已大妥，昨晤功司何嗇庵，見渠覆語大不佳，弟以兄本末力與言之，立促其改換，今已參入好語，起原官矣。 區區之誠，不敢不爲兄盡，惟兄心知之而已。 冗次索報，草草布復，並謝厚雅。 諸不盡。

按：本札有云"弟於仲夏拜疏，到今凡七次矣。翁兄於邸報中，當自悉之……"。設若《瞿式耜集》所載瞿氏奏疏無遺漏，其疏【七】即《端相本疏》，上於六月九日，諭旨下於十三日，則本札或作於十三日稍後。

郭萬程，字孟白，濟寧汶上人。

康熙《續修汶上縣志》卷四：

郭萬程，字孟白，大司空朝賓從孫也，以貢授中書舍人。時魏、客表裏爲奸，陷害忠良，朝臣秘謀參劾，無敢出首者。公慨然曰："大丈夫視死如歸，何怯焉！"竟列疏上之。觸奸怒，內批以小臣出班言事，廷杖削籍。崇禎改元，奸黨伏法，公以邊材起用，授南京團練副總戎，遷新水師提督。為忌者所中，罷歸。流寇犯闕，詔百官勤王，授公山東協鎮。謀畫未就，北都失陷。賊帥郭升過汶，執公，不屈，死之。公遇害時，子懋趾抱父，號呼求代。賊憐其孝，釋弗殺，以故得殮公屍歸葬焉。

【九一】與李

昨懇年兄者，乃舍甥陳以仁也。　家姊老而貧，此子頗能自立。　幼讀書，以貧不自振，棄舉業矣。　要其才幹，儘自過人。　今借一咨帖行縣，稍榮閭里，他日尚可圖效用也。　惟年兄憐而許之，或即命書房填寫用印，終此大德何如？　連日館選事，消息如何？　令兄年丈，弟與長山公面言者再，揭致者三，第不審無虛鄙懷否耳。　尚容面晤，不盡。

【九二】與田仰

今晨長山公有札相及，專復台臺事，並以選君復柬封示。　京兆之氣力亦大矣，亦猛矣。　弟作回書去，仍再諄懇之。　弟聞會推在即，不知究竟如何？以聖明在上，不思為封疆起見，而猶以情面狥人，將如國事何？　深愧言輕，不足取信，要以區區之誠，台臺固久諒之矣。　日承撥惠馬匹，兼拜殊貺，歉悚之至，尚圖崇謝。　不盡。

田仰小傳見【五二】《與田仰》。

【九三】與許譽卿

知年兄今日榮任矣，印務畢竟如何？ 前所求趙舍親掛號事，連日遵命静聽，今已定廿五出都。 倘得蚤賜一掛，感不獨趙也。 耑此。

按：本札言及"趙舍親掛號事"及其"今已定廿五出都"，則本札當作於二十五日以前。

許譽卿，字公實，松江華亭人。萬曆四十四年（1616）進士，崇禎時官至工科都給事中。

《明史·許譽卿傳》：

許譽卿，字公實，華亭人。萬曆四十四年進士。授金華推官。

天啓三年徵拜吏科給事中。疏言錦衣世職，不當濫畀保姆奄尹。織造中官李實誣劾蘇州同知楊姜，侵撫按職。中旨謂姜賄譽卿出疏，停譽卿俸半年。楊漣劾魏忠賢，譽卿亦抗疏極論忠賢大逆不道："視漢之朋結趙嬈，唐之勢傾中外，宋之典兵矯詔謀間兩宮何異！"忠賢大怒。又言："内閣政本重地，而票擬大權拱手授之内廷。廠衛一奉打問之旨，五毒備施。邇復用立枷法，士民槁項斃者不知凡幾。又行數十年不行之廷杖，流毒縉紳，豈所以昭君德哉！祖制，宦官不典兵。今禁旅日繁，内操未罷，聚虎狼於蕭牆之内，逞金革於禁闥之中，不爲早除，必貽後患。"於是忠賢怒益甚。會趙南星、高攀龍被逐，譽卿偕同列論救，遂鎸秩歸。

莊烈帝即位，誅崔、魏，將大計天下吏。奄黨房壯麗、安伸、楊維垣之徒冀收餘燼，屢詔起廢，輒把持使不得進，引其同類。譽卿時已起兵科給事中，具疏爭。吏部尚書王永光素附璫，讎東林，尤陰鷙。詔定逆案，頌璫者即黨逆。永光嘗頌璫，治逆案，陰護持之。南京給事中陳堯言疏劾永光璫孽，不當正銓席。然帝方眷永光，責堯言。譽卿又抗疏爭，於是都給事中薛國觀以己亦璫孽也，遂訐譽卿及同官沈惟炳東林主盟，結黨亂政。譽卿上疏自白，即日引去。

七年起故官，歷工科都給事中。明年正月，流賊陷潁州，譽卿請急調五千人守鳳陽。疏入而鳳陽已陷，皇陵毀焉。譽卿痛憤，直發本兵張鳳翼固位失事，及大學士溫體仁、王應熊玩寇速禍罪，言：“賊在秦、晉時，早設總督，遏其渡河，禍止西北一隅耳，乃侍郎彭汝楠避不肯行。及賊入楚、豫，人言交攻，然後不得已而議設之。侍郎汪慶百又避不行，乃推極邊之陳奇瑜。鞭長不及，釀成今日之禍，非樞臣之固位失事乎。流寇發難已久，樞臣因東南震鄰，始有淮撫操江移鎮之疏，識者已恨其晚。及奉旨，則曰不必移鎮。臣觀各地方稍有兵力，賊即不敢輕犯。鳳陽何地，使巡撫早移，豈有今日。今樞臣以曾請移鎮藉口，撫臣以不必移鎮爲詞，則輔臣欲諱玩寇速禍，其可得哉！”帝以苛求責之。

而是時言官吳履中等復交章劾體仁、應熊交相贊美，“其擬旨慰留，曰忠悃，曰藎畫，曰絕私奉公，曰弘濟時艱。不知時事至此，忠藎安在，而奉公濟艱者何事也？”譽卿再疏論，帝仍不問。譽卿曰：“皇上臨馭有年，法無假貸，獨於誤國輔臣不一問。今者巡撫楊一鵬、巡按吳振纓且相繼就逮矣。輔臣顧從容入直，退食委蛇，謂可超然事外乎？”帝終不聽。

譽卿在天啟時，謝陞方爲文選郎。及是，陞長吏部，譽卿猶滯垣中。以資深當擢京卿，陞希體仁意，出之南京。大學士文震孟慍，語侵陞，陞亦慍。適山東布政使勞永嘉賄營登萊巡撫，主給事中宋之普家，陞等列之舉首，爲給事中張第元所發。帝以詰陞，言路因欲攻陞及都御史唐世濟。譽卿以世濟恃體仁，惡尤甚，當先去之。御史張纘曾乃獨劾陞，陞疑出譽卿及震孟意，之普又搆之陞。先是，福建布政使申紹芳亦欲得登萊巡撫，譽卿曾言之陞。陞遂疏攻譽卿，謂其營求北缺，不欲南遷，爲把持朝政地，並及囑紹芳事。體仁從中主之，譽卿遂削籍，紹芳逮問遣戍。十五年，御史劉逵及給事中楊枝起相繼論薦，竟不果用。福王立，起光禄卿，不赴。國變，薙髮爲僧，久之卒。

【九四】與茅元儀

台兄正人也，而爲小人所辱，自是不平。 但不知此人何故而欲以台兄爲重，弟寔不得其解。 閱票旨詞氣甚硬，分明疑被薦者有由。 今以愚見言之，斷宜少緩靜聽。 如大疏未上，姑停幾日。 如上，弟當探長山之意，再作道理可耳。 來稿留下酌之，來儀附使完上。

茅元儀小傳見【四三】《復茅元儀》。

【九五】與李標

昨某有小疏，業已呈過揭帖，蓋念首科館選，宜行越格之事。 皇上再勘召對，尤不可無記注史官，以紀其當日情形。 此皆目前急務，惟老先生主持批允，大典聿光。 謹録貼黃上呈，以便票擬。 肅此奉瀆，尚容面請。 不既。

按：本札云："昨某有小疏，業已呈過揭帖，蓋念首科館選，宜行越格之事。皇上再勘召對，尤不可無記注史官，以紀其當日情形。"又，下札【九七】《上劉鴻訓》云："館選一事，與金甌卜相，同稟於天，豈容參以私意？"二札所言，皆與疏【七】《端相本疏》合。疏上於六月九日，則此二札亦當作於該日前後也。

李標（？—1633），字汝立，號建霞，趙州高邑人。萬曆三十五年（1607）進士，崇禎時任户部尚書兼武英殿大學士。

《明史·李標傳》：

李標，字汝立，高邑人。萬曆三十五年進士。改庶吉士，授檢討。泰昌時，累遷少詹事。天啓中，擢拜禮部右侍郎，協理詹事府。標師同邑趙南星，黨人忌之，列名《東林同志録》中。標懼禍，引疾歸。

莊烈帝嗣位，即家拜禮部尚書兼東閣大學士。崇禎元年三月入朝。未幾，李國㯶、來宗道、楊景辰相繼去，標遂爲首輔。帝鋭意圖治，恒召大臣面決庶政。宣府巡撫李養冲疏言旂尉往來如織，踪跡難憑，且慮費無所出。帝以示標等曰：“邊情危急，遣旂尉偵探，奈何以爲僞？且祖宗朝設立廠衛，奚爲者？”標對曰：“事固宜慎。養冲以爲不賂恐毁言日至，賂之則物力難勝耳。”帝默然。同官劉鴻訓以增敕事爲御史吳玉所糾，帝欲置鴻訓於法，標力辯其納賄之誣。温體仁訐錢謙益引已結浙闈事爲詞，給事中章允儒廷駁之。帝怒，並謙益將重譴，又欲罪給事中瞿式耜、御史房可壯等。標言：“陛下處分謙益、允儒，本因體仁言，體仁乃不安求罷。乞陛下念謙益事經恩詔，姑令回籍；於允儒仍許自新，而式耜等概從薄罰。諸臣安，體仁亦安。”帝不從，自是深疑朝臣有黨，標等遂不得行其志。是冬，韓爌還朝，標讓爲首輔，尋與爌等定逆案。

三年正月，爌罷，標復爲首輔，累加至少保兼太子太保、户部尚書、武英殿大學士。先是，與標並相者六人，宗道、景辰以附璫斥，鴻訓以增敕戍，周道登、錢龍錫被攻去，獨標在，遂五疏乞休。至三月得請。家居六年卒。贈少傅，謚文節。

【九六】復程珍所

老年伯久卧家園，此番入都，以公道論，自應從優銓補。 昨某特晤晋摩蒼，以補内懇之，兼詳述老年伯恬修傲骨，謂非補以京衔，俾盍得轉部，則不足以酬十三年屈抑之苦。 摩蒼已心識首肯，但目前似尚無見缺，或稍須之何如？ 度不肖情懇諄切，彼決不朒置之也。 即欲走晤，以觸暑偶作惡，不能襬襪。 草此布復，尚容面倒。 不一。

【九七】上劉鴻訓

昨某造謁，中有欲言，因客至紛如，未便披請。 館選一事，與金甌卜相，同禀於天，豈容參以私意？ 但不肖輩俱從國家起見，以人事君，本念實公。前某所舉諸生徐汧等，輿論允協，第恐暗中一時難於摸索，謹録其文破詩頭，上呈台覽，幸老相公留神簡拔。 外，去歲北場解首金鉉，少年美才，且其父孝廉金顯名，亦此中之有望者，前侍講倪元璐極稱之，且謂老相公於館選中拔得此生，亦可借以爲收拾燕人之計。 未審老相公以爲何如？ 至於榜首曹勳，既屈鼎甲，理應還之庶常，此亦首科體面所關也。 事屬薦賢，冒昧以請，仰惟慈宥。

劉鴻訓小傳見【七三】《上劉鴻訓》。

【九八】與李邦華

草土中驚魂悸魄，四方聞問，絶不敢通。 時與牧齋家師言念台臺，未嘗夢

寐或忘左右也。 兩世兄真孝真友，千古爲難，非是父不生是子。 聞久已俎豆
于學宮之飾，此等再來現身，原非一世二世事，台臺洞觀已悉，知定不作世俗
尋常解也。 鳳雛再出德門，後慶何可涯量？ 兼聞太翁杖履逍遥，神明彌王，
忝在通家猶子，愉怀可言！ 不肖某跧伏五載，久斷春明之夢。 今春逐隊入
都，原不敢望清華之選。 仰藉台庇以"資深"二字，糠粃見收。 私念人臣報
主，舍以人事君，便落二義。 銓憲之地，非台臺決不可居，然又恐時情未消，
徒觸衆忮，故不揣以戎政暫易總河，稍存起内之體。 俟台旌入都後，當再圖
之。 月前晤王曙東，知有急足至仙鄉，正擬修尺函勸駕，以冒暑患病浹旬，而
曙東亦竟未嘗知會，鄙情終鬱，歉愧無如。 乃蘧使瑶函，則已儼然自天而下
矣。 □〔盥〕讀手教，怳如面談，高誼隆情，銘刻無任。 使者持大疏見示，
意欲增入戎政一段。 不肖以前後二命，原作兩截，疏辭未便合併，故今照原稿
先上，而政府則不妨竟以後命票出。 今聖眷特隆，而中外人情，亦皇皇然竚望
司馬之洛。 惟願台翁速速脂車，以七月杪到京。 而辭戎一疏，俟中途或近都
拜上，未爲遲也。 敬因使者之旋，附此爲候。 一芹不腆，聊伴空械，惟鑒存
之。 二鄧果佳，今小鄧先歸矣，而浙鋒大挫，功實不小。 台翁具眼，寧失人
乎？ 瞻對非遥，諸不既。

按：本札乃與李商議如何薦舉李轉任者。札末促李"速速脂車，以七
月杪到京"，則本札當作於月之中旬前後。

李邦華（1574—1644），字孟闇，號懋明，吉安吉水人。萬曆三十二年
（1604）進士，崇禎時官至兵部尚書，南明贈少保、吏部尚書。諡忠文，清諡
忠肅。

《明史·李邦華傳》：
……

崇禎元年四月起工部右侍郎，總督河道。尋改兵部，協理戎政。還朝，召見，旋知武會試，事竣入營。故事，冬至郊，列隊扈蹕，用軍八萬五千人，至是增至十萬有奇。時方郊，總督勳臣缺，邦華兼攝其事。所設雲輦、龍旌、寶纛、金鼓、旗幟、甲冑、劍戟，煥然一新，帝悅。明年春幸學，亦如之。命加兵部尚書。時戎政大壞，邦華先陳更操法、慎揀選、改戰車、精火藥、專器械、責典守、節金錢、酌兌馬、練大礮九事。

京營故有占役、虛冒之弊。占役者，其人爲諸將所役，一小營至四五百人，且有賣閒、包操諸弊。虛冒者，無其人，諸將及勳戚、奄寺、豪強以蒼頭冒選鋒壯丁，月支厚餉。邦華核還占役萬，清虛冒千。三大營軍十餘萬，半老弱。故事，軍缺聽告補，率由賄得。邦華必親校，非年壯力强者不錄，自是軍鮮冒濫。三營選鋒萬，壯丁七千，餉倍他軍，而疲弱不異。邦華下令，每把總兵五百，月自簡五人，年必二十五以下，力必二百五十斤以上，技必兼弓矢火礮，月一解送，補選鋒壯丁之缺，自是人人思奮。三大營領六副將，又分三十六營，官以三百六十七人計，所用掾史皆積猾。邦華按罪十餘人，又行一歲二考察之令，自是諸奸爲戢。

營馬額二萬六千，至是止萬五千。他官公事得借騎，總督、協理及巡視科道，例有坐班馬，不肖且折橐入錢，營馬大耗。邦華首減己班馬三之一，他官借馬，非公事不得騎，自是濫借爲希。

京營歲領太僕銀萬六千兩，屯田籽粒銀千六十兩，犒軍製器胥徒工食取給焉。各官取之無度，歲用不敷。邦華建議，先協理歲取千四百，總督巡視遞節減，自是營帑遂裕。

營將三百六十，聽用者稱是。一官缺，請託紛至。邦華悉杜絕，行計日省成法。每小營各置簿，月上事狀於協理，以定殿最。舊制，三大營外復設三備兵營，營三千人，餉視正軍，而不習技擊，益爲豪家隱冒。邦華核去四千餘人，又汰老弱千，疏請歸併三大營不另設，由是戎政大釐。

倉場總督南居益言：“京營歲支米百六十六萬四千餘石，視萬曆四十六年增五萬七千餘石，宜減省。"邦華因上議軍以十二萬爲額，餉以百四十四萬石爲額，歲省二十二萬有奇。帝亦報可，著爲令。帝知邦華忠，奏無不從，邦華亦感帝知，不顧後患。諸失利者銜次骨，而怨謗紛然矣。

其年十月，畿輔被兵，簡精卒三千守通州，二千援薊州，自督諸軍營城外，軍容甚壯。俄有命邦華軍撤還守陴，於是偵者不敢遠出，聲息遂斷，則請防寇賊，緝間諜，散奸宄，禁譌言。邦華自聞警，衣不解帶，捐貲造礮車及諸火器。又以外城單薄，自請出守。而諸不逞之徒，乃搆蜚語入大內。襄城伯李守錡督京營，亦銜邦華扼己，乘間詆諆。邦華自危，上疏陳情，歸命於帝。會滿桂兵拒大清兵德勝門外，城上發大礮助桂，誤傷桂兵多。都察院都事張道澤遂劾邦華，言官交章論列，遂罷邦華閒住。自是代者以爲戒，率因循姑息，戎政不可問矣。邦華前後罷免家居二十年。父廷諫無恙。

十二年四月起南京兵部尚書，定營制，汰不急之將，並分設之營。謂守江南不若守江北，防下流不若防上流。乃由浦口歷滁、全椒、和，相形勢，繪圖以獻。於浦口置沿江敵臺，於滁設戍卒，於池河建城垣，於滁、椒咽喉則築堡於藕塘。和遭屠戮，請以隸之太平。又請開府采石之山，置哨太平之港，大墾當塗閒田數萬頃資軍儲。徐州，南北要害，水陸交會，請宿重兵，設總督，片檄徵調，奠陵京萬全之勢。皆下所司，未及行，以父憂去。

十五年冬，起故官，掌南京都察院事，俄代劉宗周爲左都御史。都城被兵，即日請督東南援兵入衛，力疾上道。明年三月抵九江。左良玉潰兵數十萬，聲言餉乏，欲寄帑於南京，艨艟蔽江東下。留都士民一夕數徙，文武大吏相顧愕眙。邦華歎曰："中原安靜土，東南一角耳。身爲大臣，忍坐視決裂，袖手局外而去乎！"乃停舟草檄告良玉，責以大義。良玉氣沮，答書語頗恭。邦華用便宜發九江庫銀十五萬餉之，而身入其軍，開誠慰勞。良玉及其下皆感激，誓殺賊報國，一軍遂安。帝聞之，大喜，陛見嘉勞。邦華跪奏移時，數詔起立，溫語如家人，中官屏息遠伏。其後召對百官，帝輒目注邦華云。舊例，御史出巡，回道考覈。邦華謂回道而後黜，害政已多。論罷巡按、巡鹽御史各一人。奉命考試御史，黜冒濫者一人，追黜御史無顯過而先任推官著貪聲者一人。臺中始畏法。

十七年二月，李自成陷山西。邦華密疏請帝固守京師，倣永樂朝故事，太子監國南都。居數日未得命，又請定、永二王分封太平、寧國二府，拱護兩京。帝得疏意動，繞殿行，且讀且歎，將行其言。會帝召對群臣，中允李明睿疏言南遷便，給事中光時亨以倡言洩密糾之。帝曰："國君死社稷，正也，朕志定矣。"遂罷邦華策不議。未幾，賊逼都城，亟詣內閣言事。魏藻德漫應曰："姑待之。"邦華太息而出。已，率諸御史登城，群奄拒之不得上。十八日，外城陷，走宿文信國祠。明日，內城亦陷，乃三揖信國曰："邦華死國難，請從先生於九京矣。"爲詩曰："堂堂丈夫兮聖賢爲徒，忠孝大節兮誓死靡渝，臨危授命兮吾無愧吾。"遂投繯而絕。贈太保、吏部尚書，諡忠文。本朝賜諡忠肅。

【九九】上劉鴻訓

前某所開薦考館諸生，一一皆名下士。 試日因取文不齊，故止錄三人以呈。 其前啓中，徐汝驊、郭之祥、陳止中等，俱倉卒未遑索得。 昨者老相公秉公較閱，滄海定無遺珠，第不知暗中亦有一二適相符合者否？ 敝鄉江南北共該四人，傳聞方拱乾、徐沂、陳於鼎〔按：即陳于鼎。〕俱入彀，而尚有一人未確，不知是姚思孝，或即徐汝驊否？ 正副卷共六十，想皇上必須繙閱一番，拔置幾人，然大段可知，料無甚更易也。 老相公幸密示之，某決不敢浪泄一字。 擬躬叩，恐煩起居，特此代布。 不一。

按：本札有云："敝鄉江南北共該四人，傳聞方拱乾、徐沂、陳於鼎俱入彀，而尚有一人未確，不知是姚思孝，或即徐汝驊否？"《長編》卷十，六月二十七日載："簡新進士方拱乾等三十人送翰林院讀書,内周鳳翔、劉之綸、金聲、徐汧等後皆以節義著名當世。"則本札固作於二十七日稍前也。

劉鴻訓小傳見【七三】《上劉鴻訓》。

【一〇〇】與陸文獻

自翁臺行後,無人不爲稱惜,可見公道在人,自不容泯也。 不肖人微言輕,無足取重,要以一念爲翁臺昭雪之私,實可對天日。 昨者小疏中論人一段,已暗點之,意欲直指出來,而識者相商,謂且不宜太驟,故先引其端如此。 翁臺崇望卓品,非□〔久〕自當借鼎銓樞,東山絲竹,豈容久淹乎? 饒父母亦極爲道不平。 此公持論宅心,俱屬寬平,翁臺不可不知也。 偶因使乎之便,附此數行,冗次不備,諸惟炤原。

按:本札有"昨者小疏中論人一段"云云。考瞿疏【八】《陳時政急著疏》中正有"論人之不可不審也"一段,與本札合。疏上於六月二十日,則本札作於同時稍前可知。

陸文獻小傳見【四九】《與陸文獻》。

【一〇一】與霍維華

惟老父母台臺以救世之深心,展匡時之大力,海内有心男子,孰不翹跂明公秉樞當軸，挽回剝運，輔贊中興？乃注望方殷，而謠諑頓及，真使英雄短氣。豈殺運未已，一波未靜，復興一波，而必不容此世界，為戡戈囊矢之世界耶？業師錢牧齋，深感台臺提挈，兩番手札，惓惓致意，且其平居佩服台臺，真不容口。前五月初，小价來時，正絕不知此中近耗。彼聞耗後，其拊膺頓足，更當何如也！不肖某仰藉鼎庇，濫廁言班，此中瞶瞶然，杳不辨黑白。惟竊念挽回世道，斷非欹帆側柁手段之所能為，而偶出持平之語，輒為快人所譏笑。一片苦心，藏之胸膈而已。台臺其何以教之，俾毋為眾嫉，而速其顛隕耶？因仲嘉羽便，敬布空函，聊抒積悃，統惟慈炤。不備。

霍維華，一作惟華，字鍾西，又字應庚，景州東光人。萬曆四十一年（1613）進士，天啓時官兵科給事，累官兵部尚書，加太子太保。

《明史·霍維華傳》：

霍維華，東光人。萬曆四十一年進士。除金壇知縣，徵授兵科給事中。天啓元年六月，中官王安當掌司禮監印，辭疾居外邸，冀得溫旨即視事。安與魏忠賢有隙，閹人陸蓋臣者，維華內弟也，偵知之以告。維華故與忠賢同郡交好，遂乘機劾安，忠賢輒矯旨殺之。劉一燝、周嘉謨咸惡維華，用年例出為陝西僉事。其同官孫杰言，維華三月兵垣無過失，一燝、嘉謨仰王安鼻息，故擯於外。忠賢大喜，立逐兩人，而維華亦以外艱歸。

四年冬，朝事大變，南京御史呂鵬雲以外轉請告。忠賢傳旨令與被察徐大化、年例外轉孫杰俱擢京卿，維華及王志道、郭興治、徐景濂、賈繼春、楊維垣並復故官。維華得刑科。諸為趙南星斥者，競起用事。維華益銳意攻東林，劾罷御史劉璞、南京御史涂世業、黃公輔、萬言揚。追論三案，痛詆劉一燝、韓爌、孫慎行、張問達、周嘉謨、王之寀、楊漣、左光斗，而譽范濟世、王志道、汪慶百、劉廷元、徐景濂、郭如楚、張捷、唐嗣美、岳駿聲、曾道唯。請改《光宗實錄》，宜其疏史館。忠賢立傳旨削一燝等五人籍，逮之寀，免李可灼

戌,擢濟世巡撫、志道等京卿,嗣美以下悉起用,實錄更撰,而以閣臣言免一
㸑等罪。尋言,總督張我續宜罪,尚書趙彥宜去,御史方震孺不宜逮,韓敬宜
復官,湯賓尹宜雪。忤忠賢意,傳旨譙責之。五年冬擢太僕少卿。明年擢本
寺卿。尋擢兵部右侍郎,署部事。每陳奏,必頌忠賢。七年,延綏奏捷,進右
都御史,廕子錦衣千戶。寧、錦敘功,進兵部尚書,視侍郎事,廕子如之。俄
敘三殿功,加太子太保。

　　維華性憸邪,與崔呈秀爲忠賢謀主。所親爲近侍,宮禁事皆預知,因進
仙方靈露飲。帝初甚甘之,已漸厭。及得疾,體腫,忠賢頗以咎維華。維華
甚懼,而慮有後患,欲先自貳於忠賢,乃力辭寧、錦恩命,讓功袁崇煥,乞以己
廕授之。忠賢覺其意,降旨頗屬。無何,熹宗崩,忠賢敗,維華與楊維垣等彌
縫百方。其年十月,以兵部尚書協理戎政。

　　崇禎改元,附璫者多罷去,維華自如。遼東督師王之臣免,代者袁崇煥
未至,維華謀行邊自固。帝已可之,給事中顏繼祖極論其罪,言:"維華狡人
也,璫熾則借璫,璫敗則攻璫。擊楊、左者,維華也。楊、左逮,而陽爲救者,
亦維華也。以一給事中,三年躐至尚書,無叙不及,有賚必加,即維華亦難以
自解。"乃寢前命。頃之,言者踵至,維華乃引退。逆案既定,維華戍徐州,氣
勢猶盛。七年,駱馬湖淤,維華言於治河尚書劉榮嗣,請自宿遷抵徐州,穿渠
二百餘里,引黃河水通漕,冀叙功復職。榮嗣然其計,費金錢五十餘萬,工不
成,下獄論死,維華意乃沮。九年,邊事急,都御史唐世濟薦維華邊才,至,下
獄遣戍。維華遂憂憤死。

　　……

【一〇二】與陸錫朋（江南學院）

承老公祖俯垂清問，欲以九里之潤，推及屋烏，不肖感鏤，曷可言喻？　謹

開列於後，伏望始終留神。

一、無錫童生施傳徵，係先外祖囷卿施勵庵之孫，家母舅歲貢經歷學淵之子也。 以親結親，弱妹歸焉。 年近二十，進院四次，而尚困童子科。 要其文筆暢腴，固自利矢，倘遇考事，伏望加意提挈，倘得一青其衿，佩德何如！

一、無錫生員吳明禎，先宮諭澤峰公之曾孫，太守求峰敝年伯之的姪也。與寒家爲世講，先伯洞觀囷卿没，先君撫其女爲己女，擇婿而嫁，遂歸明禎。明禎少年老成，彩毫磅礴，烟雲滿紙，而絶無貴介紈袴之習，不肖心甚取之。倘來見老公祖，望賜之顔色，如值試事，並望嘉與噓培。

一、宜興縣童子曹茂京，故尚書雲山公之曾孫，太守明斗公之嫡子也。 年甫十四，爲其家事稍温，族人多覬覦之，孤寡亦岌岌不能自保。 今乃叔應秋見任南部，師稷見任北科，而情誼固多漠然。 誠恐外侮内憂，消弭不易，百凡祈老公祖默默留心。 弱妹尚幼，未經出閣，念此子，殊可憐也。

按：札中標題"與陸錫朋"疑作"與陸錫明"。

陸錫明，字幼輿，平湖人。天啓五年（1625）進士，歷官常州知府，補徽州，陞江西提學副使。

【一〇三】上劉鴻訓

昨者召對，又是一番光景，主持争執，全仗老相公一人。 不知大機括擒得住否？ 宣撫疏畢竟如何批、刑部疏畢竟作何結局，可見示一二否？ 小疏論財之生節，實關職掌，未審老相公如何擬票，抑出別位乎？ 並希密教之。 欲躬叩，恐煩起居。 草此代布，不任主臣。

按：本札云"小疏論財之生節，實關職掌……"。考瞿疏【九】《佐邊儲疏》，全爲國家糧餉"生財之道"而發，上於二十九日，則本札應作於上疏稍後。

劉鴻訓小傳見【七三】《上劉鴻訓》。

【一〇四】與何若鶴

承仁兄用情如此，感刻，感刻。 所云晉摩蒼，特特下顧，告弟以實情，謂選君見過弟與摩書，不甚決絶，必求兄一專札乃佳。 弟只得破例發一書致之，已得渠回帖，但未知其意思的確何如也。 今得兩仁兄左提右挈，或者内外夾攻，其有濟乎？ 弟非爲通家之誼，與年家之情，何苦仰面向人？ 其中不得已之情，過今日再與仁兄詳之也。 名姓開列别幅，以便簡查：

程一騏，湖廣孝感人。 貢，求考通判。

陳星樞，南直常熟人。 丁酉舉人，求考知州。

已上兩人，俱手札致過選君張存老。 但恐卷多，一時不能摸索，且並未有記號，何從别識？ 善巧機權，惟仁兄臨時著意，至懇，至懇。

札一〇五至一二九，崇禎元年七月

【一〇五】復錢龍錫

聖衷廓然無我，真得不遷怒學問。廿八、九間，外廷正妄有揣摩，不肖某謂只合静聽，不宜更有所言，今果油然轉圜矣。老先生格心之功，真非細也。昨聞韓生一疏，又似挑動英主之疑根，恐從此視外廷諸臣漸輕，而待之漸刻，一切緝訪、敝政，未免因之又伏端倪。此處關頭，默握潛移，主張全在閣下，幸早留神，不肖某非敢浪言也。小疏過蒙獎納，未知遂得俞否？草此附謝，容面，不一。

按：原標題"復錢龍錫"右側有小字注："内閣大學士"，疑爲藏抄者所添。

按：本札有云"昨聞韓生一疏，又似挑動英主之疑根……"。《長編》卷十一，七月四日載：召廷臣于平臺，帝手給事中韓一良"辭賄"一疏，命一良自誦，因嘉獎之。札又云："小疏過蒙獎納，未知遂得俞否？"瞿疏【九】《佐邊儲疏》上於六月二十九日，七月九日得旨。則本札作於七月四日至九日間可知。

錢龍錫（1579—1645），字稚文，號機山，松江華亭人。萬曆三十五年（1607）進士，崇禎時官至禮部尚書兼東閣大學士，加太子太保兼文淵閣大學士。

《明史·錢龍錫傳》：
錢龍錫，字稚文，松江華亭人。萬曆三十五年進士。由庶吉士授編修，屢遷少詹事。天啓四年擢禮部右侍郎，協理詹事府。明年改南京吏部右侍郎。忤魏忠賢，削籍。

莊烈帝即位，以閣臣黃立極、施鳳來、張瑞圖、李國㯶皆忠賢所用，不足倚，詔廷臣推舉，列上十人。帝倣古枚卜典，貯名金甌，焚香肅拜，以次探之，首得龍錫，次李標、來宗道、楊景辰。輔臣以天下多故，請益一二人。復得周道登、劉鴻訓，並拜禮部尚書兼東閣大學士。明年六月，龍錫入朝，立極等四人俱先罷，宗道、景辰亦以是月去。標爲首輔，龍錫、鴻訓協心輔理，朝政稍清。尋以蜀寇平，加太子太保，改文淵閣。

帝好察邊事，頻遣旂尉偵探。龍錫言："舊制止行於都城內外，若遠遣恐難委信。"海寇犯中左所，總兵官俞咨皐棄城遁，罪當誅。帝欲並罪巡撫朱一馮。龍錫言："一馮所駐遠，非棄城者比，罷職已足蔽辜。"瑞王出封漢中，請食川鹽。龍錫言："漢中食晉鹽，而瑞藩獨用川鹽，恐奸徒借名私販，莫敢譏察。"故事，纂修實錄，分遣國學生採事蹟於四方。龍錫言："實錄所需在邸報及諸司奏牘，遣使無益，徒滋擾，宜停罷。"烏撒土官安效良死，其妻改適霑益土官安邊，欲兼有烏撒，部議將聽之。龍錫言："效良有子其爵，立其爵以收烏撒，存亡繼絕，於理爲順。安邊淫亂，不可長也。"帝悉從之。明年，帝以漕船違禁越關，欲復設漕運總兵官。龍錫言："久裁而復，宜集廷臣議得失。"事竟止。廷議汰冗官，帝謂學官尤冗。龍錫言："學官舊用歲貢生，近因舉人乞恩選貢，纂修占缺者多，歲貢積至二千六百有奇，皓首以歿，良可憫。且祖宗設官，於此稍寬者，以師儒造士需老成故也。"帝亦納之。言官鄒毓祚、韓一良、章允儒、劉斯琜獲譴，並爲申救。

御史高捷、史𡐛既罷，王永光力引之，頗爲龍錫所扼，兩人大恨。逆案之定，半爲龍錫主持，奸黨銜之次骨。及袁崇煥殺毛文龍，報疏云："輔臣龍錫爲此一事低徊過臣寓。"復上善後疏言："閣臣樞臣，往復商確，臣以是得奉行無失。"時文龍擁兵自擅，有跋扈聲，崇煥一旦除之，即當宁不以爲罪也。其冬十二月，大清兵薄都城。帝怒崇煥戰不力，執下獄，而捷、𡐛已爲永光引用。捷遂上章，指通款殺將爲龍錫罪。且言祖大壽師潰而東，由龍錫所挑激。帝以龍錫忠愼，戒無過求。龍錫奏辯，言："崇煥陛見時，臣見其貌寢，退謂同官'此人恐不勝任'。及崇煥以五年復遼自詭，往詢方略。崇煥云：'恢復當自東江始。文龍可用則用之，不可用則去之易易耳。'迨崇煥突誅文龍，疏有'臣低徊'一語。臣念文龍功罪，朝端共知，因置不理。奈何以崇煥誇詡之詞，坐臣朋謀罪？"又辯挑激大壽之誣，請賜罷黜。帝慰諭之，龍錫即起視事。捷再疏攻，帝意頗動。龍錫再辯，引疾，遂放歸。時兵事旁午，未暇竟崇煥獄。

至三年八月，聱復上疏言："龍錫主張崇煥斬帥致兵，倡爲款議，以信五年成功之説。賣國欺君，其罪莫逭。龍錫出都，以崇煥所畀重賄數萬，轉寄姻家，巧爲營幹，致國法不伸。"帝怒，敕刑官五日內具獄。於是錦衣劉僑上崇煥獄詞。帝召諸臣於平臺，置崇煥重辟。責龍錫私結邊臣，蒙隱不舉，令廷臣議罪。是日，群議於中府，謂："斬帥雖龍錫啓端，而兩書有'處置愼重'語，意不在擅殺，殺文龍乃崇煥過舉。至講款，倡自崇煥。龍錫始答以'酌量'，繼答以'天子神武，不宜講款'。然軍國大事，私自商度，不抗疏發奸，何所逃罪。"帝遂遣使逮之。十二月逮至，下獄。復疏辯，悉封上崇煥原書及所答書，帝不省。時群小麗名逆案者，聚謀指崇煥爲逆首，龍錫等爲逆黨，更立一逆案相抵。謀既定，欲自兵部發之。尚書梁廷棟憚帝英明，不敢任而止。乃議龍錫大辟，且用夏言故事，設廠西市以待。帝以龍錫無逆謀，令長繫。

四年正月，右中允黃道周疏言龍錫不宜坐死罪。忤旨，貶秩調外，而帝意寖解矣。夏五月大旱，刑部尚書胡應台等乞宥龍錫，給事中劉斯琜繼言之，詔所司再讞。乃釋獄，戍定海衛。在戍十二年，兩遇赦不原。其子請輸粟贖罪，會周延儒再當國，尼不行。福王時，復官歸里。未幾卒，年六十有八。

【一〇六】與劉士禎

夙仰鴻標，春初即擬駕入春明，亟借鼎清華，爲吉州吐氣，而爲道之云遠，遂遲兩選。 計八月間，定可竣局矣。 榮望久騰，弟即言輕，何敢不效其揄揚？ 昨承枉顧，以他出失迓。 今日正圖摳謁，傳聞復有召對，不得不靜俟於家。 明日當趨領大教，並罄積忱也。 隆貺誼不敢承，以同門之誼，恐以疏逖見嫌，破例登嘉。 統容面謝，不既。

按：本札有"計八月間，定可竣局"云云，衡諸語氣，應爲七月之札。

劉士禎（1587—?），字須彌，吉安萬安人，天啓二年（1622）進士。

康熙《江西通志》卷三六：

劉士禎，字須彌，萬安人。天啓進士，以循卓入爲御史，巡按貴州、浙江。汰衙蠹，省夫役，除民之不便者，一時墨吏望風改轍。尋以忤時相，出爲湖廣布政。歸，杜門絕干謁。好延接名士，匱乏者悉於禎請給焉。

【一〇七】與丁啓濬

昨承示劉詔事，以彼中回文失實，難於會審。 夫據高碣齋之疏，大約前敘其媚逆之情態，後參其教場點兵，與逆有應合之機耳。 今點兵一節，既回文稱屬烏有，則但以媚逆建祠、行拜跪禮罪之，亦未嘗不可一遣。 臺臺如必再行覆查，則彼此往回，不又一月有餘？ 而於速結前案之臺旨，究自相戾矣。 目今諸虎尚未即到，趁此時節將見在速速完結，而餘以待大司寇之來，此似爲一定之著，惟老先生其即圖之。 不肖不止爲《飭刑章》一疏求蚤伸國憲，實亦所以爲台臺也。 李永貞全招，希見示。 諸容面，不一。

丁啓濬小傳見【八七】《與丁啓濬》。

【一〇八】與倪元璐

昨聞召對時，有寬釋張玄洗之意，不知何以遂至削職擬罪？ 今遂如旨擬罪乎？ 所擬之罪，何律也？ 此與郁道長之降級，俱似失平過當。 而以半月梧垣，立蹟僉院，此又似名器太輕。 不知聖斷何以取快一時如此？ 台兄其有以教之乎？ 政府漫無主持，銓部又伯囂之甚，時事正是可憂。 若此番會推，不服人心，只索更張之耳。、前所商畢竟何如？ 尚圖面請，不既。

倪元璐小傳見【二二】《與倪元璐》。

【一〇九】與李嗣京

弟爲年兄館選事，頗效微勞。 畢竟言輕，不足取信，遂爲他人攘得，殊深扼腕。 年兄選期尚遥，今且圖錦旋乎？ 抑且留此候選也？ 月色漸佳，擬具一尊，屈過我一叙積懷，敢此預訂。 前懇《詩經禹玉》大序，幸爲撥冗，一吐江花，吳門將待此以貴洛陽之紙也。《四書》稿何以吝教？ 倘有刻成者，望賜一帙，荷，荷。

李嗣京，字少文，揚州興化人。崇禎元年（1628）進士，任南昌府推官，巡按福建。

康熙《揚州府志》卷一五"崇禎戊辰進士（劉若宰榜）"條：

李嗣京，興化人，浙江巡按。

康熙《南昌郡乘》卷一五"南昌府推官"條：

李嗣京，字少文，興化人，進士。崇禎四年任，擢御史。

【一一〇】與許譽卿

董字弟有夙癖，忽承頒惠，感躍奚勝！　即當裝裱置之壁間矣。　謝謝！

　　許譽卿小傳見【九三】《與許譽卿》。

【一一一】與李標

　　昨見會推之報，知少宰已有人矣。　但陪者何以不用丁未，而用庚戌？　恐敝座師之望，不遜於少宗伯也。　老先生幸有以教之。　業師錢牧齋，以十九年老詹，久壓癸丑諸公之下，得一部銜，亦稍全詞林體面。　前蒙老先生見許，即日具題，今不知復有所待否？　在業師摧折之餘，初不敢有奢望，弟主持清議，拔擢淹沉，非老先生其誰任之？　此不肖所願效區區於閤下，而亟贊成茲盛舉者也。　肅械布悃，鵠伺德音。　臨楮無任悚切。

　　按：本札有"昨見會推之報，知少宰已有人"云云。《長編》卷十一，七月十日公布戶部右侍郎、南京吏部尚書、南京刑部右侍郎、兵部尚書、吏部右侍郎等名單。本札固當作於七月十日稍後。

李標小傳見【九五】《與李標》。

【一一二】與李若愚

以翁兄才品，而屈居冷署，政如帷燈匣劍，光芒自不可遏。 擬即當榮轉，而何以乞差歸省乎？ 日讀《兵食要領》大疏，真經國巨手。 第不知當事者，能一一留神省覽，即見施行，以仰紓廟堂宵旰之憂否？ 前許顯純事疏稿，人人快絶，但謂法止於"決不待時"，若以凌遲處死擬辟，則必謀逆如魏璫者而可也，頗聞之臺中諸老云云。 至於貴堂翁，原無怒翁兄之意，不知此說從何而來？ 弟與此翁鄰居，屢探之，無有也，則翁兄亦可以釋然矣。 惟是近日寬李寔一案，不知翁兄在此，義憤更當何如耳。 差事告竣，幸即還朝，毋淹子舍。明年此日，弟未敢聞命也。

李若愚，字愚公，湖北漢陽人。萬曆四十七年（1619）進士。

康熙《漢陽府志》卷九：

李若愚，字愚公，中萬曆己未進士。初任浙江溫州府推官，行取兵部主事，歷江西參政、太僕寺卿。子應橘，原任中書，贈大理少卿，前壬辰進士李昌祚之父也。康熙六年四月……舉故太僕寺卿李若愚、故贈大理寺少卿李應橘同祀鄉賢。

【一一三】與周宗文

弟今早因年兄見教江南撫臺，而更思得一人最穩最妙者，則莫如王曙東年兄矣。 王年兄資深品卓，宸心任事，即其在藩又七年，一塵不染，節省金錢鉅萬，而又口不言功，弟深服之也。 以此等人而爲撫臺，其於地方民生利弊，造福何有涯量哉？ 乞年兄留之夾袋中，不妨與選君張存老一商之也。 指日邊撫缺出，張念山亦何不可借重乎？ 幸毋罪弟饒舌。

周宗文，號開鴻，嘉興嘉善人。萬曆四十四年(1616)進士。

康熙《嘉興府志》卷一七：

周宗文，號開鴻。萬曆中進士，初知清江，有惠政，擢御史。值冰雹之變，上疏陰斥閹官。會議三案，抗聲曰："紅丸與木棍如出一手，罪同罰異，非法也。"忌者以其言羅入《要典》，幾蹈璫禍。後陞光禄卿。

【一一四】又［與周宗文］

沈應時，號五知，此敝鄉真清恬君子也。 厄於權熸，以門户例處，已屬大不平事。 近補地方，又以粵西柳州兵備與之，分明又問一充軍矣。 此等事皆前任選君所爲。 今渠既不敢不去，而道之云遠，又實難爲情，不審可爲量移一相應地方否？ 如此人，即優擢京卿，亦豈爲過，而必厄之如此乎！ 年兄幸援手焉。

周宗文小傳見【一一三】《與周宗文》。

【一一五】與王惟光

久不奉年臺大教矣。日來爲敝鄉撫臺缺出，皇皇求克勝其任者，與許霞城、吳亦臨、曹銘石輩公議，弟意決無踰於老年臺，因與選司晉摩蒼先言之，復與選君面言之。今日復集江南言路十餘人，與選君再訂之矣。在外則舉劉半舫、曹薇垣兩年兄，以爲年臺之陪。如此公事，料當事或未必有出入也。弟一則爲地方擇一賢公祖，一則爲老年臺望重功高，歘歷日久，急宜建牙，以酬凤望。故不揣竭其緇衣之好如此，而權則聽之當事。在當事者，能無爲眾言所奪，而盡破講論搶攘之風乎？草勒布悃，統容面罄，不一。

王惟光，吉安安福人。萬曆四十四年（1616）進士。官至太僕寺卿。

康熙《江西通志》卷一八"萬曆丙辰科錢士升榜"條：
王惟光，安福人，官太僕卿。

【一一六】與儲顯祚

年兄久淹於此，一司道之缺，遂難如此乎？弟不識選君，與晉年兄時常言之，昨復與選君面言之，今幸借重楚之下江防道矣。弟與曹年兄，庶幾藉以報命也。先此奉聞，容即趨賀。不一。

按：本札謂"今幸借重楚之下江防道矣"。《長編》卷十一，七月二十日載儲顯祚陞補湖廣按察司副使，則本札作於七月二十日稍前也。

儲顯祚，字文曙，常州宜興人。萬曆四十四年進士，任襄陽知府、湖南按察使。

康熙《重修宜興縣志》卷八：

儲顯祚，字文曙。萬曆末由進士授户曹，領内官儲。閹聚而譁，縛其一人杖之。天啓元年，差理延寧糧儲。是時天下困於遼餉，重以川變，公私匱乏。延鎮欠額餉至一百二十九萬，有内潰之勢。顯祚具疏痛陳，便宜調劑，軍心以安。遷襄陽知府，計吏當入覲，會魏忠賢勢方張，前所杖閹其黨也，遂謝病歸。崇禎初，遷補下江道，歷官陝西廉使致仕。顯祚性綜核，所至敦歷勤苦，始終不懈。家居庭户肅穆，外人無譏議者。

乾隆《江南通志》卷一四二：

儲顯祚，字文曙，宜興人。萬曆丙辰進士，官户部郎監内官儲。閹聚而譁，撻其首一人。天啓初，出理延寧糧儲。延鎮缺餉萬數，顯祚便宜調劑，軍心以安。遷襄陽知府。有貴戚恣橫，悉裁以法，不少貸。值魏忠賢用事，前所撻其黨也。即乞歸，後復起，歷湖南按察使。

【一一七】與劉漢儒

敝鄉沈五知，端恬有品之人也。 垣中表見，台臺所知。 例處外藩，又鎸其秩。 聖明御宇，始起得一官，而又與以粤西之柳州，分明又發一戍矣。 道之云遠，抵任恐遲。 渠有文憑一張，敢求台臺稍爲寬限一兩月，拜德非淺矣。尚此奉瀆，容圖面悉。 不既。

劉漢儒（？—1665），字蓼生，號誤庵，霸州大城人，一説順天府大興人。天啓二年（1622）進士，崇禎時任右僉都御史，巡撫四川。入清後官至都察院左副都御史。

《清史列傳·貳臣傳乙·劉漢儒傳》：

劉漢儒，順天大興人。明天啓二年進士。崇禎時，累官至四川巡撫。流賊陷夔州，圍太平，石砫土司秦良玉率兵赴援，漢儒運長慶米濟其軍，太平圍解。中書涂原練鄉勇守梁山，擊退賊。漢儒及巡按御史党崇雅請用原以蜀人治蜀兵，莊烈帝不許，並罷漢儒。

本朝順治元年五月，起授都察院左副都御史。九月，世祖章皇帝車駕將至京師，群臣俱赴通州迎。漢儒疏言：“城守空虛，懼奸民竊發，請留重臣以鎮中外，派守兵以嚴出入，遠偵探以杜窺伺。”下部知之。十二月，賜鞍馬。時流賊自太原直犯井陘，紿開城殺官，仍退據固關。漢儒疏言：“井陘險峻崎嶇，一人當關，萬夫莫敵。且去真定近，倘賊兵長驅，真定無兵可恃。今宜飛檄官兵，視賊所向，或直搗其巢，或分截其路，賊可就擒。否則我兵南剿，賊已近在肘腋，土賊響應，首尾兼顧，鞭長不及。勿謂疥癬，毋煩過慮。”下所司知之。二年閏六月，疏言：“頃者南差不用南人，乃一時權宜計。今天下一統，何分南北。嗣後遇巡按差缺，除回避本省外，酌量隔省資才堪任者，列名奏請簡用。”得旨：“各省巡按南北，一體差用，但家鄉鄰近者，雖隔省亦不得差。”是月，賜紗蟒衣一襲。七月，疏言：“十三道御史，原百有二十，用以巡方糾察。我朝酌減至六十。今差務日繁，銓部竟未考滿，何以應差？請敕部速補。”詔如所請行。八月，御史王守履劾漢儒係大學士馮銓黨，爲御史江禹緒營求，招撫鄖陽。漢儒具疏辨，並引病求罷，得旨：“劉漢儒無端被誣，著益盡心職掌，以振風紀。”三年，復以病乞休。

康熙四年，卒，賜祭葬如例。

【一一八】復游士任

某自習八股，即誦法游先生雄文，私心恨不得執鞭門下也。　先君較藝仙梓，歸來時道先生高誼。　已從牧齋業師，更習知仕官蹤跡，與夫俠骨熱腸，真古人中所未易得者。　私心嚮往，縮地無術，迄今未遂登龍之願。　歲癸亥，先君即世，跧伏草土，生氣斷絕。　哭泣之餘，時聞亂政。　凡海內正人君子，摧殘殺僇，無地不遍，而敝吳與貴鄉，尤受禍之加慘者。　至於台臺義膽忠肝，以首參客氏，觸恨逆璫，其借題泄毒，勢所必至，海內具有耳目者，又孰不深知之？　某之拊膺扼搤，無俟言矣。　聖明在御，從前受抑者，概得昭蘇，而亦有一二正人，至今難於卒復，殊不可解。　某謭劣無似，竽濫班行，猥欲有所宣白，而又恐新進小生，冒觸時忌，且觀審不確，發之稍驟，適阻其機。　坐是逡巡探望，跡反似於中冷，而其實非也。　令弟世兄來，辱惠手札，具鏤道義之情。　兩三月來苦衷，亦惟令弟知之，茲不敢贅。　日下倘得於牴牾處消釋幾分，便可安心做去。　至於主爵者，某已再三爲面言之。　又托敝同年晋摩蒼，爲時時從臾之，料光景亦定不遠矣。　因令弟急於言歸，冗次草勒報命。　嘉睨誼不敢登，然睨出知己，又不敢却。　寸芹附展，匪報也。　統惟心鑒，不一。

游士任小傳見【七七】《與游肩生》。

【一一九】與樊尚璟

曩者年兄持斧淮揚，維時弟正伏處苦塊中也。　過辱隆儀遠唁，銘鏤五內，啣結九原。　一水盈盈，竟未縶躬叩堦墀，一申謝恫。　嗣後年兄差竣報命，朝局愈壞，慘禍愈多。　弟草土餘生，心驚胆裂，並朝報不欲聞，亦不欲見。　至於削奪追贓，並年兄在所不免，則真天昏地黑，幾不復有世界矣。　否極泰回，聿開聖主。 掃蕩奸兇，如疾風之捲枯葉；登除裊正，如朝曦之燠寒枝。 弟以病廢之軀，勉逐春明，思得一當以報知己，而清班覬列，葵悃莫抒。 惟是一片推穀賢豪苦心，日與當事者默而噓撥，曲與斡旋，進得一人，則一人之快。 只此血誠，可以無負知己耳。 來教云大不類者，義當芟鋤，而息攻擊，養元和，以共佐平康，尤爲防微要著，此真不易之論。 弟亦常持此以告人，而有聽有不聽，不能强而同也。 劉心虞，弟深恨之，而來教反若爲寬之者，年兄之厚道，雖師德豈能及萬一哉。 榮補後，即宜趣裝入都，斷不必更遲延時日，以勤中外之想望。 老師於今十五日抵春明門矣，注問年兄甚切。 徐明衡年兄啓行何時，老師亦詢之。 從此同門兄弟，嶽嶽登朝，又增一番氣色矣。 雅貺遠頒，具仞不忘珠桂之意。 但家食者而施此，使弟其何以當？ 劉使索報，匆匆草勒布謝，愧乏瓊報，統希亮原。 臨楮翹企何已？

按：本札有云"老師於今十五日抵春明門矣，注問年兄甚切"，則本札應作於七月十五日後不久。

樊尚璟，字明卿，號鍾陽，南昌進賢人。萬曆四十四年（1616）進士，授山西道御史，巡撫兩淮。

同治《江夏縣志》卷三：
樊尚璟，號鍾陽，進賢人。萬曆末年知江夏。修學宮，竭力董事。後行取爲御史，巡淮鹽。念學宮未成，復緘二百金來縣俾成之。

【一二〇】與劉大受

屢晉謁，未獲一面。 頃欲走叩，又聞靜攝而中止。 敝鄉學臺已缺，註差係台臺爲政。 某見敝同年霍韻衢精敏强明，頗克勝此。 昨與冢宰王公、司寇丁公一言，俱亦見允。 但欲得台臺主張一定，即日註差，便無動搖矣。 目前□［北］學差雖缺，然先其遠者而後其近者，此亦於理甚順，惟台臺其早圖之。 諸容面請，不既。

劉大受，號貞白，吉安泰和人。萬曆四十一年（1613）進士。

順治《襄陽府志》卷一四：

劉大受，號貞白。家世襄，以祖贅房，因補房邑。自《春秋》第入通籍，仍家樊讀書處。初授中書，却餽遺；歷御史，稜稜清節也。最大如巡鹽河東，以餘銀三萬，新鹽城以十六萬具聞，命作各邊冬賞。及按江北，殲妖魁，有《糾貪婪不法》疏、《欺君誤國》疏，中外危之。坐不謁逆璫削職，歸來點《易》教子，恬無出山意。起補原官，加太僕，上恩重疊，不負清節云。

乾隆《襄陽府志》卷二七：

劉大受，號貞白。家世襄陽，祖贅居於房，因占籍。登萬曆癸丑進士，通籍後仍家樊城焉。歷官御史，巡鹽河東，以餘銀三萬兩，新鹽城六萬兩，進充各邊冬賞。改巡江北，殲妖寇，有《糾貪婪不法》疏、《欺君誤國》疏。不謁魏黨，削職。歸，點《易》教子，恬然自安。起補原官，加太僕卿。

【一二一】與錢龍錫

承老先生厚誼，開鴻感不去心。 渠今日已上請告一疏，或求賜溫擬，暫准其回籍調理，俟病痊起用，以需論定何如？ 敝業師錢牧齋協理之推，不知應在何時？ 大約渠出門在此月終，或來月中，必得先題而後到，於體面更覺不同。

惟老先生主持之。 肅此冒懇，萬祈崇炤。

錢龍錫小傳見【一○五】《復錢龍錫》。

【一二二】與吳炳

此去見朝，尚有三日。 邸中悶坐，真無聊也。 榮望久積，自應以學憲借鼎，方協人望。 第邇來此缺甚難，前曾一再詢之銓司，大抵缺未出，而候缺者，缺滿爭攫矣。 山東爲李世臣，三晉亦蚤有人，蓋前者弟曾爲仲雪兄言之，據晉摩蒼云，其本省臬司中有欲得之者，已預定久矣。 以是知兩司缺，甚難之難也。 弟已作自家事留心，斷不煩表兄見囑。 但復命後，稍淹一兩月，便可得當報命耳。 先此復，容面悉。

吳炳（1595—1648），字可先，號石渠，常州宜興人。萬曆四十七年（1619）進士。崇禎時任江西提學副使，南明永曆朝授兵部右侍郎兼東閣大學士。諡忠節。

《明史·吳炳傳》：
吳炳，宜興人。萬曆末進士。授蒲圻知縣。崇禎中，歷官江西提學副使。江西地盡失，流寓廣東。永明王擢爲兵部右侍郎，從至桂林，令以本官兼東閣大學士，仍掌部事。又從至武岡。大兵至，王倉猝奔靖州，令炳扈王太子走城步，吏部主事侯偉時從之。既至，城已爲大兵所據，遂被執，送衡州。炳不食，自盡於湘山寺，偉時亦死之。

【一二三】復晉淑抃

弟毫無以申敬於令郎，而顧得寵施，且如此隆異，投桃報瓊，拋磚引玉，慚愧無地矣。 誼不敢叨，又恐年兄見罪，遂呼頑犬分授之，以欽承老伯之貺，他日高車左顧，尚率之叩謝膝前也。 人才考，因緘附使馳上，幸簡入。

晉淑抃小傳見【五八】《與晉淑抃》。

【一二四】與劉伸

舍弟重荷教益，感激不勝。 恤典關貴部者，宜總造一冊，擇其輿論僉同者，先行覆奏。 至於易名重典，前承面教，彙爲册籍咨訪，不知已就緒否？有則乞先惠教。 台臺自是千古人物，自不肯以千古事業讓人也。 雨窗無事，草此奉瀆。 諸不既。

劉伸,字弘宇,號衷初,江西廣昌人。萬曆三十五年(1607)進士。

康熙《江西通志》卷三五：
劉伸,字弘宇,號衷初,廣昌人。萬曆進士,授歙令。地不產絲絹,例徵船料以抵,商民大困。伸却稅契羨錢四千六百緡代輸,一切蠹穴盡塞。清還故紳楊武烈遺產于柄人豪吻,民皆稱快。以廉能擢湖廣參政,脩城備寇,有曲徙先智。剔歷十餘年,清操如一日。所著有《嘉樹堂集》、章疏、恤案。

康熙《杭州府志》卷二七：

劉伸，字弘宇，江西廣昌人。萬曆丁未進士，以工部郎出理抽分事。時適淫潦漂木，商擁輿而泣。伸與群商約法所以甦商困者八事，往解部餘銀改屬織造府，而更其名曰料銀。又以大工加稅二千有奇，甲寅敕書云"三分減一"，伸遂奏記大司空，援璽書力爭，其辭危厲聳聽，而司農格不行。然商民感其德，鐫石誦之，並及傘骨、蠋稅云。

【一二五】復王家禎

伏讀二大疏，採集群議，弘闡訏謨，真經國之名奏稿也。 但愧不肖何人，亦蒙詢及蒭蕘，加之粉藻耶？ 尚容面叩，先此謝復。

王家禎（1581—1644），字正之，開州長垣人。萬曆三十五年（1607）進士，崇禎時任兵部左侍郎兼右僉都御史。崇禎九年（1636）總理河南、湖廣、山西、陝西、四川、江北軍務，崇禎十年（1637）專撫河南。

《明史·王家禎傳》：

王家禎，長垣人。萬曆三十五年進士。天啓間，歷官左僉都御史，巡撫甘肅。松山部長銀定、歹成擾西鄙二十餘年。家禎至，三犯三却之，先後斬首五百四十。擢户部右侍郎，轉左。崇禎元年攝部事，邊餉不以時發。秋，遼東兵鼓譟，巡撫畢自肅自縊死。帝大怒，削家禎籍。已，叙甘肅功，復其冠帶。

九年七月，京師被兵，起兵部左侍郎，尋以本官兼右僉都御史，總理河南、湖廣、山西、陝西、四川、江北軍務，代盧象昇討賊。會河南巡撫陳必謙罷,即命兼之。督將士會剿賊馬進忠等於南陽,復遣兵救襄陽,大戰牌樓閣。其冬,家丁鼓譟,燒開封西門。家禎夜自外歸,慰諭犒賞,詰旦,發往南陽討土寇楊四以去。楊四者,舞陽劇盜也。初,四與其黨郭三海、侯馭民等降於必謙,至是復叛,故家禎有是遣。其後南陽同知萬年策與監紀推官湯開遠,諸將左良玉、牟文綬等連破四。四焚死,其黨亦爲諸將所擒誅云。

當是時,流賊盡趨江北,留都震驚。言者謂家禎奉命討安慶賊,未嘗一出中州。帝亦以家丁之變心輕之。明年四月乃以總理授熊文燦,令家禎專撫河南。文燦未至,詔遣左良玉援安慶,家禎不遣。秋,劉國能犯開封,禆將李春貴等戰歿。議罪,家禎落職閒住。久之,李自成陷京師,遣兵據長垣,設僞官。家禎與其子元炌並自經死。

【一二六】與倪元璐

以恩綸重典,借鼎名公,爲奕世之光,固非戔戔可以伸敬,而仁兄必欲擯之門外,益重弟之譽矣。 昨儀不敢再陳,謹以微物,更進二縑,以製一袍,恐縫人不稱,未便漫裁。 惟炤存之,荷,荷。

倪元璐小傳見【二二】《與倪元璐》。

【一二七】復劉士禎

弟每嘅當世不求真才品之人,而一味以没膚色相程人高下,心甚憤之。且如長安華要之班,多少具有鬚眉,而其品卑卑無足數者? 豈其貞心勁骨,卓識清標，天下難尋其匹，舉朝罕有其倫者，而顧必以小眚擯之？　且如此闢門求賢之聖世，而作此舉動也？　年兄事，弟日夕在心，每遇當事，輒痛言之，欲其破除鄙陋之格，仰佐平明之政，正未知主議者究竟力量如何。　指日章魯齋來，弟當與貴鄉諸兄極力爭之耳。　昔年敝邑陳益吾，清政著聞，亦以一目，遂扼于南，然亦仗鄒吉水先生之力。　今番若得一破此套，豈非熙朝一快事哉。　先此附復，諸不盡。

　　劉士禎小傳見【一〇六】《與劉士禎》。

【一二八】與錢龍錫

　　日者老先生有謁陵之行，皇上召對一番，遂覺政府減色。　宰相須用讀書人，良非虛語。　聞《熹宗寔錄》開局在邇，題疏不知當在何時？　牧齋業師，得於來月初間，邀恩啓事乎？　前荷金俞，敢斗胆再詢，幸惟炤示。　本欲躬叩，恐勞起居。　特此代布，諸容面請。　不一。

　　按：本札謂“日者老先生有謁陵之行”。《長編》卷十一，七月二十日載大學士李標謁德陵。則本札當作於七月二十日稍後。

　　錢龍錫小傳見【一〇五】《復錢龍錫》。

【一二九】與何應奎

仁兄榮轉選司，弟昨曾趨叩，而台駕在署中，竟未及一面。 政有心言種種，非面弗傾也。 承賜小兒珍品，分不敢當，以老伯之賜，又誼不敢却。 謹登四色，如全全受，萬不敢再煩使命矣。 秦中二公，當即致意。 彼中諸兄方仁植，弟小疏中曾再薦之。 今得仁兄蚤促選君，補以邊道，一展其才，真大快也。 草草布謝，諸圖面奏。 不一。

按：原札標題作“何志奎”，誤，今徑改。本札有“仁兄榮轉選司”云云。《崇禎長編》卷十一，七月二十九日載何應奎陞文選司事，則本札作於七月二十九日前後可知。

何應奎，字任城，安徽桐城人。萬曆四十七年（1619）進士。

康熙《桐城縣志》卷四：

何應奎，字任城。萬曆間進士。爲吉水令，政尚廉平，入爲禮部主事。崇禎初，歷吏部諸郎。時銓政久壞，上方綜核名實，而曹郎多與時俯仰。應奎力佐其長，深心調劑，拔沉滯，杜苞苴，爲人所難。里人左光斗、阮大鍼交相傾軋，遂遘瑠禍。應奎左右其間，殊多正持，亦不嬰時忌，人謂有持操云。

札一三〇至一五六，崇禎元年八月

【一三〇】與胡平表

昨者匆匆，未遑悉吐欲言。至非禮見處，益非所望于門下，當專人奉璧也。太宰處，昨晨業作書，囑其早覆。渠以科抄尚未到部，到即酌覆矣。而不佞亦欲往面之，再詳與言其顛末。來教已具悉，選君處亦自當圖之。此是不佞自己事，毋煩門下諭及也。草復，不一。

按：本札云："太宰處，昨晨業作書，囑其早覆。渠以科抄尚未到部，到即酌覆矣。而不佞亦欲往面之，再詳與言其顛末。來教已具悉，選君處亦自當圖之。"考瞿氏之疏薦胡平表（不波），共二次。第一次即其疏【一〇】《亟修戰守疏》中所及，有云："……〔平表〕今適以入賀來京師，似不當舍之而去。且見蒙皇上，録叙川功，準加二級，超陞大用。何不即以邊道，加銜太僕寺卿，使得專任練兵？"此疏上於七月二十五日。《長編》卷十一，七月二十九日載瞿氏此疏事，得"令分別核寔録用"之旨。諭旨下部後却"覆壞"，胡氏仍留任貴陽道。瞿氏有疏再爭之，即其疏【一二】《講求火器疏》中所及，上於八月十六日。今審本札中所述，應即爲聖旨頒下後瞿氏爲牽成其事之舉動，則本札應作於八月初至中旬。又後札【一三五】《與余昌祚》云："弟特爲封疆薦一胡不波，而竟覆壞，今且仍著貴陽結局矣。弟復何以施面目？擬補牘爭之。"札【一三七】《與唐宜之》亦云："連日爲薦一胡不波而不得遂，此心殊鬱然。"當亦作於八月此期間。

胡平表，字不波，雲南臨安人。萬曆三十四年（1606）舉人，崇禎時累官貴州布政使，加太僕寺卿。

《明史·胡平表傳》：

胡平表，雲南臨安人。萬曆中舉於鄉，歷忠州判官。天啓元年秋，樊龍陷重慶，平表縋城下，詣石砫土官秦良玉乞師，號泣不食飲者五晝夜。良玉爲發兵。巡撫朱燮元檄平表監良玉軍。會擢新鄭知縣，燮元奏留之，改重慶推官，監軍兼副總兵，盡護諸軍將。戰數有功，擢四川監軍僉事，兼理屯田。遷貴州右參議。崇禎元年，總督張鶴鳴言：「平表偏州小吏，慷慨赴義。復新都，解成都圍，連戰白市驛、馬廟，進據兩嶺，俘斬無算。奪二郎關，擒賊帥黑蓬頭，追降樊龍，遂克重慶。用六千人敗奢、安二酋十萬兵。請以本官加督師御史銜，賜之專敕，必能梟逆賊首獻闕下。」部議格不行，乃進秩右參政，分守貴寧道，廕子錦衣世千户。久之，擢貴州布政使。四年大計，坐不謹落職。十三年，督師楊嗣昌薦之，詔以武昌通判監標下軍事。嗣昌卒，乃罷歸。

【一三一】與劉漢儒

舍親駕部郎歸紹隆，近轉雲南僉事，吏部文憑，且限臘月初五。 夫敝鄉至滇中，途萬餘里，且時迫歲暮，何堪躑躅長途？ 昨特具一寬限呈，顓托不肖轉上。 呈中實情，亦復可原也。 祈老掌科俯賜鑒察，必寬至來年四月，或閏四月，方克如限。 倘十分迫促，渠且思乞休歸里。 弟以至戚，勢不得不代鳴，惟台亮幸甚。

按：本札有云：「舍親駕部郎歸紹隆，近轉雲南僉事，吏部文憑，且限臘月初五。」《長編》卷十一，七月二十二日載：陞兵部郎中歸紹隆爲雲南按察司僉事。則本札應作於七月二十二日至八月初之間。

劉漢儒小傳見【一一七】《與劉漢儒》。

【一三二】與許譽卿

昨別後，至今復有所聞否？　今日見餉司疏參司農，此亦咄咄怪事。　弟擬出一疏糾之，年兄以爲當否？　明日開講，不知四老作何開導？《熹宗實錄》題總裁官，的以何時？　錢牧師轉信，望眼欲穿矣。　兩三日變作數十日，如何，如何？　幸再訊之機翁，與我一實耗。　所懇媚黨籍，乞即緘付。　諸容面，不一。

　　按：本札云："明日開講，不知四老作何開導？"《長編》卷十二，八月四日載禮部右侍郎徐光啓等充日講官。又，八月六日載帝御講筵。瞿札所謂"開講"，應與此等事有關。札應作於八月六日前後。

　　許譽卿小傳見【九三】《與許譽卿》。

【一三三】與王家禎

聞台臺堅意請告，此何時也，而乃爲此言耶？　大臣體國公忠，一切嫌怨，俱所不顧，並自身尋常出處之節，亦所不拘。　若台臺立意不回，小疏斷欲上矣。　餉郎一疏，奇怪絕倫，昨午見之，不禁髮指。　未審政府票擬如何？　若此疏不重處之，恐將來堂官亦難做也。　今日特作書政府錢機翁，發揮此一段。項聞台臺亦擬駁參一疏，未知曾上否？　乞以疏稿示下一觀。　職掌相關，勿吝勿秘。

　　按：本札有云："聞台臺堅意請告，此何時也，而乃爲此言耶？"考《長編》卷十二,八月十日所載,有關外督餉郎中王楫疏劾户部侍郎王家楨事;八月十一日載王家楨引疾辭職。瞿氏札中所言,應即此事,則札當作於八月十一日前後。

王家楨小傳見【一二五】《復王家楨》。

【一三四】與顏繼祖

家兄渴仰高山,未遂識韓之願。 昨辱齒芬,噓其筆墨,聲價遂不減陳子昂入洛時也。 粗製一扇求正,幸賜教之。 連日尚容躬叩,以展積忱。 諸不一。

顏繼祖(?—1639),字繩其,漳州龍溪人。萬曆四十七年(1619)進士,崇禎時官至都察院右僉都御史,巡撫山東。

《明史·顏繼祖傳》:

顏繼祖,漳州人。萬曆四十七年進士。歷工科給事中。崇禎元年正月論工部冗員及三殿敘功之濫,汰去加秩寄俸二百餘人。又極論魏黨李魯生、霍維華罪狀。又有御史袁弘勳者,劾大學士劉鴻訓,錦衣張道濬佐之。繼祖言二人朋邪亂政,非重創,禍無極。帝皆納其言。

遷工科右給事中。三年巡視京城十六門濠塹,疏列八事,劾監督主事方應明曠職。帝杖斥應明。外城庫薄,議加高厚,繼祖言時絀難舉贏而止。再遷吏科都給事中,疏陳時事十大弊。憂歸。

八年起故官,上言:"六部之政筦於尚書,諸司之務握之正郎,而侍郎及副郎、主事止陪列畫題,政事安得不廢。督撫諸臣獲罪者接踵,初皆由會推。然會推但六科掌篆者爲主,卿貳、臺臣罕至。且九卿、臺諫止選郎傳語,有唯諾,無翻異,何名會推?"帝稱善。

尋擢太常少卿,以右僉都御史巡撫山東。分兵扼境上,河南賊不敢窺青、濟。劾故撫李懋芳侵軍餉二萬有奇,被旨嘉獎。十一年,畿輔戒嚴,命繼祖移駐德州。時標下卒僅三千,而奉本兵楊嗣昌令,五旬三更調。後令專防德州,濟南由此空虛。繼祖屢請敕諸將劉澤清、倪寵等赴援,皆逗遛不進。明年正月,大清兵克濟南,執德王。繼祖一人不能兼顧,言官交章劾繼祖。繼祖咎嗣昌,且曰:"臣兵少力弱,不敢居守德之功,不敢不分失濟之罪。請以爵禄還朝廷,以骸骨還父母。"帝不從,逮下獄,棄市。

【一三五】與佘昌祚

頃造謁不遇,悵然而返。 今晨晤錢機山,知李檁已票勘,年兄之功大矣。毛芝兄者,其何以處此乎! 弟特為封疆薦一胡不波,而竟覆壞,今且仍著貴陽結局矣。 弟復何以施面目? 擬補牘爭之。 聞年兄亦有意乎其人,何不早上此疏,與弟一照應乎? 幸即圖之,是囑。

按:原札標題作"余昌祚",應為"佘昌祚"之訛。本札云:"今晨晤錢機山,知李檁已票勘,年兄之功大矣。毛芝兄者,其何以處此乎!"據《長編》卷十二所載,八月八日吏部等衙門會議李檁、楊述中功罪。科臣許譽卿發言回護李檁,刑科給事中佘昌祚旋言會議非公。至八月十四日,雲南道御史毛羽健(號芝田)復詰駁佘説,再論李檁事。據此,瞿札應作於八月十四日稍後。

佘昌祚,四川銅梁人。萬曆四十七年(1619)進士,官至刑科都給事中。

嘉慶《四川通志》卷一二四"萬曆四十七年己未科莊際昌榜"條：

佘昌祚，銅梁人，刑科都給事中。

【一三六】與錢君平

數月燕市周旋，感君契誼不薄。 鄙性硜硜，又弗能稍有通融，爲旅人少助資斧。 兹聞駕旋，不勝歉仄。 薄具一程，聊展寸私，惟鑒存之。 董思老望先致聲，冗次不及作書，容圖嗣寄。

【一三七】與唐宜之

連日爲薦一胡不波而不得遂，此心殊鬱然。 用人者全不以封疆爲念，一味循塗守轍，將來安知所底止乎？ 仁兄事，昨晚晋摩蒼來説，已與選君講通，今晨弟又將仁兄事蹟付與之矣。 向者魏廓園尺牘稿，弟渴欲快讀之，以不得仁兄大筆點批不快，故以相請。 何乃竟空置案頭，豈忘之耶？ 幸卒業見付。諸再面，不一。

唐宜之即唐時。唐時小傳見【四一】《與唐時》。

【一三八】與洪如鐘

前特走叩未遇，日來又苦賤體小冒，憊不能出。 杜門裹足，惟聞浙氛孔熾。 諒正兵四出，決不煩血刃。 而尚有大頭目如司空者，至今未見攻之。 僅僅江右鄧兄一疏，而屢日未下明旨。 此兄不無呼號求助之意，不知貴鄉諸兄，有肯出手者否？ 以老年臺之正氣，鼓動何難？ 第事須亟須亟，似不可更遲矣。 倘有其人，不肖當以下走伍［按："伍"，疑爲"任"之訛。］筆墨之役。幸年臺留意。

　　按:本札云:"而尚有大頭目如司空者,至今未見攻之。僅僅江右鄧兄一疏,而屢日未下明旨。"《長編》卷十二,八月十九日載山東道御史鄧啓隆疏責輔臣事,似即爲瞿札中所言者,則札作於八月十九日稍後。

　　洪如鐘,漢中南鄭人。萬曆四十四年(1616)進士。

　　康熙《陝西通志》卷一九"丙辰科［進士］"條:
　　洪如鐘,南鄭人,仕至巡撫。

　　順治《襄陽府志》卷九"明推官"條:
　　洪如鐘,南鄭人,進士。萬曆丁巳任。

【一三九】與陳益吾

　　目前邪氣大退，正氣漸舒，政得言之日。 所恨者，只窟老親翁於南，不得朝夕抵掌，做無限好事，說無限好話，真無一飯不停筯而欷，無一夕不撫枕而叫耳。 此中賢者，自不乏人。 弟賤性絶少相合者，非道不合，志不合，自有一種氣韻神情，不十分粘合處，只好各人做自家的事。 肝膽肺腸，亦不能握以付人也。 反覆來教，料事如神，論事如燭照數計。 天下安得有如此聰明漢？不由人不服殺拜殺。 今只爲亂發矢之故，灰盡四方多少豪傑之心，費盡我輩調停之力。 究竟若不盡爲收拾人心計，將來政有不可知者。 如燕如浙如東，自應各處揀其可用者，安置冷衙門，但不與以事權，而畢竟不能訾我固執方隅，不用若輩。 收得一人，自得一人之力。 我之勢漸廣，局漸開，而彼之毒漸解，黨漸渙，詎非美事？ 而此中知此解此者，如晉摩蒼而外，亦鮮其人，良可歎也。 老親翁何時至白門？ 大疏何時發？ 數年欝勃胸懷，且趁聖明之主，盡情傾吐一番。 鋤奸表賢，恐非三四疏所能盡萬一也。 計此時已白簡霜嚴，三伏炎蒸頓失，此種快樂，真無可喻之者。 弟且日幾幾焉，望朝陽之響矣。周蓼洲與楊、魏兩公，弟近爲表章一疏。 疏稿在牧師處，可索觀之。 偶聞仲嘉欲發，石勇士歸，弟又適抱病邸中，倉卒書數行附寄，欲言不盡萬一。

按：本札謂"計此時已白簡霜嚴，三伏炎蒸頓失"。按本年五月二十日夏至，之後第三個庚日爲六月二十一日庚戌，三伏天至七月下旬結束，而七月爲霜月，亦符信中所言，則本札應爲七月底至八月初之作。

陳益吾小傳見【二三】《與陳益吾》。

【一四〇】上錢牧齋

今數日之間，東光敗矣，木易困矣。 將來引繩批根，爲兩人之羽翼者，亦將漸次芟除矣。 即若水有神通，司空有綫索，其能爲乎？ 門生不才，荷老師提挈，得進此步，惟念念以報君爲主，一切顧慮徘徊，算利害，計得失禍福之心，絕不敢作，實亦不能作也。 入垣不數日，信筆遂具一疏，據胸中所見直書，不知其當否，而相知如洪學海、倪鴻寶輩，亦頗有稱之者。 日下尚欲將胸中許多不平，略說一番，以質天下之公論。 初意本欲觀望逡巡，徐徐出師，既見秦楚燕晉諸兄，紛紛各辦幹己事，若十分退却，亦覺雅負相知，故遂鹵莽率略，信心而行。 今陽氣漸開，陰霾漸伏，即新舊諸公，意見有不甚相同者，然正多邪少，蓬生麻中，不容不直。 此時惟願老師暨現聞、湛持，先後登朝，以公虛平正之心，消水火玄黃之釁，使小人不至十分摧折，以再激風波，再挑殺氣，則所維持調護寔多矣。《要典》一書，日與倪迂計較。 幸渠快發前疏，而李太虛繼之，並不協人望之晉江，而亦請毀之，今已決毀矣。 足吾將有西江之推，學海將有楚中之推。 昨夕晤銓司晉摩蒼兄，云會推大僚，已定初六，大約銓憲似不肖疏中所請，而司農屬李夢白，司寇屬喬鶴皋，似亦已計定矣。 新參劉、李俱佳。 高陽即留，未必能出；蒲州即召，未必能來。 到底夏秋之交，剛剩得四新參耳。 狂愚揣度，不識老師以爲何如？ 舊高陽老師，意欲亦一薦之。 不知應否？ 幸見示。

按：本札爲瞿氏致牧齋，向其彙報京中政壇動向者，似非八月之札，蓋言及諸事，均本年四、五月間所發生者。又，札云"入垣不數日，信筆遂具一疏……"。則本札應作於瞿氏於四月二十九日初上疏【一】《任人宜責實效疏》後不久，誤次於本月札中耳。

錢謙益小傳見【一三】《上錢牧齋》。

【一四一】與晉淑抃

陸衷涵年兄，以十七到矣。 廼叔轉部事，畢竟如何？ 到其來而始議轉，彼此兩不便也。 年兄何不與當事圖之？ 弟前特致書太宰公，亦爲情勢不得不然耳。 昨聞南韶軍門已丁憂，此番應推大京兆矣。 若舍之而再推，恐不能無言。 年兄竟不妨與堂翁及郎君一言。 總之與弟無干，且弟亦何顏復向兩公開口也？

　　按：本札有謂"陸衷涵年兄，以十七到矣"，應爲八月十七日稍後之作。又，後札【一四五】《與晉淑抃》謂"頃晤陸衷涵年兄，喜爲年兄得好同寅也"，應亦作於同時稍後。

　　晉淑抃小傳見【五八】《與晉淑抃》。

【一四二】與許譽卿

　　今日曾入垣否？　更有所聞否？　乞示之。　五玉疏曾上未？　李檥功大，外邊議論何如？　今有助毛者乎？　馬岫兄曾挑動否？　果能慨然出疏否？　年兄責相三款，何不録出見教？　此等文字，貴鮮貴蚤，遲則無濟也。　何日會推，並祈示知。

　　按：本札有云："李檥功大，外邊議論何如？"據《長編》，本月八月八日至十四日間，朝臣數番議論李檥功罪（可參前札【一三五】）。本札應亦作於此期間。

　　許譽卿小傳見【九三】《與許譽卿》。

【一四三】與吳石渠

弟以連日苦嗽，懶於接客，暫以註籍，少圖休息。 不謂軒車枉顧，失迓罪深矣。 承諭敢不竭力圖之？ 但學憲一缺，人所共爭，而太宰久注意魏仲雪，專待此以補之。 弟當巧爲方便之辭，以力挽之，並預訂之，第未知果能無負初心耳。 楚中汪月掌輩，亦當與一言。 表兄乞將從來作官履歷，備寫一通付來，亦以見當日作令刻苦，不得考選之由，並工部拮据之勞，叙功辭銜之實。 當今世界，一味養晦，人竟不知矣。 表兄亦猶行古之道乎？ 一笑。

吳石渠即吳炳，小傳見【一二二】《與吳炳》。

【一四四】與晋淑抃

薦舉底册，尚有一種，乃昨所送還者，不知曾接寫後半截否？ 此又是一種也。 泰州即不可得，須缺之相似者爲妙，想年兄與弟同此心也。 宛平史得以黄建章補之，甚快。 唐宜之可能於選君手裏拔之泥塗乎？ 尚容面請。

晋淑抃小傳見【五八】《與晋淑抃》。

【一四五】又［與晋淑抃］

頃晤陸衷涵年兄，喜爲年兄得好同寅也。 連日亟欲一會，知年兄無頃刻之暇，故未敢唐突。 宜之兄移咨事，畢竟如何？ 可以選君真消息見示。 如或有留難之色，當特懇之太宰也。 我輩熱腸，爲人做事須徹，豈可避些須形迹哉？諸容面，不一。

何時在宅，乞示我，當一趨晤。

晋淑抃小傳見【五八】《與晋淑抃》。

【一四六】與何應奎

昨張羊山來，云向求仁兄鄖陵缺，而不可得，今有如皋見缺，欲得之，托弟轉懇。不知此事如何？渠恐於大選中不便也。又敝門生劉懋卿，前曾以呈求拔，不意在截取之外。今聞有上高缺出，人尚未知者，又哀求弟轉懇仁兄。可行與否，惟仁兄酌之，弟不敢強，憐其貧寒守候之苦耳。

【一四七】與陳盟

連日冗絆，未獲趨晤。張玄中畢竟不免，但出題一事，實實冤枉。所幸者有"與正主考爭出題目"一句，於翁兄略無干涉。今既處分，似竟可相忘無言矣。台意以爲何如？今日錢牧齋業師入城矣。諸兄商榷，喜有同心，惟高明細酌之。容稍間圖晤，不一。

陳盟，字無盟，號雪灘。敘州富順人。天啓二年（1622）進士。

乾隆《新安縣志》卷四"賢鐸"條：
陳盟，字雪灘，富順人。萬曆四十五年任。工詩文，作人有功。修邑志，多出其手。旌獎節義，有裨風化。後登進士，官翰林院國子監司業。

乾隆《富順縣志》卷五：

陳盟，字無盟。萬曆壬子舉人，初任新安教諭。登天啓壬戌進士，選翰林庶吉士。歷檢討至司業，典試南畿罷，寓居金陵，以文學風雅名於時。卒年七十八。著有《三朝紀略》《雪齋詩集》。

乾隆《杭州府志》卷一五〇：

陳盟，號雪灘，四川人，天啓壬戌進士。自閩南典試回，道路梗塞，不能返蜀，寓西卓庵。工詩。（《清波小志》）

嘉慶《四川通志》卷一四八《人物志》：

陳盟，字無盟，號雪灘，富順人。少爲劉時俊所重，登天啓進士。典試浙江，以題受讒獲罪。甲申南京立國，起經筵講讀、吏部左侍郎。金陵變後爲僧，名德藏，號雪公。工書，黃道周稱其類趙文敏。所著有集。

《四川通志》卷一八四《經籍志》“崇禎閣臣一卷”條：

盟，號鶴灘，富順人。天啓壬戌進士，官至吏部右侍郎，兼翰林院學士，加禮部尚書。是編首列崇禎一朝五十閣臣年表，次各爲小傳。據其載及姜瓖叛逆、李建泰伏誅之事，則其書當成於桂王未滅時也。所列小傳，各有評斷，而大抵深致恨於門户。夫明以門户亡國，其憾之，是也。然稱溫體仁小心謹愍，兢兢自持，既與門户不協，耽耽伺隙，遂絕私交，謝絕情面；稱薛國觀之賜死，士論冤之；稱李建泰以人望薦舉督師，無一貶詞，顛倒是非，至於如是，其褒貶尚可信乎？亦仍一門户而已矣。

【一四八】與何應奎

連日冗溷，未獲圖一快談，悵怏如何？　仁兄以骨肉之誼，念及豚兒，前者已蒙頒惠種種，方深感篆，茲又何當念及次犬，特製衣巾履襪，以飾其周身？從今以後，倘得徹庇長成，自頂至踵，皆老伯台賜也。　唧鏤之私，又不可以言盡矣。　蘭徵何似？　念之殊切。　握髮草勒布謝，即圖躬叩，不一。

　　按：本札有"……茲又何當念及次犬，特製衣巾履襪，以飾其周身"云云，而據《行實》所述，瞿氏次子玄鍴誕於本年十月，則本札次此，或錯簡也。

　　何應奎小傳見【一四六】《與何應奎》。

【一四九】與倪元璐

弟渴欲一晤台兄，政爲碌碌塵冗，未得如願。　今日午後，幸圖走叩，更喜靜攝，得罄所懷。　誥勅文壞體久矣，文起八代之衰，非翁兄其誰與歸？　乃不謂寒家三世，頓邀華袞。　盥手焚香，跪而讀之。　先父母精神，一筆生描，不禁淫淫淚下。　惟是不肖如弟，過蒙青黃之飾，真蹐跼不安，又不禁汗洽於背也。　肅此謝復，總容搏顙階下。　牧齋業師，素欽高義，今得追隨名世，欣忭無似，冗間便圖傾倒，托弟先致感激之私。

　　倪元璐小傳見【二二】《與倪元璐》。

【一五〇】與唐時

數日未面紫芝，鄙吝又復生矣。 太宰已不安其位，或者是吾道泰來之期。有蓬玄在，兄事不憂不濟也。 來惠巧於借名，誼不敢過拂，祇登湖紬，以佩緹袍之意，餘非所承。 萬惟心焰，不一。

唐時小傳見【四一】《與唐時》。

【一五一】復孔聞詩

向因年兄靜攝，未敢入溷興居。 每讀大疏，侃侃名言，不勝佩服。 榮假迎親，此人子第一樂事。 明春即擬台旌蚤入，爲同垣增重，毋（多）［久］淹仙梓也。 承諭熊夢松事，已領悉。 長安公論自明，弟言微，何足爲有無哉！發來執照三、同咨七十二，俱領到，斷不敢有誤也。 擬出郊握別，偶冒風寒，不能出戶，草此代布，並復台札。 諸惟心焰，不一。

孔聞詩，字四可，兗州曲阜人。天啓五年(1625)進士。

乾隆《曲阜縣志》卷八四：
孔聞詩，字四可，克欽七世孫。天啓壬戌進士，授中書科中書舍人，陞吏科給事中。明習掌故，又好旁詢民生疾苦，及邊海阨塞險要之事。崇禎元年，條上八事……疏入，帝嘉納之。尋丁母憂歸。服闋，當事者忌其戇直，外轉真定井陘兵備副使。九年七月，大清兵入昌平，下近畿州縣，聞詩應援守禦，甚著勞績。八月，大清兵出口，聞詩方隨巡按閱視三關，而鎮守內臣崔某又檄調聞詩修固關。聞詩以固關非敵兵所經，宜先其急者，赴調稍遲。內臣唧之，譖于帝。降調河南大梁督糧道參議。未受任，遽乞歸，又七年卒于家。聞詩居官任職，正論侃侃，而平素從未輕言人過。性恬澹，登進顯庸事，蓋終身未嘗齒及也。

【一五二】與許仲嘉

連日碌碌，未得走晤。尊體想已大王，不知何日開籍？羽明書來，欲求仁兄任誥勑之事。同邑同志，知所必許。或俟神氣全復，爲一揮翰何如？其來儀乞炤入。

許士柔（1587—1642），字仲嘉，人稱石門先生，蘇州常熟人。天啓二年（1622）進士，崇禎時任南京國子祭酒、尚寶司丞，贈詹事府詹事兼翰林院侍讀學士。

《明史·許士柔傳》：

許士柔，字仲嘉，常熟人。天啓二年進士。改庶吉士，授檢討。崇禎時，歷遷左庶子，掌左春坊事。

先是，魏忠賢既輯《三朝要典》，以《光宗實録》所載與《要典》左，乃言葉向高等所修非實，宜重修，遂恣意改削牴牾《要典》者。崇禎改元，燬《要典》而所改《光宗實録》如故。六年，少詹事文震孟言：“皇考實録爲魏黨曲筆，當改正從原録。”時溫體仁當國，與王應熊等陰沮之，事遂寢。士柔憤然曰：“若是，則《要典》猶弗焚矣。”乃上疏曰：“皇考實録總記，於世系獨略。皇上娠教之年，聖誕之日，不書也。命名之典，潛邸之號，不書也。聖母出何氏族，受何封號，不書也。此皆原録備載，而改録故削之者也。原録之成，在皇上潛邸之日，猶詳慎如彼。新録之進，在皇上御極之初，何以率略如此，使聖朝父子、母后、兄弟之大倫，皆闇而不明，缺而莫考。其於信史謂何。"疏上，不省。

體仁令中書官檢穆宗總記示士柔，士柔具揭爭之曰："皇考實錄與列聖條例不同。列聖在位久，登極後事，編年排纂，則總記可以不書。皇考在位僅一月，三后誕育聖躬皆在未登極以前，不書之總記，將於何書也。穆廟大婚之禮，皇子之生，在嘉靖中，故總記不載，至於册立大典，編年未嘗不具載也。皇考一月易世，熹廟之册立當書，皇上之册封獨不當書乎？"體仁怒，將劾之，爲同列沮止。士柔復上疏曰："累朝實錄，無不書世系之例。臣所以抉摘改錄，正謂與累朝成例不合也。孝端皇后，皇考之嫡母也，原錄具書保護之功，而改錄削之，何也？當日國本幾危，坤寧調護，真孝慈之極則，顧復之深恩，史官不難以寸管抹摋之，此尤不可解也。"疏上，報聞。

體仁滋不悦。會體仁嗾劉孔昭劾祭酒倪元璐，因言士柔族子重熙私撰《五朝注略》，將以連士柔。士柔亟以《注略》進，乃得解。尋出爲南京國子祭酒。

體仁去，張至發當國，益謀逐士柔。先是，高攀龍贈官，士柔草詔詞送內閣，未給攀龍家。故事，贈官誥，屬誥敕中書職掌。崇禎初，褒恤諸忠臣，翰林能文者或爲之，而中書以爲侵官。崇禎三年禁誥文駢儷語。至是攀龍家請給，去士柔草制時數年矣，主者仍以士柔前撰文進。中書黃應恩告至發誥語違禁，至發喜，劾士柔，降二級調用。司業周鳳翔抗疏辯曰："詞林故事，閣臣分屬撰文，或手加詳定，或發竄改，未有徑自糾參者也。誥敕用寶，歲有常期，未有十年後用寶進呈，吹求當制者也。贈誥專屬中書，崇禎三年所申飭，未有追咎元年之史官，詆爲越俎者也。"不報。士柔尋補尚寶司丞，遷少卿，卒。子琪詣闕辨誣，乃復原官。贈詹事兼侍讀學士。

【一五三】與楊

旅寺蕭條，珠桂之憂，不必言矣。 聞昆玉意急欲上疏，愚意以爲今當稍緩，而敝鄉牧齋太史，與貴鄉沈炎洲掌科，皆以爲然，則緩之誠是矣。 薄具十金，聊資薪斧，幸鑒存之。 諸容面，不盡。

按:據沈炎洲籍貫,此人應爲湖廣孝感人,疑是楊漣之子之易。

【一五四】與耿志煒

胡、盧兩君，與他人言之，僅供一胡盧耳。 台臺一到手，即爲了此公案，真使人快絶感絶。 兹啓:江西學使已被參，且其人已登鬼録矣。 勝其任者，非才名卓然，精明强健者不稱。 有工部中吳炳，即家表弟也。 初爲蒲圻令，治行循良，屢舉卓異。 擬定清華之選，而爲崐山輔臣所不悦，擯之冷曹，已由秋官而轉冬官。 任採石之役，備極艱苦，口不言功;出権南關，清操凛然，真可謂不負任使者。 今七月復命還京，歷俸已三年八月矣。 以僉憲則過之，而或優以學差，則僉亦無不可。 以彼其才品精力，非此官不稱，且西江節義之邦，以本官之矞然矯然者，居風厲之司，又恰相宜也。 不肖輒敢附于薦賢之義，而更不避夫内舉之嫌，惟台臺裁而察之。 聞西江諸兄，亦將公乞于臺下矣。 推補得速，亦可以省紛囂，否則又爲秦鹿耳。 敝同年熊于侯，望轉殊亟，聞台臺亦復念之，幸留意。

按:瞿氏於本札言其表弟吳炳"今七月復命還京"。設若本帙詮次不誤,則本札當作於七月以後至八月底間也。

耿志煒,字明夫,號孟諸,乾州武功人。萬曆四十一年(1613)進士。

康熙《陝西通志》卷二〇上:

耿志煒,字明夫,武功人。萬曆癸丑進士,授荆州府推官。時奉旨爲福藩查搜贍田。煒請於梁中丞,中丞曰:"推官直欲抗旨耶?"曰:"此田辨價已久,一旦奪之,民何以堪?"遂爲奏止。荆俗健訟,從來禁之不能止。煒遇訟者,必先以大義喻之,令歸思三日,然後理。如其悔悟,即以原詞付之。有一繼母訟前室子者,煒曰:"汝訴先室子,彼仇汝子必深,是汝自戕汝子也。"令歸思之,遂爲母子無間。荆地瀕江,漸洋二洲,被水害尤甚。煒建議築堤三千餘丈,人得樂業,稱其堤曰耿公堤。擢吏部,未幾光宗崩,儲嗣未立。煒與當事者謀,入宫迎熹宗即位。初,與家人訣,令皆結繯,以備不測。卒濟其事。尋以宦竪用事,請告歸。崇禎己巳,始起銓衡。時上勵精求治,煒内勵冰操,外營劇務,無不仰合上心,故一時寵遇獨隆。忤冢宰意,因謝病。上書煒名,示韓蒲州曰:"耿志煒至清至公,任勞任怨。朕方欲久任,乃遽告退耶?"煒復起視事,尋陞翰林院提督四譯館、太常寺少卿。以母老告歸,卒于家。著有《逸園詩集》諸書。

【一五五】復王家禎

承諭,領悉。 尊揭極其明暢,會議者自有持平。 即元翁所言,亦與不肖晤語及之,亦未必遽以作會議張本也。 容面時再與訂之。 草復,不盡。

王家禎小傳見【一二五】《復王家禎》。

【一五六】與陳睿謨

小敘原非敢褻尊，不過借一茗，清話片刻，聯絡同鄉氣誼耳。 霞城、銘石輩，前俱有約，弟敢以真率會倡之。 年兄即有主席，何妨移尊，而仍不妨相過？ 況弟原未嘗以年兄爲客也。 原刺繳上。

按：本札有謂"小敘原非敢褻尊，不過借一茗，清話片刻，聯絡同鄉氣誼耳"。考瞿氏以八月初八日生，則此"小敘"，爲其生日宴會，亦不無可能。如是，則此札當作於八月八日稍前也。

陳睿謨（1584—？），字常采，號鹿萍，常州武進人。萬曆三十八年（1610）進士，崇禎時任右副都御史。

順治《息縣志》卷七：
陳睿謨，號鹿萍，武進進士。萬曆庚申任［知縣］，精嚴爲□，吏莫敢玩。凡馬政、協濟遼餉之病民者，條列□減之。士限於額，才不盡收，力請廣之。所貽惠甚遠，士民祠祀之。

康熙《河南通志》卷二二：
陳睿謨，武進人，萬曆庚戌進士，於崇禎八年分巡大梁。清正執法，捐俸修理禹州儒學，造房四十餘間，課士其中，名曰潁濱書院。請蠲河患地一百二十餘頃，民至今德之。陞偏沅巡撫。

乾隆《江南通志》卷一五一：
陳睿謨，字常采，武進人。萬曆庚戌進士，官御史。忤執政，外轉。歷禹州兵備，計擒巨寇。擢撫偏沅，討平峒蠻。

札一五七至一七一，崇禎元年九月

【一五七】與倪元璐

弟昨有片札相聞，值翁兄入直宣疏。 不知所宣何疏？ 可得示其詳否？ 弟疏六日不下，改票復亦無消息。 翁兄有所聞，幸秘教之。

按：本札有云："弟疏六日不下，改票復亦無消息。"下札【一五八】《與李標》有云："小疏得老先生主持，方幸可邀俞旨，不知老先生還□□争否？"内容相互關涉，應爲一時之作。考瞿氏八、九月間奏疏，疏【□三】爲《先剔遺姦疏》，上於八月二十八日，而至九月七日諭旨始下，應札中"六日不下"之說。然則札【一五八】作於九月七日以後也。札【一五八】又有爲同鄉新庶常徐汧請託之語。（札【一六〇】《與徐汧》□謂"今晨得報章，則台兄儼然冠軍矣"。）綜上可知，此札亦作於九月七日稍後。

倪元璐小傳見【二二】《與倪元璐》。

【一五八】與李標

小疏得老先生主持，方幸可邀俞旨。 昨聞改票，不知老先生還可揭争否？此事關係甚大，或應遲，或應速，此中自有機括，惟老先生教之。 新庶常徐汧，敝鄉名士也。 文章風節，冠冕一時，聞已閣試，望老先生拔之冠冕。 此生斷可不負栽培，且亦適以彰老先生知人之鑒也。 耑此附懇，試卷破題呈覽。

按:本札作期請參上札【一五七】《與倪元璐》按語。

李標小傳見【九五】《與李標》。

【一五九】與王瀹初

前挹光霽，殊快積渴。 近聞誥軸已到，不知爲數若干？ 不佞知門下已留心矣。 敝同年李瑶圃，向以濁世追奪，今亦在補給之例。 渠專人候領，望門下那移蚤給，俾得藉以娛其尊人。 蓋補給原與覃恩不同，似不妨通融其間，稍示優異者也。 惟台裁之，諸不既。

王瀹初，山陰人。崇禎時以恩蔭任中書舍人。

崇禎《山陰縣志》卷四"恩蔭"條：
王瀹初，中書舍人。

【一六〇】與徐汧

承台諭，即尚啟致之首揆。 今晨得報章，則台兄儼然冠軍矣。 幸不辱命，尚此奉復。 容圖面，不既。

徐汧小傳見【六八】《與徐汧》。

【一六一】與晋淑扑

前月弟曾以舊少宰王敻老書一封轉上，蓋爲敝邑孝廉陳調元選教職事也。敻老處已蒙年臺答柬，知已留神。 但此時又易選君矣，不知前書有用否？ 此兄既已托意年臺爲二天，遂息心不復他圖。 今爲期已迫，不知此缺復有搖動否？ 弟稔知年臺徹底爲人，萬無爲德不卒之事。 直以此兄怦怦懸望，特托再爲申懇，幸即示慰。

晋淑扑小傳見【五八】《與晋淑扑》。

【一六二】與倪元璐

日承袞筆，賁均歿存，感鏤無任，指日將登軸矣。 惟是寒荆名下，贊揚過情，尚求稍易，大約渾渾謂"名儒之後，頗閑禮法，克儉克勤，粗知大義"，便邀寵無量矣。 望翁兄撥片刻，爲弟了之。 舊規文稿，俱呈相公入御覽。 前稿未知曾進呈否？ 並附訊。 恃愛混瀆，希炤原。

倪元璐小傳見【二二】《與倪元璐》。

【一六三】復何應奎

華亭訓導徐弘祖，仁兄門下士也。 弟以昔年庖代，亦有一日之知。 今渠歷俸逾五年，叨薦已二次，若不能無望於仁兄之振拔也。 知此日縣缺甚難，而此生企仰殊切。 不拘何地，約略近西江者，那一缺與之，亦了仁兄一段作養嘘培盛心。 況此兄即李懋老令親，計懋老亦必曲爲之地也。 昨所言繆兄，乃今年廷試第六，是超選者。 附復。

何應奎小傳見【一四六】《與何應奎》。

【一六四】與王瀹初

昨以敝同年李瑶圃補給誥軸相煩，業蒙留意。 兹又有敝年伯顧塵客贈銜一軸，並求門下爲留餘地。 塵客贈太僕少卿，四品軸也，聖恩恤死，在所必先。 倘得俯俞，感勒高誼，何可言盡？ 耑此代懇，惟台亮。

王瀹初小傳見【一五九】《與王瀹初》。

【一六五】與錢龍錫

昨聞兵垣陳雲韓，有疏薦敝邑陳益吾道長。 益吾負凤望，知老先生所稔悉。 即以丁憂起復，亦當改南而北，又況賜環者乎？ 但此兄品最清恬，絶無意於改北。 或求於票擬優獎一二語，先行紀録，俟陞轉時優異之何如？ 特此冒商，惟老先生主持。 即疏或不在老先生手，留神轉致爲荷。

錢龍錫小傳見【一〇五】《復錢龍錫》。

【一六六】與何若鶴

舊銓四君覆疏，想孟老斷然蚤行矣。 宜之必覆出爲妙。 教職缺甚少，周君想必得濟。 如敝邑之陳孝廉調元，則以婺源、嘉善、永康請，繆振先則以華亭、高郵請。 已屢向仁兄言之，想必有當也。 弟今日往陵，歸當於廿六回。惟仁兄留意。

按：本札有云："舊銓四君覆疏，想孟老斷然蚤行矣。"又云："弟今日往陵，歸當於廿六回。"考瞿疏【一四】爲《端用人之源疏》，內有薦舉舊銓臣之事。疏上於九月十二日，十九日得諭旨。則本札當作於九月十九日稍後，二十六日以前也。

【一六七】與周世璽

兄選事，日夕焦心圖之，真是口枯筆禿矣。 當日原想貴座師同事，今只弟一人耳。 婺源、嘉善之類，共有四善缺。 選司不欲做單簽，今只在四簽中轉移，總之皆上缺也。 弟力殫矣。 此聞。

周世璽，湖廣麻城人。

康熙《三水縣志》卷二：
湖廣麻城人，舉人，崇禎五年任［知縣］。

【一六八】與李懋明

連日往山陵，未獲請教，明當圖晤，以悉種種。貴鄉學使，既定陳兄，夫復何言？但前不肖致札選君時，並未聞有霞城之説。如此等事，何以不請裁於老先生，而竟兩人決之也？況霞城可以定雲怡，不肖亦可以定石渠，惟老先生教之。草草附復，不盡。

按：本札云："連日往山陵，未獲請教，明當圖晤。"上札【一六六】《與何若鶴》既云於廿六日回，則本札當作於其歸後不久也。

李懋明即李邦華，小傳見【九八】《與李邦華》。

【一六九】上李標

前不肖某爲趙儕翁恤典，而因鋪張其所用之人，與因趙而摧折之人，恤既不俞，止所用之人藉庇，有"遇缺推用"之旨。今部中分別具覆矣。惟是無端被處之通判唐時，該司具稿，已准復其原官，而太宰竟以己意改壞。聞疏已上，求老先生推廣憐才盛心，於票擬中稍稍周全，俾此生骨再肉而灰復然，實輿情之所共快也。即不然，或徑票"是"字，及"依擬"字，後日亦不斷嚮用之門，則皆老先生之成大德。不肖於此生實有緦衣之好，誠恐覆疏一決裂，則適以薦之者阻之，故不能無望於老先生九鼎之一筆也，萬惟留意。倘疏分別位老先生，所冀主持更亟矣。臨書主臣。

按：本札云："前不肖某爲趙儕翁恤典，而因鋪張其所用之人，與因趙而摧折之人,恤既不俞,止所用之人藉庇,有'遇缺推用'之旨。"考瞿氏爲趙南星請恤典及崇禎"遇缺推用"之旨見疏【一四】《端用人之源疏》,上於九月十二日,十九日得聖旨。則本札當作於九月十九日稍後。

李標小傳見【九五】《與李標》。

【一七〇】與何若鶴

昌平栗十斤,佐以烹鴨一盂,供仁兄半箸,幸笑存之。 二稿存下一覽,覽畢即奉還。 耿老拂衣之意何也? 廿九日作主奈何?

按:本札末云:"耿老拂衣之意何也? 廿九日作主奈何?"本札或即作於九月廿九日稍前。

【一七一】與李邦華

尊者之賜,萬弗敢辭,況辱在道義乎? 揆之情理,畢竟不安,遂踳不恭,藉手完上。 幸惟原亮,容面請罪。 不一。

李邦華小傳見【九八】《與李邦華》。

札一七二至二〇五，崇禎元年十月

【一七二】與魏學濂（大中之子）

讀兩疏，真孝子，真義士也！ 何能贊一詞？ 尋讎一節，發於不共至情，不肖亦豈能相阻？ 但臨川之惡，尚未經闡發，而桐髯〔按：此行天頭有小字注：“桐髯，阮大鍼也。”似爲藏抄者所添。〕則屢見彈章矣。 彼已作喪心之人，行喪心之事，海內具有耳目，孰不痛恨之？ 即孝子不言，固無逃於清議之斧鍼也。 惟是尊翁年兄，蓋世清操，千秋勁節，此時已真堪不朽，即討一桐城，於大節原無所加，即釋一桐城，於令名初無所減，孝子或於此際，不妨再一躊躇乎？ 不肖與尊翁誼不薄，苟可爲之雪冤，爲之表懿，力豈有靳？ 而顧以此言進，正惟孝子下問之意，謂非不佞不可與商，而不佞區區之忱，亦謂非孝子不敢直告，知孝子其有以諒我矣。 冗中裁復，幸再教之。

　　按：本札乃瞿氏覆故人魏大中子學濂者。學濂行將上疏，爲父訟冤，特致書瞿氏，懇求賜教，瞿氏乃有本札之作。《實錄》十月十日載學濂上疏事(《長編》則次其事於十五日)，則此札當作於十月十日（或十五日）前不久。

　　魏學濂（1608—1644），字子一，號內齋，嘉興嘉善人。崇禎十六年（1643）進士，擢翰林院庶吉士。

　　《明史·魏大中傳》附傳：
　　〔魏大中〕次子學濂，有盛名。舉崇禎十六年進士，擢庶吉士。明年，李自成逼京師，與同官吳爾壎慷慨有所論建，大學士范景文以聞。莊烈帝特召見兩人,將任用之。無何,京師陷,不能死,受賊户部司務職,隳其家聲。既而自慚,賦絕命詞二章,縊死。去帝殉社稷時四十日矣。

《明人傳記資料索引》:

魏學濂(1608—1644)字子一,號内齋,嘉善人,學洢弟。大中遭璫禍死,學洢以身殉。崇禎元年學濂徒步入都,伏闕訟父兄冤,瀝血疏劾阮大鋮交通逆奄。十六年舉進士,改庶吉士,慷慨有所論建,莊烈帝將任用之。無何京帥陷,不能死,受賊户部司務職,旋自慚,賦絕命詞二章,自縊死,年卅七。

【一七三】與李邦華

某素辱老先生厚愛,既得追隨後塵,時領教誨,此之爲賜,百朋曷啻也,乃敢再叨隆貺耶? 駕自山中來,即一葛且弗當承,又況兼金之贈? 靦顏登嘉,畢竟踽蹐,仍冒不恭,萬惟宥原。 拜惠實無涯矣。

李邦華小傳見【九八】《與李邦華》。

【一七四】與黃宗昌

許久不圖晤對矣。 年兄大疏,半月有餘,何以遲遲不下? 得其故乎? 巡視西城,驄馬風裁,稜稜表著。 弟有皇城之役。 目前有投水玉河者,其人身挾一狀,爲内相搜出。 頃東廠奏聞,發弟與龔瞻夙(按"夙"疑應作"鳳")同審。 但視其詞,則告西城者也。 不知年兄曾見此詞乎? 或投而不准? 抑並未投乎？　倘知中間情節，幸以示弟。　荷甚。

原詞即東廠題知發來者，覽過擲下。

黃宗昌，字長倩，號鶴嶺，膠州即墨人。天啓二年（1622）進士，崇禎時任山西道監察御史，巡按湖廣。

《明史・黃宗昌傳》：

黃宗昌，字長倩，即墨人。天啓二年進士。崇禎初，爲御史，請斥矯旨僞官，言：“先帝賓天在八月二十三日。三殿叙功止先一日，正當帝疾大漸之時，豈能安閒出詔？凡加銜進秩，皆魏氏官也。”得旨：“汰叙功冒濫者。”宗昌争曰：“臣所糾乃矯旨，非冒濫也。冒濫猶可容，矯僞不可貸。”遂列上黃克纘、范濟世、霍維華、邵輔忠、吕純如等六十一人，乞罷免。帝以列名多，不聽。尋劾罷逆黨尚書張我續、侍郎吕圖南、通政使岳駿聲、給事中潘士聞、御史王琪。又劾周延儒貪穢數事，帝怒，停俸半年。既而劾體仁，不納。

二年冬，巡按湖廣。岷王褆洪爲校尉侍聖及善化王長子企鋀等所弑。參政龔承薦等不以實聞，獄不決者久之。宗昌至，群奸始伏辜。帝責問前諸臣失出罪，宗昌糾承薦等。時體仁、延儒皆已入閣，而永光意忌，以爲不先劾承薦也。鎸宗昌四級，宗昌遂歸。

十五年，即墨被兵，宗昌率鄉人拒守，城全。仲子基中流矢死，其妻周氏及三姜郭氏、二劉氏殉之，謂之“一門五烈”。

【一七五】與晋淑抃

年兄抱西河之痛，弟不啻身受之也。　前走慰，頃再造宅問安，而俱未獲一面，悵怏何如？　然念修短彭殤，自有定數，眷屬兒女，莫非宿緣，曠觀如年兄，定不爲造物所愚弄也。 衙門事，全賴年兄主持。 兩旬廢閣已多，還望寬懷蚤出。 此時用人一節，茫未有定，世道剝復之關，所係非小，勿遽萌歸興也。 暫復，容再面。

晋淑抃小傳見【五八】《與晋淑抃》。

【一七六】與何應奎

仁植爲首，或者未必更張，此大快也。 教職事，費仁兄如許周旋，弟爲友之心，得以無憾。 陳啓元雖扣泉州缺，然其戴德自無已矣。 繆兄得華亭，調兄得永康，周兄則不知，想在景陵三者之内矣。 頃走叩，仁兄尚未回，弗獲面謝。 榮轉事且從容，選司無人，且過十月爲是爲妥。 昨見摩蒼轉封，意欲求歸。 同心兩三人，忙忙傳舍其官，不太難爲老耿乎？ 幸三思弟語。

　　按：本札有"榮轉事且從容，選司無人，且過十月爲是爲妥"之語，則本札作於十月内可知。

何應奎小傳見【一四六】《與何應奎》。

【一七七】上錢牧齋

聖諭老師已見過矣。 求言之後，定須有言以應之。 不知此時應以何者爲急？ 老師胸中有欲攄者，可徑發揮一篇大文字，仰答聖意乎？ 言路不憂無言，正恐言之易雜，雜則易厭，又是消長關頭，有識者竊不勝慮之也。 昨有字奉達。　茲欲走叩，苦傷風太重，不能出戶，伏枕草勒代稟，幸詳教之。

　　按：本札云：“聖諭老師已見過矣。求言之後，定須有言以應之。”《長編》中崇禎“求言”之事，見載於十月一日，則此札作於同時稍後可知。又，後札【一八〇】《與倪元璐》亦云：“昨見聖諭求言，不知應以何言爲急？”應亦一時之作也。

　　錢謙益小傳見【一三】《上錢牧齋》。

【一七八】與耿志煒

　　久欲一奉台光，引嫌未敢造次。　大選教職已完，此時所急，第一考選，第二會推。　微聞貴堂翁王射老，有杜門請告之意。　此二事不完，恐未可徑去也。　臺下能曲挽之乎？　訪單完上。　又聞江右傅中書已到此，查俸未及期，或尚可稍待。　目前惟有速完考局，則後至者不得挽入，而於已定之議，不致紛紜也。　惟翁臺圖之。　並此附布。

　　耿志煒小傳見【一五四】《與耿志煒》。

【一七九】與王應斗

　　承諭宛平縣事領悉，當斟酌具疏上聞。　第此事與龔年兄共之，或求得龔年兄酌一審詞更妙耳。　先此復。

王應斗小傳見【六七】《與王應斗》。

【一八〇】與倪元璐

吕兄之感仁兄，自是不忘無知之意。 弟非兄言，亦安得博知人之譽哉？
渠昨有書來，言及陞轉事。 此時惟有昌平一缺，而爭之者不下數十人。 項選
君來云，現有兩位起復廉憲，又昨晋撫咨一知府，必須儘資俸深者居之。 目前
恐未能得也，如何？ 昨見聖諭求言，不知應以何言爲急？ 祈酌教之，附懇。

倪元璐小傳見【二二】《與倪元璐》。

【一八一】復王家禎

李明衡疏後，張玉調繼之，此正見公論所在，人心同然。 廟堂主張，豈能
違是非之公，而徇一人之私耶？ 老先生萬不必有過疑也。 連日聖上以司馬相
公回奏事，忙忙無暇及此。 料一兩日間，必下無疑矣。 有所聞，當再報。 草
復，不一。

按：本札謂“連日聖上以司馬相公回奏事，忙忙無暇及此”。據《實
錄》，本月十一日，御史吳玉劾兵部尚書王在晋失事匿不報（《長編》則次
此事於十月十五日，並載有“令在晋回奏”之旨）。至二十一日，命免王大
學士銜。札中所言似指此事，則其作於十一日稍後，二十一日前可推知。

王家禎小傳見【一二五】《復王家禎》。

【一八二】與吴周裔

承教，領悉。 敝垣中從無發書外邊撫按之例，必有便郵來，方可附達。來命姑徐之，俟有機會，即當爲致去也。 先此復，幸諒。 外祖手澤，暫留一覽即歸。

【一八三】與李孟芳

《宋書》寫完即奉，當於明晨也。 別論陳應奎產業事，言之於身死之後，似覺太遲，且亦非厚道也。 容送妻父處，量爲少處，以全周親盛心。 先此復。

李毅(1582—?)，字孟芳，常熟人。與毛晋最善，汲古閣諸刻多其讎校。

【一八四】上錢牧齋

華亭處，得大札轉致，機括便不同矣。 門生昨亦曾致一札於長公，語意亦活。 前書稿，望侍史簡擲付下。 力疾草復。

錢謙益小傳見【一三】《上錢牧齋》。

【一八五】與許仲嘉

令親翁吳水蒼，辱教諄諄，敢不效力？　但據弟意，即明言仁兄親家，似亦無妨，不必弟自認爲親也。　仁兄以爲何如？　明後日當馳上。　晚帖先送去四五月，六月完，再易之可也。　劉須彌已得北臺，了弟一場心願矣。　益吾書中，亦有所言乎？　何時附信去，弟當同之耳。

　　許仲嘉小傳見【一五二】《與許仲嘉》。

【一八六】與何應奎

皇上昨日，大都重在張慶臻改勅書事。　司馬既已移文閣中，則自不得辭責，而長山則吳玉道長面糾者也。　至於貴衙門事，不過因李長春道長之疏，有許多話頭，皇上欲清楚一番，原未必有難爲選君之意。　只是爲今日計，惟有速密查出積年幾人，處治一番，以解皇上之疑與怒而已。　李疏暫附上，乞與選君一商之，仍即發還。

　　按：本札有云："皇上昨日，大都重在張慶臻改勅書事。"據《實錄》，崇禎查勘此事，在十月十一日（如據《長編》，則在十五日），則本札作於此日稍後可知。

　　何應奎小傳見【一四六】《與何應奎》。

【一八七】與錢龍錫

日來聖主，又是一番作用矣。 惠安事，波及長山、太倉，不知究竟如何？維持挽回，全在老先生一人耳。 魏子血疏，不審以何日上？ 老先生如何票擬？ 擬上後聖主意色若何？ 幸密教之，不肖不敢洩也。 肅此，餘不一。

按：本札有云："魏子血疏，不審以何日上？ 老先生如何票擬？ 擬上後聖主意色若何？"《實錄》十月十日載魏學濂上疏事（《長編》則次其事於十五日），則此札當作於十月十日（或十五日）前不久。

錢龍錫小傳見【一○五】《復錢龍錫》。

【一八八】與晉淑扺

昨告年兄，乞將死於詔獄諸賢先後恤典，總造一冊，如某人部覆過，某人尚未覆，將年、月、日、人名，備細彙寫，示弟一覽。 中間有參差同異，應一講者，宜早爲之所也。 弟前小疏中有一段云："同爲首攖慘殺之忠臣也，乃楊漣、左光斗、魏大中，先後業邀恤典，而六臣何以偏遺其半？ 將需論定於何年？"其半，蓋指周朝瑞、袁化中、顧大章也。 奉旨："應恤、應擢、應處，公論既定，豈得再稽？"今周、袁俱有蔭恤，而獨遺一顧，不知貴司可爲補覆，以了前件未完乎？ 附商。

按：瞿本札所言"小疏"，乃其疏【六】《特表忠清疏》，上於崇禎元年（1628）五月六日，九日得御旨。若本札非誤次於此，則可見瞿氏至十月間仍操心於此事也。

晋淑扚小傳見【五八】《與晋淑扚》。

【一八九】與吳焕

昨者一芹，致令嗣世兄，竟麾之不納，殊深慚惡。　尊召不敢不赴，且年兄
驄馭將出都門，極欲一圖快晤。　緣賤體病後，元氣未復，不能夜坐，有方台
命。　容少健，即趨領大教，兼話別也。　草此奉謝，不一。

吳焕小傳見【八】《與吳焕》。

【一九〇】與何若鶴

王符乾年兄爲乃尊翼微公補官事，前已面言之仁兄並耿孟老矣。　補府道
定規，但求免其親來赴補，便是曲全大德。　查例若有此，幸不靳委曲周旋之。
渠候書一封，弟敢爲轉上，幸鑒入。

【一九一】與吳玉

年兄糾長山大疏，聞並及吳江，是一手而殺兩虎矣。　快何如之！　渴欲一
見疏稿，幸即刻緘示，容即奉璧。

吴玉(1596—?)，字子璋，太原壽陽人。天啓二年（1622）進士。

乾隆《壽陽縣志》卷五：
吴玉，天啓壬戌科文震孟榜進士，仕至廣西道監察御史。

乾隆《壽陽縣志》卷六：
吴玉，字之璋，別字崑峰。家貧力學，由進士爲博野令，尋調蠡縣，釐奸革弊，政聲大著。徵卓異，授廣西道監察御史。玉爲人，平居坦率曠夷，若漫無短長可否者，及遇事，義所當爲，毅然獨往，以是臺中目爲戇直，敬而憚之。思宗即位，誅魏璫，詔開言路。玉應詔，慷慨陳奏，首責廷臣以洗心滌慮，恪圖職業。上嘉納，即以玉疏示中外。又劾輔臣劉鴻訓納賄、擅增勅書。詔對文華殿，抗詞不少屈。上嘆曰："真鐵面御史也。"玉感時遇主，知無不言，類皆曉暢剴切，洞悉利害，直聲震天下。丁父憂歸，一時公私過者，咸懾伏曰："壽陽今卧一虎矣。"然亦由此爲時所忌，服闋數年不起用。崇正末，忌者思有以中之，乃外遷爲河南參議，專督糧儲。時中州盜賊充斥，數百里幾無人烟，而餽餉紛沓，羽檄催徵，旁午於道。玉知時勢不可復爲，扼腕憤恚而卒。有奏疏稿十篇，知縣金門詔爲之序。

【一九二】與吴炳

久不晤對，緣病體未蘇，日來又苦陰雨，是以有懷莫罄。 承論大疏，實實救時良劑，當事者能一一奉行，於兵餉不爲無濟也。 謹此謝教，容圖面悉。

吴炳小傳見【一二二】《與吴炳》。

【一九三】與何應奎

陳君亮兄，諱啓元者，與仁兄言之屢矣。 渠以泉州路遠，欲圖近便，靖江之缺，雖目前未出，而候缺註選，從來有之，特具呈托弟轉達，不知可允之否？ 天氣漸寒，不能久待，亦其苦情也，幸原之。

王符乾禮，定該收之，勿過疑也。 並及。

何應奎小傳見【一四六】《與何應奎》。

【一九四】與倪鴻寶

新郎君無以申敬，特製花帽一頂、色衣二襲，聊引寸心，惟鑒存之。

倪鴻寶，即倪元璐，小傳見【二二】《與倪元璐》。

【一九五】與顏繼祖

連日匆匆，未得圖晤，近事老掌科有所聞否？ 希示知一二，以豁聾瞶。奴子從家中來，携得小物四種，愧不成享，惟笑存之。 家刻一部，並呈政。

顏繼祖小傳見【一三四】《與顏繼祖》。

【一九六】與倪鴻寶

陳人據屍親口供，及該總申文，竟不可輕宥，然弟已爲開一面矣。　鸛候是體面，以衙門書役，驟然釋之，未便也，當於詞中寬之耳。　法司免到，則非所敢必，惟翁兄諒之。

倪鴻寶即倪元璐，小傳見【二二】《與倪元璐》。

【一九七】與龔一程

夜來莊誦大疏，再四紬繹，妙不可言，此真經國之文，垂世之業也。　敬服，敬服。　昨審事，大略已得其情。　所云陳書辦者，係鴻寶令親，意欲寬之，屢與弟言。　今幸有王大統當罪，或可開一面，惟年兄酌之。　其今早來字並奉覽，諸不一。

龔一程，號瞻鳳，南昌進賢人。天啓二年（1622）進士。

康熙《太平府志》卷一七：
龔一程，字式甫，江西進賢人，進士。

同治《進賢縣志》卷一四：
龔一程，號瞻鳳。乙卯亞魁登第，天啓二年壬戌進士，授羅山知縣，調汝陽，陪推吏部。戊辰考選北道御史，巡按江南。

【一九八】與趙士履

台駕初入長安，知冗極，未敢數瀆。 茲有瑣事，欲親翁轉致儀曹楊存老者。 弟舍侄瞿龍翔，有志業儒，慨慕成均，思援例北雍，爲肄業地。 近已納銀咨送儀部，但部咨未給，而近例又奉有申飭之旨，恐司中不無留難。 乞親翁即爲存老一言，破格周旋，俾舍侄得速完此事。 宗伯何芝老，係敝相知，反以事瑣，不便煩瀆，得借鼎轉達，蚤賜印給，感不獨在舍侄也。 耑此奉白，諸惟台炤。

趙士履，字坦之，號南屏，蘇州常熟人，任工部員外郎。

康熙《常熟縣志》卷一二：
趙士履，字坦之，以祖用賢廕任工部員外郎，改廣東韶州府同知。

乾隆《沛縣志》卷五：
趙士履，號南屏，常熟官生。崇禎五年以員外郎任，陞郎中，有生祠。

【一九九】與唐時

連日未晤，亦有所聞否？ 魏子一苦欲弟作其尊人請稿序文。 知孔時者莫如兄，幸爲撥冗著一文，以弁其首。 借光者弟，感德者弘［按："弘"，應作"孔"。］時也。

唐時小傳見【四一】《與唐時》。

【二〇〇】與劉士禎

弟與年兄契誼如何，乃作此世俗事，慚愧殊甚。 然懼雅意之不可虛也，勉登羨足，以識綈袍之誼。 惟年兄亮之。 尚容面謝，不盡。

劉士禎小傳見【一〇六】《與劉士禎》。

【二〇一】與邵樹德

日者重勞椽筆，尚未踵門稱謝。 前所撰勅命，係倪鴻寶太史之筆，據其文遂轉送門下書之，不謂官銜應寫“徵仕郎”，而誤作“文林郎”也。 昨細思之，若將此二字洗補，亦可混去，而“仍”字終無着落，不知門下亦有妙法否？ 敢尚役馳軸請教，惟高明示之。 容圖叩謁，不盡。

【二〇二】與饒京

貴座師枚卜事，自當借鼎，凡弟力之所及，豈有靳焉？ 來諭所云前三人之案，弟不解也。 承寵召，當令稚子來奉色笑。 弟不得暇，敬此謝復。

按：本札有“貴座師枚卜事”云云。據《長編》，崇禎令吏部會推閣員，事在十月十一日，則本札當作於該日前後。

饒京小傳見【四六】《與饒京》。

【二〇三】復劉士禎

參松陵者，尚有任參之在前，王孺初在後，不獨年兄一人也。 大約聖意必嘉納者，第靜以俟之可耳。 此復。

劉士禎小傳見【一〇六】《與劉士禎》。

【二〇四】與王永光

昨者面懇老先生時，懸知聖意必不聽假。 夜來見旨，果然。 今似無不出之理矣。 枚卜大典，非老先生必不能舉行。 老先生此出，非完枚卜大典，亦必不可遽去。 輿情共矚，大勢攸歸，惟亟圖之，以慰中外之翹跂。 不肖某昨已上小疏言之，敢此再布其私衷，幸勿罪其煩聒。

按：本札云"昨者面懇老先生時，懸知聖意必不聽假。夜來見旨，果然。……老先生此出，非完枚卜大典，亦必不可遽去。……不肖某昨已上小疏言之……"。《長編》卷十四，十月二十日載："吏部尚書王永光引疾，不允。"此或即瞿氏所謂"聖意必不聽假"之事，而瞿氏所言"小疏"，即疏【一七】《時政不宜久曠疏》，末段亟言王宜速復職視事，主持枚卜，"速完會推"。疏上於十月二十五日，二十八日得旨。本札作於二十五日稍後可知。

王永光，字有孚，號射鬥，開州長垣人。萬曆二十年（1592）進士，天啓初累官戶部尚書。

《明人傳記資料索引》：

王永光，長垣人。萬曆二十年進士，天啓初累官戶部尚書。居官廉，爲人強悍陰鷙，雅不喜東林。爲御史李應昇所論，永光乃自引歸。魏忠賢竊柄，盡逐東林，起南京兵部尚書，日以排東林爲事。後以其黨納賄事發，爲言者所論，被詰責罷去。有《冰玉堂集》。

【二〇五】與陳于鼎

弟不知年丈所言何指也，豈又有含沙捕風者耶？ 幸明示。 房稿、佳箑之惠，受教侈矣。 草率布謝，尚容面請。

陳于鼎，字爾新，號實庵，常州宜興人。崇禎元年（1628）進士。

札二〇六至二四三，崇禎元年十一月

【二〇六】上錢牧齋

今日無所聞，惟見諸老皆云老師首推而已。 火票一張，前日欲差小价回南，索之於兵部者，今即以馳上，乞轉與雲卿何如？ 客在坐，草草不一。

按：本札謂"諸老皆云老師首推"。下札【二〇七】《復王在晋》云："昨發下六疏，參吳江者四……其餘事涉台臺者，止劉道長疏中曾一及之……會議聞在初三、四矣，庶公論自在，決不至大傷國體也。"札【二〇八】《與章允儒》云："弟之以大宗伯請也，非爲其人也；即以其人，亦在應推之數者也。"札【二〇九】《上牧齋師》云："吃緊不在會議，此不易之論也。但目前能辦此者，必無其人，只索就會議中，且求一至當之策耳。"以上數札，皆言及"會議""推"之情節，應即此期間會推候選閣臣之事。《長編》卷十五，十一月三日載吏部公布"會推"枚卜名單，則上述數札作於十月底至十一月三日前可知。

錢謙益小傳見【一三】《上錢牧齋》。

【二〇七】復王在晋

昨發下六疏，參吳江者四，任也、劉也、王也、田也。 田疏兼參長山而獨狠。 其餘事涉台臺者，止劉道長疏中曾一及之，大抵皆祖任疏之説也。 餘無所聞。 會議聞在初三、四矣，庶公論自在，決不至大傷國體也。 草復，不一。

按:本札作期,請參上札【二〇六】《上錢牧齋》按語。

王在晋(1564—1643),字明初,蘇州太倉人。萬曆二十年(1592)進士,崇禎時官至兵部尚書、太子太保。

《明史·王在晋傳》:

在晋,字明初,太倉人。萬曆二十年進士。授中書舍人。自部曹歷監司,由江西布政使擢巡撫山東右副都御史,進督河道。泰昌時,遷添設兵部左侍郎。天啓二年署部事。三月遷兵部尚書兼右副都御史,經略遼東、薊鎮、天津、登、萊,代熊廷弼。八月改南京兵部尚書,尋請告歸。五年起南京吏部尚書,尋就改兵部。崇禎元年召爲刑部尚書,未幾,遷兵部。坐張慶臻改敕書事,削籍歸,卒。

【二〇八】與章允儒

弟之以大宗伯請也,非爲其人也;即以其人,亦在應推之數者也。 昨晤近明兄,云:"參稿曾商之於老父母。"則末段或公論之所不能已乎? 然近明亦云:"原無成心。"則或可以通融矣。 乃弟更有說於此。"不拘在廷在籍",此皇上之旨也。 兩者並推,便見求賢之意。 使在籍人數,浮於在廷,則似爲偏重。 以皇上飢渴需人,恨弗得旦暮得人應手。 乃一番枚卜,而在廷者寥寥一二人,其點用者,又未必皆在廷者也。 徵取田間,爲時亦須半載,何以急副夢卜之求? 爲今之計,還應各居其半。 如推八人,則在廷者四人,似爲穩妥。則成、錢、何、羅,不其確然者乎? 幸父母熟計而行之。 太宰處,弟已詳告之矣。

此字覽過即火之，老父母亦不必露弟意也。

按：本札作期，請參前札【二〇六】《上錢牧齋》按語。

章允儒（？—1629），字珍甫，號魯齋，江西南昌人。萬曆四十四年（1616）進士，任華亭知縣。

康熙《江西通志》卷三〇：

章允儒，字珍甫，南昌人，方伯邦翰之子。萬曆丙辰進士，授華亭令。讞決神明。有子殺父妾，亡何父暴卒，言以藥弑者。允儒曰："人命應簡償。其父固郡守，烏得輕議簡耶？坐殺父妾，足以斃逆子矣。"武弁鴆殺同官，弁強有力，且善辯，時有使過代請者。或曰："職官當從減。"允儒曰："大辟無可贖之法，千戶無議貴之條。"竟擬如律。邑之金家衕有橫尸。一老者哭曰："吾子也。"訴之令，賊弗得。或榜片紙道傍曰："薛某殺人。"又從薛所得死者所弄二錢。允儒詣其地，審視曰："得之矣。"縛庫樓獨居一佻達子至。曰："汝殺人。"立服。蓋死者爲孌童，誘狎不遂，因殺之，而以弄錢嫁禍于薛。諸發奸摘伏多此類。用治行異等，擢吏科給事中。當熹廟初，逆璫魏忠賢漸擅威福，織造太監李實尤胺削于東南，借違悮上供參知府張宗衡等奪俸。允儒抗疏駁之。疏入，璫以阻撓龍袍，矯旨予杖，仍謫戍。會天變修省，從薄譴，奪俸一年。璫自是深啣之。允儒遂請假歸。居史垣六月，凡所爭三案，爭封疆暨籌邊，惜餉諸疏十餘上，皆言人不敢言。歷晉禮科都給事。璫私人田爾耕以緝獲功遷世金吾，允儒特疏駁之，不聽。尋奉命典楚試，闈中發策，有"舉朝切齒于奧突間大蠹"之語，直指忠賢而極論之。璫已恚前事，及見策文，益恨。矯旨鐫三級，調外任。既去國，仍用試錄事削奪。崇禎改元，誅逐群奸，遂以吏科都給事特起田間。未幾枚卜命下，允儒以首垣主議，所推舉皆人望,而錢宗伯謙益與廷推中。烏程溫體仁遂發難,言廷推不公,而口實于謙益浙闈事。上震怒,叱錦衣逮允儒,爇燭殿門,趣閣臣票擬。謙益革職聽勘。越五日,允儒竟以削籍出國門。己巳卒于家,而子士鴻以是年選貢,竟不仕。

【二〇九】上牧齋師

吃緊不在會議,此不易之論也。 但目前能辦此者,必無其人。 只索就會議中,且求一至當之策耳。 諸疏揭奉覽,此亦見老師平章之一班矣。 事關世道,不避煩瀆。 惟師留意,即圖之。

按:本札作期,請參前札【二〇六】《上錢牧齋》按語。

錢謙益小傳見【一三】《上錢牧齋》。

【二一〇】與何應奎

恭喜令叔老先生大拜! 此宗社之福。 弟忝在維桑,又曾效綿力者,其喜忭又何云喻也? 昨夕別後,又作一書吏掌垣,今晨得其回札,便知有十二分把穩。 此書之力,亦不爲小矣。 特抄奉覽。 弟非敢居功,蓋深幸言之得行,則世道有慶耳。 尚應趨賀,不盡。

何應奎小傳見【一四六】《與何應奎》。

【二一一】與王政新

聞年臺秉聰出矣。 齊魯之邦，得邀惠福星照臨，東民其有瘳乎！ 亟走郊外奉祖，而行旌蚤已前發，悵如之何？ 弟有舍親王輔臣，爲泰安州州同，名家子也。 操凜四知，才堪八面，而屈於卑末，無由上聞。 年臺有察吏安民之責，如輔臣者，不可不亟加物色，特爲表異，以風諸有位者也。 敬因榮發，聊附舉知之義，惟年臺鑒之。 芹將引意，勿麾是祝。

王政新，字闇生，鎮江丹徒人。萬曆四十四年（1616）進士。

康熙《鎮江府志》卷三六：
王政新，字闇生，丹徒人。萬曆丙辰進士，任福清知縣，考選御史。天啓中兩疏糾逆璫魏忠賢，語切直中窾。出巡廣西，以曹學佺私史事罷歸，逆璫脩怨及之也。崇禎改元，起原官，巡山東，轉江西布政司參政，未履任卒。政新父任桐城學諭，少與左僉都光斗稱莫逆。攻璫時託其孤于友，誓以死爭。人以爲不媿真御史云。

【二一二】與吳阿衡

久欽風範，幸挹芝輝，意氣之孚，不介而合。 辱惠瑤札，具仞勤渠。 至念及豚稡，重損珍儀，誼又何啻骨肉也？ 扇頭佳咏，長佩仁風。 肅此附謝，尚容九頓。 昨見工部事又發再議，不知主政者何日得結也。 並此附及。

吳阿衡（？—1638），字隆姒，一字平子，南陽裕州人。萬曆四十七年（1619）進士，崇禎時官至兵部侍郎。

崇禎《歷城縣志》卷六：

吳阿衡，字隆微（媺），河南裕州人，己未進士。立法嚴苛，民皆震畏，盜不入境。蓮妖之亂，一呼而集鄉民十三萬，亦其威信素著也。行取御史，官至密雲總制。

康熙《河南通志》卷二八：

吳阿衡，裕州人，萬曆己未進士。巡按浙江，大振紀綱，貪吏斂跡。歷官兵部侍郎、薊遼總督，以失墙子路殉難死。

【二一三】上李標

今日消息何如？ 老先生揭救，已有旨否？ 剝復治亂之關，全在此舉，毋使聖主美業不終，他年書之史册，謂某相臣不能力爭也。 溫揭想已帶出，乞槭付一覽。 欲躬叩，以候旨未敢出。 肅此再瀆，不宣。

按：本札云："今日消息何如？ 老先生揭救，已有旨否？……溫揭想已帶出，乞槭付一覽。欲躬叩，以候旨未敢出。"瞿氏此札，作於十一月六日"召對文華殿"事後。（牧齋有《十一月初六日，召對文華殿，旋奉嚴旨革職待罪，感恩述事，凡二十首》之作。）據《長編》卷十五所載，事發當日，崇禎帝召廷臣及溫體仁、錢謙益於文華殿。體仁、謙益相質辯甚久。體仁控謙益"結黨"，把持枚卜，又重提"錢千秋"舊案以諮之。帝怒，"責謙益引罪出。立命廷議，閣臣請謙益回籍"。其時廷臣欲救局而抗言者，有章允儒、房可壯、李標、錢龍錫，崇禎或呵責之，或不允所請。《長編》後二日載:"削章允儒籍,責耿志煒、房可壯,瞿式耜、梁子璠令回奏。輔臣李標等申救,不聽。"揆諸上述記載,可推知瞿氏本札應作於十一月六日至八日間。

李標小傳見【九五】《與李標》。

【二一四】與何應奎

爲推一錢牧齋,而害及同推之八人,然其病根,却爲不肯推令叔老先生。而方赤城朝中一鬧,内裏知得,已心惡此舉。 又有烏程公之疏投其機也,烏得而不決裂哉! 今牧老業奉有"革職,依律勘奏"之旨矣。 仁兄尚未之知乎? 疏中弟亦與賤名。 弟已即日去國,與仁兄聚首,料無多日矣。 爲此草復,諸不盡。

按:本札及下札【二一五】《復張鳳翔》皆及上札【二一三】《上李標》按語中所述"召對文華殿"之事,及己之"即日去國",而札【二一五】有云:"某回話,止説明《大僚不可久曠》一疏,餘無他及。……回話疏成,尚容請教。"據《長編》,崇禎帝於十一月八日命瞿氏等"回奏",而瞿札中所謂之"回話疏",即其疏【一八】《奉旨回話疏》,上於十一月十日。瞿氏作本札時,疏仍未上,則札作於十一月八日至十日間可知。

何應奎小傳見【一四六】《與何應奎》。

【二一五】復張鳳翔

一番大典，頓成一翻大獄，此千古奇事。　日欲叩謁墀前，以待罪候旨之人，不敢他入。　伏承台諭，正某所欲面請者。　某回話，止說明《大僚不可久曠》一疏，餘無他及。　台教似宜於梁道長疏中發明，當即密致之也。　草草布復。　回話疏成，尚容請教。　不盡。

按：本札作期，請參上札【二一四】《與何應奎》按語。

張鳳翔（？—1657），字稚羽，東昌堂邑人。萬曆二十九年（1601）進士，崇禎時任工部尚書，入清後任戶部右侍郎加右都御史，進太子太保。

《清史列傳·貳臣乙·張鳳翔傳》：

張鳳翔，山東堂邑人。明萬曆二十九年，除廣平府推官。尋擢給事中。時太僕卿南企仲以請罷礦稅鐫級，鳳翔迎上意劾企仲他事，企仲遂削籍。天啟間，累遷兵部侍郎，巡撫保定。以東林黨，爲給事中薛國觀劾罷。崇禎初，復故官。二年，遷工部尚書。十一月，京師戒嚴，以軍械不備，下獄。四年四月，久旱求言，言者多請緩刑。鳳翔得免死，戍邊衛。尋召還，授兵部侍郎。十七年三月，李自成陷京師，鳳翔受拷掠。及賊西遁，乘間歸里。尋至福建，爲明唐王朱聿鍵浙直總督。

本朝順治三年，大兵定福建，鳳翔投誠，授戶部右侍郎。五年七月，調吏部左侍郎。六月，遇恩詔，加右都御史銜。八年閏二月，擢工部尚書。是年遇恩詔，加太子太保。九年十二月，疏言：“吏部之《官制考》，戶部之《賦役書》，禮部之《禮儀志》，兵部之《兵制考》，刑部之《刑法志》，工部之《水部備考》，都察院之《憲綱》、《臺規》，宜統送內院，開局纂修，博選學識老成、才品端方之彥，準古酌今，輯成本朝《會典》。”又疏言：“移風易俗，自輦轂始。邇來官員非有吉慶典禮，每一酒席費至二兩，戲一班費至七兩，宴會頻仍，耗糜物力，往來絡繹，勞敝精神，非所以表率四方。宜敕令節省。"疏並下所司議行。十年正月，乞休，詔乘驛回籍。十四年，卒。

山東巡撫耿焞據其孫廩生元靜籲請恩恤，爲之入奏，疏中有"渭濱元老，股肱大臣"語，諭責焞稱許太過，仍下部議祭葬如例。

【二一六】與魏浣初

日者繆振東歸，曾附尺函爲候，說明榮擢大參之由，蓋心慮仁兄必猶認作憲副，怏怏於中也。　十月十九日尊伻到，接得手書，發函果然。　若果就憲副相待，豈惟仁兄怏怏於中，即弟亦何以施顏面也？　今憑限已改寬，誠恐道里迢遙，且時迫歲暮，不能出門，故求魯齋直寬至三月中，年兄竟可從容度歲，飽翫北山梅花。　燈節起身，以兩月在途作計，則綽綽有餘裕矣。　地方儘好，即遠亦不須較。　嶺頭一枝，曹溪一滴，却被仁兄收盡，何快如之？　此番用情用力者，何嵩庵也，晉摩蒼也，而主之者，則張存宇也。　存宇久歸晉，於冬臈給假，何於開春給假，年兄亦無須通候爲矣。　羽明僻處粵西，求轉殊切，而爲日尚早，衷虛之望轉更急，然大都目前且不能。　年兄到彼時，定得相聚一番也。　領勑事已停妥，敕書弟已驗過，從此粵東受庇無窮，第吾兩人踪跡睽違，不知何日又得握晤耳。　臨書惘然。　冗迫，字畫潦草，希宥。　尊惠再頒，當之殊愧，並此道謝。

魏浣初（1580—1638），字仲雪，蘇州常熟人。萬曆四十四年（1616）進士，官至承宣布政使司參政。

《明人傳記資料索引》：

　　魏浣初，字仲雪，常熟人。萬曆進士，官至承宣布政使司參政。有《詩經脉》《四如山樓集》。

【二一七】與唐時

　　連日待罪杜門，未便圖晤。　回話疏，承兄相念之切，弟意亦見及此，今日已謄真即上矣。　疏稿奉上，覽過即發來。　來惠萬不敢承，盛意即已心領矣。梅花有如此早者乎！　倘弟不即出春明門，容來領切。　專此謝。

　　按：本札有云："連日待罪杜門，未便圖晤。回話疏，……今日已謄真即上矣。"前札【二一四】《與何應奎》及札【二一五】《復張鳳翔》等按語中已述瞿氏疏【一八】《奉旨回話疏》上於十一月十日，則本札固作於十日稍前也。下札【二一八】《與唐世濟》有云："……乃無端致觸貴鄉溫老先生之怒，既經疏中指名，復於御前面奏。連日席藁待罪，惶遽跼蹐，欲面白於知己之前，而杜門未敢出外。"又札【二一九】《與葉有聲》云："擬票尚未知消息，方作字霞城兄往探也。……微聞又有疏，不知如何？"應亦作於同時。

　　唐時小傳見【四一】《與唐時》。

【二一八】與唐世濟

　　某不肖向托台臺曲庇，倖有今日。　久隔台顏，昨承面教，倍感綢繆。　正圖從容謁請，乃無端致觸貴鄉溫老先生之怒，既經疏中指名，復於御前面奏。連日席藁待罪，惶遽踧踖，欲面白於知己之前，而杜門未敢出外。 台臺主持公道，見某如此遭抑，忍不出一言以代白之乎？ 肅此冒陳，伏乞留神，從中寬解。 不肖獲戾，度不止溫老先生一人。 即日褫斥歸矣，然何敢終自外於台臺也。 臨書，無任翹切。

按：本札作期，請參上【二一七】《與唐時》按語。

唐世濟（1570—1649），字美承，號存憶，浙江烏程人。萬曆二十六年（1598）進士，累官至左都御史。

乾隆《烏程縣志》卷六：

唐世濟，字美承，烏程崇孝鄉人。成進士，授福建寧化令。邑在萬山中，號囂悍難治。在寧十餘年，以廉卓授御史。萬曆甲寅按淮揚，適山東郡縣以及廬鳳等處水旱，災民就食淮徐。商之撫軍曰："方苦驅之，又爲法以聚之，非計，且安所得多金給之？"不可。世濟曰："義不令飢民皆死。"乃日夜籌畫錢穀，設粥廠，死者掩骼，病者醫藥，蠲贖鍰，勸義助，又修徐城、開鹽河以食其壯者，又疏請留漕折六萬金濟之，所全活數十萬人。丙辰督漕，戊午巡京營，多所建白。辛酉撫虔，未幾陞北少司馬。時璫焰初熾，入都不往，遂矯旨以冠帶閒住。崇禎改元，再起佐樞。壬申轉南右都御史，上言弭寇之略。以舉霍惟華，臺省咸劾，禍不測。長子元竑入都，疏以身代，竟得如部議戍邊。甲申起左都御史，國事日非，決計歸。年八十卒。

【二一九】與葉有聲

擬票尚未知消息，方作字霞城兄往探也。 承垂念，謝謝。 微聞又有疏，不知如何？ 總之弟必去矣，年兄輩好爲之可耳。

按：本札作期，請參上札【二一七】《與唐時》按語。

葉有聲（1583—1661），字君實，別名震孩、震隱，上海人。萬曆四十七年（1619）進士，歷任河南按察使、左副都御史。

乾隆《江南通志》卷一四一：

葉有聲，字君實，上海人。萬曆丙辰進士，己未廷試，由侯官知縣擢給事中，論勤政、治體、言路、仕途四事，尋以忤魏璫削籍。崇禎時歷遷河南按察使，兩禦流寇有功。後以左副都御史免官，屏居村墅，以壽終。

【二二〇】與章允儒

老父母環召登朝，不過兩月餘，而遂有此奇事。 老父母名高千□［古］，如精金十二分成色，今又加十二分，但如國是何？ 如世道何？ 弟待罪杜門，未敢出城，此心耿耿。 聞翌日長行矣，不能具一尊爲祖，聊具羢背心一事、羢坐褥二方、手鏡一執、玉環一事，皆隨身所切用者。 不敢具帖，幸賜笑存。天心悔悟，度亦不遠，台駕甫入章江，恐即膺召入春明矣。 臨書，瞻戀何極。

按：本札謂“聞翌日長行矣”。前札【二一三】《上李標》按語中已述崇禎於十一月八日命削章允儒籍，則本札作於八日以後不久可知。

章允儒小傳見【二〇八】《與章允儒》。

【二二一】上成基命

門生閣票罰俸一年，而四人均無輕重，可幸者反在此，蓋會推者僅罰，則上疏條陳者，自不得獨重也。 然溫請告疏中，又牽門生賤名，謂從中把定，想此輩必欲重其處分而後快乎！ 功名有數，聽之而已。 語侵相公之說，據相公未見說起。 若果有之，反可作一篇大文字也。 錦衣之說，今早已聞之矣。 草草謝復，不盡。

按：本札云："門生閣票罰俸一年，而四人均無輕重，可幸者反在此。"《長編》卷十五，十一月十三日載："體仁既疏訐謙益，復上疏求罷，帝令閣臣擬旨留之。"閣臣李標等揭言救謙益等，不允。"旨以謙益處分已明，不必申，救四臣，亦不從。于是降可壯秩二級，式耜秩一級，並調外任。耿志煒、梁子璠各奪俸一年"。本札所言，與崇禎帝降旨處罰之情形不同，頗疑此處所言者，乃御旨頒下前打探而來之消息。若然，則本札作於十一月十三日稍前也。

成基命小傳見【五四】《上成芑予》。

【二二二】與錢機山

伏讀大揭，忠厚和平，亦復光明正大。 告君之體，恰應如是。 倘藉如天之庇，得有回天之機，所全國體，所裨世道，真非淺矣。 不肖輩又不足言也。肅此奉謝。 原稿即附來手完上，諸不一。

按：本札云："伏讀大揭，忠厚和平……倘藉如天之庇，得有回天之機，所全國體，所裨世道，真非淺矣。"據《長編》，"召對文華殿"事發後，崇禎帝於十一月八日命瞿氏等"回奏"，而於十三日頒下處分。本札所言，似十月八日以後，仍望錢龍錫之揭能挽回聖心者。如是，則本札作於十三日稍前。

錢機山，即錢龍錫，小傳見【一〇五】《復錢龍錫》。

【二二三】與晉淑扶

楊大洪參語奉上，似亦曲全其生平矣。 惟年兄再酌之。 或念其功在社稷，照軍功例，加廕一子，尤妙也。 聞年兄已給假，不知榮發在何時？ 弟以待罪之身，不得走唔爲歉。 並此道意。

晉淑扶小傳見【五八】《與晉淑扶》。

【二二四】上錢龍錫

恭逢老先生華誕，早擬趨賀，知閣務殷繁，未敢唐突。 從此天壽平格，福祿無疆。 某謬附通家，不能隨稱觴之後，敬具一縷一卮，聊申慶私，萬祈破格俯存，乃見厚誼。 肅此上達。

錢龍錫小傳見【一〇五】《復錢龍錫》。

【二二五】上成惎予

門生已奉旨降級調用矣。 喜無外字，想當是行人。 感聖恩之浩蕩，消群小之猜疑。 目前欲移寓，猝無便者。 董屋不知老師留用否？ 可暫假門生一居否？ 敢此奉訊，幸慈示之。 諸容謝恩後面請。

按：本札謂"門生已奉旨降級調用"及"目前欲移寓"。據《長編》，十一月十三日頒下對瞿等之處分，瞿降秩一級，並調外任。以此，本札應作於十一月十三日後，十二月移居城外前。下札【二二六】《復張鳳翔》亦及降職及寓居城外之事，應作於同時。

成惎予即成基命，小傳見【五四】《上成惎予》。

【二二六】復張鳳翔

某不肖亦得附魯齋、蔚居之後，可謂幸矣。 降調無外字，似即補內，但未知此日動定當何如？ 或留居城外，或且留城內，尚祈老年伯明教之。 大疏請告，自然不允，此可理推，老年伯似不必遽起尊鱸之興也。 肅此布復，諸惟慈炤。

按：本札作期，請參上札【二二五】《上成慈予》按語。

張鳳翔小傳見【二一五】《復張鳳翔》。

【二二七】與毛羽健

大疏是真男子，真菩薩，皇上不留內而即發閣票，其不怒可知矣。 以年兄爲開山祖，倘更有聞風而起者乎？ 豈遂不可爲乎？ 將伯之助，恐自然不少也。 以愚見論，奸黨內似少一涿州，若有再疏出，並福籓之黨，發揮一番尤妙。 年兄以爲然否？ 原稿珍上，千秋光怪，應善藏之。

按：本札云"大疏是真男子，真菩薩，皇上不留內而即發閣票……"。《長編》卷十五，十一月十八日載雲南道御史毛羽健上言逐言官之非及因"黨之一字"嚴譴諸臣之不當。以此，瞿札應作於十八日稍後。

毛羽健（1603—1643），字芝田，荆州公安人。天啓二年（1622）進士，崇禎時任雲南道監察御史。

《明史·毛羽健傳》：

毛羽健，字芝田，公安人。天啓二年進士。崇禎元年由知縣徵授御史。好言事，首劾楊維垣八大罪及阮大鋮反覆變幻狀，二人遂被斥。

王師討安邦彥久無功。羽健言：“賊巢在大方，黔其前門，蜀、遵、永其後户。由黔進兵，必渡陸廣奇險，七晝夜抵大方，一夫當關，千人自廢，王三善、蔡復一所以屢敗也。遵義距大方三日程，而畢節止百餘里平衍，從此進兵，何患不克？”因畫上足兵措餉方略，並薦舊總督朱燮元、閔夢得等。帝即議行，後果平賊。已，陳驛遞之害：“兵部勘合有發出，無繳入。士紳遞相假，一紙洗補數四。差役之威如虎，小民之命如絲。”帝即飭所司嚴加釐革，積困爲蘇。

當是之時，閹黨既敗，東林大盛。而朝端王永光陰陽閃爍，温體仁猾賊，周延儒回佞。言路新進標直之徒，尤競抨擊以爲名高。體仁之訐錢謙益也，以科場舊事，延儒助之惡，且目攻己者爲結黨欺君，帝怒而爲之罷會推矣。御史黄宗昌疏糾體仁熱中枚卜，欲以“結黨”二字破前此公論之不予，且箝後來言路之多口。羽健亦憤朋黨之説，曰：“彼附逆諸奸既不可用，勢不得不用諸奸擯斥之人。如以今之連袂登進者爲相黨而來，抑將以昔之鱗次削奪者爲相黨而去乎！陛下不識在朝諸臣與奸黨諸臣之孰正孰邪，不觀天啓七年前與崇禎元年後之天下乎，孰危孰安？今日語太平則不足，語剔弊則有餘，諸臣亦何負國家哉！一夫高張，輒疑舉朝皆黨，則株連蔓引，不且一網盡哉。”帝責羽健疑揣，而以前條陳驛遞原之。

太常少卿謝陞求巡撫於永光，永光長吏部，陞當推薊鎮，畏而引病以避，後推太僕則不病。羽健劾陞、永光朋比，宜並罪。永光召對文華殿，力詆羽健，請究主使之者。大學士韓爌曰：“究言官，非體也。”帝不從，已而宥之。一日，帝御文華殿，獨召延儒語良久，事秘，舉朝疑駭。羽健曰：“召見不以盈廷而以獨侍；清問不以朝參而以燕閒。更漏已沉，閣門猶啓。漢臣有言‘所言公，公言之；所言私，王者不受私’。”疏入，切責。羽健既積忤權要，其黨思因事去之。及袁崇焕下獄，主事陸澄源以羽健嘗疏譽崇焕，劾之，落職歸，卒。

【二二八】復胡承謨

翁兄以異等循良，不與考選之列，已稱屈矣，乃又抑之至於此極耶？ 向候京缺，何以竟甘就外？ 弟實不解。 然公論自明，且晚便當內召。 弟不肖極欲傾說項之私，日來無端爲讒夫所中，此時身不在言路，即有口亦不靈，況並無從效其口也。 貴鄉同年相識儘多，想自能爲翁兄了此一段公案。 去國之人，惟有心熱顏赧於知己之托而已。 羽便草勒布復，匆匆，不既欲吐。

胡承謨，湖廣麻城人。天啓二年（1622）進士。

康熙《高安縣志》卷六：
胡承謨，麻城人。由天啓壬戌進士，以調繁任高安。爲政平易，雖尚綜核，而不苛。莅任六載，大有賢聲。陞部主事。後復姓陶。累官福建提學副使（有去思碑）。

【二二九】與強兆龍

仲夏分手，倏又嚴冬。 美人一方，徒勞夢寐。 鱣堂不足以羈驥足，聊借此以爲讀書之地。 廣文雖清冷，然以年兄文望，想見問奇玄亭者，户限爲穿矣。 惟耐心兩年，辛未大捷，固可翹足需耳。 承諭學、按兩臺處，俟其書來相聞問，乃可達之。 日來弟以見憎小人，此身去留，尚不能定。 倘得徼倖，有挽回之法，爲年兄效力，尚自有期，否則翩然長往，爲耕雲釣月之人，一切置之度外矣。 重辱兼拜扇履，具仞不遺。 文憑事訊之來使，知已批照停妥。前弟曾特問銘石兄，渠竟茫然。 使當日年兄即以見托，何至乃爾？ 使旋，草勒布謝。 心緒匆亂，不及縷陳，諸惟炤亮。

強兆龍，江蘇無錫人，歷任上蔡縣教喻、崇陽知縣。

康熙《常州府志》卷一六：
以四十三年乙卯科舉人任崇陽知縣。

同治《崇陽縣志》卷六：
強兆龍，無錫人，舉人，崇禎乙亥任。舊例有火夫及打手之役，令市民更番入衛。又令白役橫行里閈，任其需索，以不費公家一粟爲辭。兆龍下車，撤火夫，設防兵，所予工食，取諸俸餘及舊規中節省者，積困以甦，民爲勒石。

【二三〇】與陳仁錫

久不瞻台範、聆榘誨，此中闕然，亦復憒然。 初六日文華召對，不謂竟作同文館。 聞記注出老年伯手筆，此千秋快事也。 渴欲一見，幸即秘示爲感。待罪之人，未敢趨謁，肅此代叩。

陳仁錫（1581—1636），字明卿，號芝台，蘇州長洲人。天啓二年（1622）進士，崇禎時奉命預修神、光二朝實録，任南京國子祭酒。南明時贈詹事，謚文莊。

《明史·陳仁錫傳》：

陳仁錫，字明卿，長洲人。父允堅，進士。歷知諸暨、崇德二縣。仁錫年十九，舉萬曆二十五年鄉試。聞武進錢一本善《易》，往師之，得其指要。久不第，益究心經史之學，多所論著。

天啓二年以殿試第三人授翰林編修。時第一爲文震孟，亦老成宿學。海內咸慶得人。明年丁內艱，廬墓次。服闋，起故官，尋直經筵，典誥敕。魏忠賢冒邊功，矯旨錫上公爵，給世券。仁錫當視草，持不可，其黨以威劫之，毅然曰："世自有視草者，何必我！"忠賢聞之怒。不數日，里人孫文豸以誦《步天歌》見捕，坐妖言鍛鍊成獄，詞連仁錫及震孟，罪將不測。有密救者，得削籍歸。

崇禎改元，召復故官。旋進右中允，署國子司業事，再直經筵。以預修神、光二朝實錄，進右諭德，乞假歸。越三年，即家起南京國子祭酒，甫拜命，得疾卒。福王時，贈詹事，諡文莊。仁錫講求經濟，有志天下事，性好學，喜著書，一時館閣中博洽者鮮其儔云。

【二三一】上陳令威

世兄南還時，某曾修數行爲候，嗣後惟日望師臺之駕入春明也。 至八月而始知太老師之信，不勝驚悼，不勝悵怏，是何師臺官運連年頓挫耶！ 抑天不欲使邊疆寧謐，蘦宸紓憂，故遲安攘之績耶！ 某仰藉鼎庇，苓濫披垣，廩廩惟秉正嫉邪，以守朝廷之官職者守師門之彝訓。 條奏數篇，頗蒙聖恩採納，庶幾少慰師臺屬望之意。 不意以枚卜一事，爲人所忌，池魚林木，殃禍無端。 今某一官升沉，姑不足論，而大局動定，殊不可知，此小臣所皇皇爲世道憂者耳。 至如台教嚴近寺、清邪帥邪撫與庶僚中邪派，具是切實之論。 若此身不至播棄，當服膺而力行之。 今某已趣歸裝矣，一腔熱血，無地可灑，惟有付之浩歎而已。 江海橫流，師里最苦；折色一節，最爲吃緊之著。 但司農方堅持本色之見，若出自内廷臣子，必以爲市恩鄰境，而緩視國事，故此説定須發於撫按，而以築塘帶入，臺諫從中玉成之。 昔人所謂身在事外，方能救井中之人耳。 老師其以爲何如？ 文書已投，勘合已妥。 尊价老成，諸事俱無差失。因其告歸也，草勒陳謝。 台賜萬不敢當，又萬不敢却，拜嘉惶悚。 寸絲附展蟻忱，祈鑒存之。 臨楮可勝馳戀，感戢之至。 世兄極欲通一聞問，以冗極未遑，希老師叱名致意。

陳祖苞（1586—1639），字令威，又字爾翔，號孝威，杭州海寧人。萬曆四十一年（1613）進士，崇禎時官至都察院右副都御史，巡撫順天。諡忠肅。

《明史·陳祖苞傳》：
陳祖苞，海寧人。崇禎十年以右副都御史巡撫順天。明年坐失事繫獄，飲鴆卒。帝怒祖苞漏刑，錮其子編修之遴，永不叙。

《海寧州志》卷一〇：
陳祖苞，字爾翔。性機警練達。萬曆癸丑，與兄元暉同第進士，授崑山知縣。時太平日久，郡邑綱解目弛。祖苞一意奉法，不避權貴。如丈量編審，事關民隱者，杜隱糧賠課，清漏役複役，勒爲一邑永式。天啓甲子，補永平推官，經略所轄，皆聽理焉。乙丑陞職方主事，實司山海關鎖鑰。會難民聶廷金等七人被獲，東廠魏忠賢欲殺之冒功，祖苞省釋之。璫怒，勒去官。崇正改元，起車駕主事，歷武庫職方，廷議以爲曉暢軍機，因陞憲副，備兵寧前，兼督學政。文武事悉嚴辦，遷參政。丁丑巡撫順天，再遷右副都御史，迺訓士卒，峙糗糧，相形便，嚴保障。邊兵稱精鋭者，首薊鎮焉。既而兵臨墻子口，督臣吳阿衡所鎮也。祖苞發兵救之，而城已失守。本兵楊嗣昌糾罷之。己卯七月卒，年五十有四。

【二三二】又［上陳令威］

自聞太師之變，未能匍匐以哭其私，峕擬走童代致几筵之唁。 欲自撰俚言，成一奠章，略叙水木之衣鉢。 而俗務鞅掌，搖筆而中輟者凡幾，致子弟至誼，闕然於懷。 老師不重督過，而猶賜之教言，益深廢禮之媿。 欲俟南還，躬陳漬酒，恐總帳益遠，懷恨彌深，茲先陳羽便，附以杯羹。 春日歸途，重申憑几之慟。 伏惟呼名致敬，可勝哀惻？

陳令威小傳見【二三一】《上陳令威》。

【二三三】與毛士龍

不肖弟與翁臺雖踪跡疎違，而聲氣浹洽。 向者不知駕行之速，失一良晤，至今悵快。 翁臺起用事，久言之於當事，而僉以事機相應少待爲辭。 近且奉一官止薦一人之旨，則又未便遽登薦牘。 稍緩至明春，必當有一番洗發，諒不使名世高賢，久困烟霞泉石間也。 主上自雄自聖，視群臣皆莫能及，而群臣真莫能有當其意者。 積疑之極，所見無非納賄之人，喜事者從而迎合之，一味以攻擊排擠爲能事，遂使文華殿上，竟成聽訟之堂。 每番召對，或譙訶譴責，或褫斥降調，竟無虛次。 明良喜起之風，固如是乎！ 最可憂者，政府無權，乃盡歸之內邇。 自兩相敗後，內勢益張，而竊叢之鬼，從中媒孽，彼旁通綫索者，能使英明振作之主，易向而不自知。 如近日枚卜一事，此亦祖宗二百七十餘年所未有之奇聞也。 皇上之威愈震，而群小之計愈行，國體大傷，人心大憤。 宣麻盛典，變成勘獄公案。 書之史册，貽累聖德，良非淺渺。 不知老掌科聞之，其以爲何如也？ 弟不肖以多言賈戾，尋常條陳一疏，已奉俞旨，乃一夫樹敵，遽爲罪端，猶幸聖主不墮奸謀，量從薄謫。 然弟自顧生無適俗之韻，從此得返初服，笑傲林丘，有何不愜？而必戀此一官，供人刀俎乎？緬念高情，雲天可薄，敬因歸羽，草勒附候。諸老聯翩而至，正氣雖自不孤，然魯齋、海客光景如斯，將來把握朝權者，定不屬炎洲、澤礜輩矣，能不令人灰盡熱腸哉！臨行之人，不能爲瓊玖之報，嘉珍惠既醉之章，聯爲誦之。諸惟心炤，不一。

毛士龍，字伯高，號禹門，常州宜興人。萬曆四十一年（1613）進士，崇禎時官至左僉都御史。

《明史·毛士龍傳》：

毛士龍，字伯高，宜興人。萬曆四十一年進士。授杭州推官。熹宗即位，擢刑科給事中，首劾姚宗文閱視乖張。楊漣去國，抗疏請留。天啓改元正月疏論“三案”，力言孫慎行、陸夢龍、陸大受、何士晋、馬德灃、王之寀、楊漣等有功社稷，而魏浚、韓醜正害直之罪。帝是之。

李選侍之移宮也，其内竪劉朝、田詔、劉進忠等五人，以盜貲下刑部獄。尚書黄克纘庇之，數稱其冤。帝不從，論死。是年五月，王安罷，魏進忠用事。詔等進重賂，令其下李文盛等上疏鳴冤，進忠即傳旨貸死。大學士劉一燝等執奏者再。旨下刑科，士龍抄參者三，旨幾中寢。克纘乃陳其冤狀，而請付之熱審。進忠不從，傳旨立釋。士龍憤，劾克纘阿旨徇法，不可爲大臣，且數朝等罪甚悉。由是，進忠及諸奄銜士龍次骨。進忠廣開告密，誣天津廢將陳天爵交通李永芳，逮其一家五十餘人，下詔獄。士龍即劾錦衣駱思恭及誣告者罪。進忠憾張后抑己，誣爲死囚孫二所出，布散流言。士龍請究治妖言奸黨並主使逆徒，進忠益憾。

至九月，士龍劾順天府丞邵輔忠奸貪，希孔、允成亦劾之，輔忠大懼。朝等因誘以超擢，令攻士龍。輔忠遂訐士龍官杭州時盜庫納妓，進忠從中下其疏。尚書周嘉謨等言兩人所訐，風聞，請寬貸。進忠不從，削士龍籍，輔忠落職閒住。進忠後易名忠賢,顯盜國柄,恨士龍未已。四年冬,令其私人張訥劾之,再命削籍。明年三月入之汪文言獄詞,謂納李三才賄三千,謀起南京吏部,下撫按提訊追贓,遣戍平陽衛。已而輔忠起用,驟遷兵部侍郎。六年十二月,御史劉徽復摭輔忠前奏,劾士龍納訪犯萬金,下法司逮治。士龍知忠賢必殺己,夜中踰牆遁。其妾不知也,謂有司殺之,被髮號泣於道,有司無如之何。士龍乃潛至家,載妻子浮太湖以免。

莊烈帝嗣位,忠賢伏誅。朝士爲士龍稱冤,詔盡赦其罪。士龍始詣闕謝恩,且陳被陷之故。帝憐之,命復官致仕,竟不召用。至崇禎十四年,里人周延儒再相,始起漕儲副使,督蘇、松諸郡糧。明年冬,入爲太僕少卿。又明年春,擢左僉都御史。時左都御史李邦華、副都御史惠世揚皆未至,士龍獨掌院事。帝嘗語輔臣:"往例御史巡方,類微服訪民間。近高牙大纛,氣凌巡撫,且公署前後皆通賓納賄,每奉使富可敵國,宜重懲。"士龍聞,劾逮福建巡按李嗣京。十月謝病歸。國變後卒。

【二三四】復梁子璠

非敢拒年兄也。　一開接客之端,絡繹不斷,真不堪應酬矣。　且是非亦宜遠避也。　年兄如欲面弟,可於月下過此。　敬此謝復。

梁子璠,廣東南海人。天啓二年(1622)進士。

雍正《廣西通志》卷六八:

梁子璠,南海人。天啓二年知蒼梧縣,逐積蠹,革陋規,凡供役病民者,悉請裁省。郡舊爲陰城,樓廊燬幾盡,復建則益病民。子璠請撤敝補,新修爲陽城。興學造士,以品行爲先。聽斷明允,而不爲深刻。院司知子璠廉介,委之権税,正額外毫不自潤。後擢御史,以論事杖戍,尋放還歸。

【二三五】與錢士晋

老年臺爲司寇,則以梃擊忤鄉人;爲刺史,則以秉正忤權相;爲參藩,則又忤璫、忤璫黨,剛風勁節,百折不回,而又重以英斷練達之卓識定力,當事者苟爲國家計,定不當使老年臺優游武水間也。 弟不肖初入班行之時,即薦舉濫觴之會,主上即厭薄此一路,即前此得俞旨者,部中亦多沉閣不覆。 所以老年臺事,弟每往來於心,計謂求之九閽甚難,不如責成銓部。 適太宰以訪單下及,故與宜之計之。 知老年臺勞苦於風塵者有年,宜優以清卿,儲節鉞之選,遂謬開“才宜卿寺”一項中,謂此區區一念,可仰答知己,不意同儕中,謂訪單不足盡信,遂成畫餅。 嗣後主上益從嚴刷,有每人止許薦一人之旨,所以目前登啓事者,戞戞難之。 弟頃以卜相一事,爲忌受之先生者所側目,並兜入網中,一官且不自保,滿腔熱血,卒未有灑處。 然老年臺之才之望,推轂者自不乏人,且夕長公年兄入都,特一吹噓之間耳。 廓園年兄父子,弟頗盡心力,祭葬廔贈,俱優於諸賢,差爲强意。 但祠司欲彙齊總覆,使子一凄涼京邸,可念耳。 或先寄言以慰其倚閭者,尤引領也。 先此布復。 台貺遠頒,分非所承,重違雅情,靦顏登拜。 戔戔附致,匪云瓊報。 不宣。

錢士晋(1577—1635),字康侯,號昭自,嘉興嘉善人。萬曆四十一年(1613)進士,崇禎時官至都察院右副都御史,巡撫雲南,督川軍餉。

《明史·錢士升傳》附傳:
[錢士升]弟士晋,萬曆中由進士除刑部主事。恤刑畿輔,平反者千百人。崇禎時,以山東右布政擢雲南巡撫。築師宗、新化六城,濬金針、白沙等

河,平土官岑、儂兩姓之亂,頗著勞績。已而經歷吳鯤化訐其營賄,體仁即擬嚴旨,且屬同官林釬弗洩,欲因弟以逐其兄。命下,而士晉已卒,事乃已。

錢謙益《初學集》有《都察院右副都御史巡撫雲南錢公神道碑銘》,述錢士晉生平甚詳。文長不錄。

【二三六】與陳益吾

弟以草土餘生,屏居田野,幸免於魏、崔之手。 今者獲事聖主,方幸得附於諸君子之後,稍稍植立。 而豈意此輩,乃認爲當户之蘭,必欲鋤而去之。豈天欲倒算前帳,所謂疏而不漏者耶? 枚卜一事,關係匪輕。 奸黨既作如此行徑,稍俟蒲州到日,必見分曉。 老親翁南中,且莫亂發兵,此中伏莽乘墉者,方耽耽焉,即言路亦鮮敢輕觸其鋒者。 非真畏之,畏皇上烈火之性,不可嘗試也。 楚中毛道長芝田,慨發一疏,真是言人所不敢言。 疑且得重罰,而皇上竟優容之,並閣票罰俸而亦免也。 繇斯以觀,皇上胸中,原自可回,直患無人敢向前,無人肯盡言耳。 以弟愚意,此時莫言枚卜,莫救老錢,只將黨之一字,盡情說破,或一疏,或二三疏,使皇上了然於黨之根由,則大局始定,而若輩自不敢遽出翻天手段矣。 老親翁以爲然乎? 記注稿,抄得一通馳覽。君子、小人、好醜,畢露於尺幅之間;華袞、斧鉞、彰癉,悉行於行墨之內。千秋萬世,的的不朽,又何必疏攻之而後快哉? 中湛此時,應已到省。 台諸兄如兵垣、户垣、青嶼輩,老親翁自有神力降伏招徠之,不憂不受我戎索;即玄中、完樸等糊塗人,總不能別有作爲,自然聽約束於旗鼓者也。 章魯齋上枚卜始末一書,甚膾炙人口。 此公即面帶甲、口如簧,何能解說分辨? 今渠已居然不去打帳完大計事矣,不知又作何等局面。 南中有大力者,竟逐之而去乎? 弟向者《大僚不可久曠》一疏中,帶"冢臣"一段,實見此老行行且止,故勸其早歸，全易退之節。　今乃指弟爲催促家臣出來，又即以教家臣去爲罪案。　爲家臣者，苟非木石，亦當以弟之被謫，惕然有省於中矣。　札中云：“海虞之失與宜興之得，此世道關係，千里如見。”政爲世道關係，弄出許多事來，今又講甚麼世道？　然此人出醜已盡，將來又能做甚麼事耶？　但可惜牧師卜相不得，而爲聽勘之罪人，不知渠命犯磨蝎如何也！　會議疏，並附覽。

陳益吾小傳見【二三】《與陳益吾》。

【二三七】與熊師旦

中秋後一日，接年兄手書，舉數年積緒沉欝，一朝快掃，喜不自喻。　讀“定亂”大刻，益使人欽服無已。　此番枚卜，老師幸居第一，方慶宗社有靈，爰立明相，以光輔聖主，而無端爲一僉夫作難，遂致大典久稽。　雖事定自當還以應得之物，而目前亦多一番蹭蹬。　至於不肖弟以絶無干涉之人，亦復株連被謫，尤爲可笑。　乃弟亦熟思之矣。　參湯賓尹而韓敬必仇，恤王之寀而劉廷元必恨；韓與劉與温，皆浙之驍也，彼之蓄謀以中弟久矣，特借此發難耳。　弟子然一身，何堪此輩之結黨肆害乎？　弟行矣，理亂不關於中。　故山蘿鶴，吾尋舊盟，亦復何所不得？　可惜聰明睿智之主上，而明明爲宵輩所中，猶自以爲燭奸也。　將來是非倒置，黑白混淆，滿朝諸君子，既以一黨字空之，轉瞬不又成黨錮之禍哉？　漢唐宋之末季，無不以黨終其國。　今何不幸而甫離崔、魏之摧折，又遭此輩之濁亂！　美業不終，盛德貽累，書之史册，其何觀也？　使乎告旋，草勒布復。　知己之前，忘其覼縷。　厚貺遠頒，不敢自外。　一芹附展，匪云報瓊。　時束裝匆冗，不及駢語奉答，幸原之。

熊師旦，字于侯，四川富順人。萬曆四十四年（1616）進士。

康熙《陝西通志》卷一八上：

熊師旦，字于侯，富順人。丙辰進士，授户部主事，陞陝西僉事提學，天啟五年十一月任，六年陞本省臨鞏道參議。旦學問奧博，文尚奇古，不涉尋常蹊徑。

【二三八】與李邦華

桓氏子聞葱老欲覓人圖之，而少年者恐會推恰在增數，業師欲先期下手。不肖以爲此時，只合預備疏稿，一俟會推有名，即星火上之，蓋疏發於與推之後，正以見公論不容。 使牧齋果有差池，何以前日寂無片言也？ 或者聖心其有轉動乎？ 老先生其以爲然否？ 別楮，牧齋處付來者。 其人須早覓，非大有心者，不能力任之也。 幸留意，萬萬。

李邦華小傳見【九八】《與李邦華》。

【二三九】與申用懋

月之初七日，曾遣小僮至灣奉候台駕。 知仙鶴尚遠津門，遂持書而返。昨承鼎翰，惓惓以不肖近事垂神，具感雲天高誼。 此事與不肖了無干涉，而忌牧齋業師者，必欲併其門生而錮之，從此師弟不可以同朝矣。 前小札已道鄙懷，兹已具疏上請，且晚便當南下。 只河冰爲阻，弗得早還故山，深以爲恨。台臺既奉溫旨，自合趣駕入都，似不必更遲遲其轍也。 草勒布謝，諸不盡。

申用懋（1560—1638），字敬中，號玄渚，蘇州長洲人，一説蘇州吳縣人。萬曆十一年（1583）進士，崇禎時任兵部尚書，贈太子少保。

《明史·申時行傳》附傳：

［申時行］子用懋、用嘉。用懋，字敬中，舉進士。累官兵部職方郎中。神宗擢太僕少卿，仍視職方事。再遷右僉都御史，巡撫順天。崇禎初，歷兵部左、右侍郎，拜尚書，致仕歸。卒，贈太子太保。用嘉，舉人。歷官廣西參政。孫紹芳，進士，户部左侍郎。

錢謙益《初學集》有《資政大夫兵部尚書贈太子少保申公神道碑銘》，述申用懋生平甚詳。文長不録。

【二四〇】復周世璽

恭惟門下，絳帳春風，栽成桃李，薊門人士，從此彬彬，不佞弟欣忭何似？ 榮莅未幾，遽荷注存，具仞高情。 不佞無端一謫，雖出意外，然賤性原不以官介意，且此事原不因自取之咎，儘可怡然。 獨是國是如此紛紜，將來政不知何所底止，有識者竊不勝鰓鰓憂之耳。 大稿序言，以冗溷尚未捉筆，知門下當自諒之。 使旋草復，不既願言。

周世璽小傳見【一六七】《與周世璽》。

【二四一】與何應奎

城外景象蕭索，又當此雨雪霏霏，弟病甚，不能出見客也。自製糖品二色，佐以方物二色，一一存之。何時晤孟渚（按疑應作"諸"），乞以張汝琦一催，恐事冗易忘也。

何應奎小傳見【一四六】《與何應奎》。

【二四二】與王家禎

老先生爲法受過，海內皆抱不平。今雖聖意操切，暫爾難回，然公論久而愈明。宏猷偉略如老先生，他日建豎，正未有量。不肖辱在雅愛，且拭目以俟之矣。屏居郊外，弗獲走謁，正抱歉衷，乃翻承雲翰之及，悚仄奚勝？勒此附謝。願言自玉，以迓天休。臨楮不勝依戀。

按：本札謂"老先生爲法受過，海內皆抱不平""屏居郊外，弗獲走謁"。《長編》卷十五十一月二十三日載：削戶部侍郎王家禎籍爲民。本札當作於二十三日稍後也。讀本札也可知，二十三日前後，瞿氏已遷居城外。（上札【二四一】《與何應奎》有語云："城外景象蕭索，又當此雨雪霏霏，弟病甚，不能出見客也。"已爲瞿氏遷居城外後所寫之札。此下各札，多有"屏居郊外"之語。）

王家禎小傳見【一二五】《復王家禎》。

【二四三】與王相説

　　弟屏郊外，一無所聞。　昨何嗇庵來，知年兄有大疏論枚卜事，關係頗大，不知可賜教否？　局外之人，原不當問，亦企仰年兄之極耳。　立伺報，勿吝。

　　王相説，字戀弼，揚州泰州人。天啓二年（1622）進士，任巡按山西監察御史。

　　康熙《袁州府志》卷八：

　　王相説，字戀弼，號鞠劬。泰州人，進士。天啓三年任推官。廉以持己，明以課士，修學講約，訟不勾攝，士民翕然。以考最擢御史。

札二四四至二七〇，崇禎元年十二月

【二四四】與何應奎

項正聞枚卜一事，以公疏暫停。 暫停則得矣，恐冢公氤然之氣，不能無説也。 弟上疏尚遲幾日，亦不出初十日以內。 承念及，謝謝。 小犬前已渥荷隆頒，茲又何當雅惠？ 骨肉之誼，雖同胞遠過之。 感不在口，肅此再謝。

　　按：本札有云："弟上疏尚遲幾日，亦不出初十日以內。"則本札應作於十二月初也。

　　何應奎小傳見【一四六】《與何應奎》。

【二四五】與唐世濟

不肖某夙叨雲庇，茲者台臺榮躋九列，正欣仰奉鞭策，不圖忽有意外之事，茲已束裝將歸矣。 伏念欽降官員，原向有給郵符之例，且曾備員侍從，似又未可策蹇而行。 用敢冒昧上請於台臺，不識可慨賜一勘合，以遄其歸否？ 昨訊之兵帖月，據云從來如此。 輒爾塵瀆，惟裁示，幸甚。

　　唐世濟小傳見【二一八】《與唐世濟》。

【二四六】與陳益吾

枚卜事，冬至前王鞠勹出一疏催舉，內有"序資"之說，不幾日而遂有"不妨增減"之旨。 自此旨出，而太宰徑欲自行其意，日來口口要減去孫、李二公，而推溫、推周、推馬、推吳，長安公論沸然。 任參之與王鞠勹同日上疏，任破黨而暗攻溫，王則指名攻溫矣。 原擬初二日再行會推，因沈炎洲上六科十三道公疏，特申明會推之典，因此續推不成。 先是推少宰張、少司馬李為大司馬，不用。 乃再推司空、司農，又不用。 乃又推崔、趙兩舊司馬，上又不即點。 據冢云："我並不知，實是衆人要用。"據吏科、河南道等云："太宰自出己意，我衆人並不知。"此公疏所以出也。 雖講司馬之推，而枚卜之推，已在其中矣。 豈有六科十三道先期齊發訪單，屆期會單始推？ 如此公舉，可容一二匪人厕於其間者乎？ 周、馬之不得與此，可揣而知也。 而太宰從此，亦決難穩坐。 無論公疏狠極，彼自不能做啞粧聾，且姜道長兆張以推南大司寇先有疏，今又有疏矣，閻近明亦將有疏。 衆矢攢集，能安受否？ 此老若去得成，將來內計，亦自然有一番清明。 目今掌道者蔣澤罍，協道者劉含白，與吏垣沈炎洲，俱稱同調。 今日所幸大局未壞，正氣尚伸，即聖心善疑，然既善疑，亦必善悔。 前見毛芝田疏，殊為心動；已見沈炎洲，復為臉紅，云："他們說黨字如此利害。"再四詳閱云："他也說得公道，處他不得。"今見任、王諸疏相繼而起，覺悟之機，度亦不遠矣。 況聞蒲州初五已到，初七見朝。 蒲州此出，恰遇此等大文字，能不大施手段，以無負蒼生之望否？ 宜興檄狀，牧師亦曾集所聞寫數則，留以待用。 今若推不成，則且饒他。 任參之銳然欲將馬、周、溫合併為一文，似此氣魄，當今罕有，可敬可敬！ 宣城既沒，苕上亦少一宗盟，南中亦聞苕近作何行徑？ 有此事後，意氣如何？ 前黃鶴嶺已具一疏，備將苕上關節陷人事說明，又有阻之者，故不上，然鶴嶺畢竟是一男子，將來亦必有佳文出也。 承訊尹舜隣事，此日方在紛紜，然大都有才是疐，無品亦是疐，川中諸舊，屬在言路者，俱稱惜之。 然究竟涿之私人，此時斷不宜保薦。 今據汪洲甍再疏，與尹自辨疏，俱行彼中撫按查勘，則且聽之可耳。 張繼孟之起補，誠爲無謂，彼全靠許志吉爲催官符，而其實人之本末，那可不問？ 弟正不平之。 弟即日上乞歸疏，殘歲以冰阻不成行，開春即放舟南下。今後一切大事，須時常與炎洲、澤礨、霞城商酌。 弟即日恐不復郊居矣。

　　按：本札語及本年十一月底至十二月上旬朝廷中多起大事。札首言"枚卜事，冬至前王鞠勉出一疏催舉"。本年十一月二十六日冬至。諭旨下後，"太宰徑欲自行其意"，京中公論沸然，"任參之與王鞠勉同日上疏"。考御史任贊化（參之）與王相説（鞠勉）同日上疏之事，《長編》卷十六次於十二月七日。瞿札又言及沈炎洲上六科十三道公疏。《長編》同卷九日載吏科等衙門給事中沈惟炳等合詞上疏論枚卜會推事。札又云："況聞蒲州初五已到，初七見朝。"《長編》同卷十日載大學士韓爌入朝。綜上可知，瞿氏本札當作於十二月十日前後。又，後札【二五三】《上成基命》有云："蒲州至，議論風采何如？"應亦作於同時稍後。

　　陳益吾小傳見【二三】《與陳益吾》。

【二四七】與王道直

　　知年臺已註差敝鄉矣，不審題差在何時？ 弟屏居郊外，弗獲趨叩，此心耿耿。 吳中財賦甲天下，而彫敝亦甲天下，今得福星照臨，吳民其有更生之日矣。 弟不勝爲桑梓手額稱慶。 謹肅此代布下忱，惟年臺鑒之。

　　王道直（1595—1664），字履之，別號儒初，湖廣漢川人。天啟二年

（1622）進士，官至左都御史。

康熙《漢陽府志》卷九：

王道直，字履之，別號孺初，漢川人。生而偉岸，長益端謹。爲諸生，受知督學華亭董其昌。讀書陽臺山寺，寺恒有祟，至是形滅，識者異之。熹宗天啓壬戌成進士，授保定府推官。勁直不阿，聲稱藉甚。嘗行部經涿州，適逆璫魏忠賢在琉璃河，前驅以往見請。道直厲聲曰："吾砥行上谷者數年，今乃見彼哉？雖死何惜也。"竟乘輿去。郡守欲建璫祠，道直復持不許。魏黨殊啣之，然猝無以中。烈皇帝崇禎戊辰，魏璫敗，遂擢爲監察御史。首上《王畿綢繆宜固疏》，"恤軍"則曰："發月餉，懲債帥，嚴部折，實邊倉。""恤民"則曰："慎徵派，革火耗，禁署篆，停本色。"悉見嘉納。張慶臻、劉鴻訓勅書事發，臺省交參，烈皇召諸臣入對。道直面奏慶臻實富行賄，烈皇遂罷鴻訓，而稱道直爲真御史。明年，出按蘇松。陛辭日，疏謂逆黨諸人如霍維華等巧借邊材，陰圖翻案，宜嚴邪正之防，塵剝復之介，以安國家。蘇松水，請停免神器織造，及減折色條編銀十之五。京師戒嚴，捐公費三千兩以助軍興，得優旨。差竣歸里，惟圖書數篋而已。觀風四府，拔名士吳貞啓、錢志驤、吳适、施鳳翼、高世泰等，號知人焉。辛未秋，再出巡關。癸酉冬，掌河南道印，管計典。久之，轉太僕寺少卿，歷光禄卿。乙亥秋九月，操江缺，會推，道直召對稱旨，遂以南京都察院右副都御史提督操江。當是時，革、左諸賊數十部自豫楚東窺鳳陽，南瞰金陵，直犯安、廬、滁、太，漸以臨江，而留都積弛，武備單虛。於是道直甫至，即出巡閱，凡舊防兵自南京新江口至梁山爲游兵營，卒六百；自梁山至池口爲荻港營，卒三百九十；自池口至馬當爲安慶營，卒四百六十，抵江西之彭澤縣。上下九百餘里，而卒不過二千，船不過百艘，器不過竹鎗、篗笐，其外兵可用者，惟新水營［游］、奇兩營，合之得千二百人耳。道直乃戒將校，汰老弱，增兵勵防，造船製砲，一切更始。又睹沿江形勢如采石磯、針魚嘴、東西梁山、裕溪、荻港、泥汊河、樅陽河、安慶府小姑山等皆爲要害，或南北相對，或上下相聯，犄角聲援，隨宜布置。裕溪內通巢縣之焦湖，南與蕪湖斜對裊磯，遏江，號巨盜藪，則遣參將鄭夢熊領游、奇二營、舟師五百專防焉。安慶俯臨大江，為金陵上游，其東數十里樅陽鎮，南對李陽河，受桐城諸水，中多洲渚，盜舟出沒，則遣守禦王志領新水舟師七百策應焉。規畫粗具，而賊已逼矣。冬十二月，賊約七萬餘突廬州。道直身駐江上，調游兵營師三百防針魚嘴，東撤鎮江之圖山營兵三百，據巢縣浮橋以遏賊之在無為州者，又調游、奇二營兵三百駐守西梁山。未幾，賊陷和州，而江風夜碎道直船，賊益肆，憑江欲渡。道直悉斂江船歸渡口以拒之，又調師東防龍潭口，而移瓜、儀、鎮江兵北截江浦。賊以木梯來攻，營兵卻之，獲其諜。丙子春，募兵得五百人，統以參將潘可大，題推官李芳華為監軍，設采蕪營，江防稍密。至明年正月，值賊掠楚龍坪，即遣王志帥舟師赴安慶，道直統勁兵繼發。甲子與賊遇於樅陽河，登陸大戰，賊潰而西。丙寅至老洲頭，為荻港營兵所邀；二月犯潛山，又敗之，斬銀鎧賊將一及精賊百人。三月復大集，攻安慶，聲言復仇。兵備史可法屯於天寧寺之高岡，賊登浮屠，窺其弱，遂力攻。可法戰且迫，而王志馳援，殺賊二百餘，賊始奔。四月，復由黃州犯太湖，參將潘可大死之。道直調兵增防，身與可法收潰卒，安殘民，招總兵牟文綬、監軍楊正芯之師八千自舒城來皖，分遣哨卒列防皖城西北三面，更踞高山，晝旗夜火，多為疑陣。五月，遣圖山營及安慶水師堵賊於分龍嶺，把總朱之幹、王澤與游奇營兵堵賊於急水溝，賊始縮退，皖民遂安，而江南不知有寇者，道直之力也。戊寅召入，為兵部右侍郎，轉左，署尚書事。敘黔功，加一品服俸。庚辰七月，陞左都御史，掌院事，首列臺規數十條，尤嚴巡方之選，定期兩年，使得綜核錢糧，訪戢豪右，而於贖鍰彙報，充餉備賑，不得入御史囊中。以楚地遼闊，分江南北為兩差，著於令，楚人便之。烈皇帝書道直名御屏，註曰："小心謹慎。"嘗以枚卜怒責吏部尚書李日宣，且下逮治。道直語諸閣臣："當共引咎。"閣臣卻，不敢前。道直遂獨奏曰："銓憲一體，臣宜待罪。"烈皇霽色曰："無與卿事。卿可起，用心供職。"其見知若此。名列枚卜者屢矣，而卒沮於權倖。壬午五月，謝病歸。踰年，張獻忠陷武昌，道直先避白旺之寇於湖口。大學士姚明恭以左良玉故受道直恩，今駐安慶，非道直不能使良玉復楚，日言於道直，以一札促之。未匝月，而良玉隨道直西復楚，獻忠果遁。繼聞甲申之變，痛哭欲死者。久之，乃移居南河。父母繼逝，素冠素韠，讀禮終身。順治初，督部以地方大事薦於朝。召見，不起。深居一室者九載而後卒，年七十矣。生平與同榜文震孟、姚希孟、何吾騶、倪元璐等交甚深，於人材世道，素共講求，然不肯倚附清流，標榜門戶。即嘗忤奸輔溫體仁，及與周延儒不合，而亦無矯激之名，世固莫得窺其涯際焉。蓋道直孤清耿介，人所共知，若其氣節與戰功，則詳者殆鮮，故爲表而出之。所著有《中臺奏議》《吳會疏草》《嚴關盾墨》《江流洒赤》等集，藏於家。

【二四八】與馮明玠

日來未得圖晤，此中耿耿。 年兄亦有所建白乎？ 吾鄉正氣如年兄與霞城，指不多屈，海內公論之所歸也。 弟即日南行，一切主持維護，繄惟年兄是賴。 向日有"近事抄本"一帙在案頭，幸簡付一覽，弟偶失其原稿也。 諸容面請，不既。

　　馮明玠小傳見【八一】《與馮明玠》。

【二四九】與陳良訓

　　弟迂拙無似，藉老掌科指迷發覆，幸免顛隮。 乃者天不假緣，無端去國，一身似葉，殊無足爲重輕，第恨長與正人違耳。 以嚴寒尚未能即行，過承垂注，銘刻無似。 盛覬已心領之，容面謝，不一。

陳良訓，字式甫，號岵月，又號壺雲，南昌進賢人。萬曆四十一年（1613）進士，任户部給事中，巡撫鄖陽。

順治《襄陽府志》卷十：
陳良訓，江西進賢人。萬曆癸丑第，崇禎丁丑任［撫治都御史］。

康熙《湖廣鄖陽府志》卷一七：
陳良訓，字式甫，江西進賢人。崇禎丁丑撫治鄖陽。時勢孔棘，盜賊充溢，屬邑殘破。張獻忠、李自成等十三諸大寇，盡在房、竹、光、穀之境。公見剿之不能，遂議招撫於房縣，而人民稍安。

【二五〇】與倪元璐

數年聲氣，一載周旋，良非偶也。 從此曠違芝宇，不知把叫又在何年？疏藁向屬嗜痂，今已成罪案，不敢復行灾木。 但私心欲得大賢一評隲品題，携之以歸，則空囊頓覺不蕭颯矣。 惟翁兄其慨然許之。 向有塵報數十册，並楊文弱疏稿一通、陳無盟詩扇一柄，倘得簡發，尤荷。

倪元璐小傳見【二二】《與倪元璐》。

【二五一】與許觀吉

久違芝宇，懷想殊深。 年臺品望並崇，榮差報命，不日當有越格超擢，以勵勞臣。 台旌入春明，弟適以負罪屏居，既弗能登龍叩謁，又弗獲倒屣趨迎，歉愧無似。 乃辱手教下存，重以隆貺，其何以當？ 念譜誼殷殷，又未敢檠却，敬九頓拜嘉。 蕭此布謝，尚容專候，不一。

許觀吉，字叔顒，蘇州崑山人。萬曆四十四年（1616）進士。

道光《蘇州府志》卷三：
［許承周］子觀吉，萬曆丙辰進士，官工部郎中。

【二五二】與張鑛

年臺持斧中州，動搖山嶽，凡察吏安民諸定政，無不快心滿意而行。 天下巡方使者多矣，如年臺者指不一再屈也。 弟不肖待罪戶垣，甫及數月，魚魚鹿鹿，略無表見。 乃者以枚卜一事，觸奸人之忌，羅而入之網中，茲且栖栖去國矣。 一身似葉，殊無重輕。 顧念世道方見清明，天心未欲平治。 首先鉅典，加我老師，暫且遲撰席於旦暮也。 不知究竟此局如何方結。 年臺聞之，不且深爲扼腕耶？ 弟有鄉同榜二人，在年臺屬下，一爲南陽府同知冷大蒙，一爲上蔡縣教諭強兆龍，兆龍同門也，英才卓品，夐出雞群，屈首青氈，尚需鵬奮；而大蒙五年鄂令，一塵不緇，循資量移，未展驥足。 年臺甄別所至，苟有寸瑜，必破格獎拔，以風有位，知無俟效說項之口。 顧弟終以譜誼不能恝然，知年臺念弟之殷，亦必不恝然於弟之所念者也。 敬因便羽，聊布寸忱。 瞻晤無期，臨風神遡。

張鑛,字珍夫,號廼蒿,泉州惠安人。萬曆四十四年(1616)進士。

乾隆《泉州府志》卷七六:

張鑛,字珍夫,號廼蒿,惠安人,僉事峰曾孫。萬曆己酉舉人,丙辰與兄鏘同登進士,除湖廣湘潭令。邑爲南漕之衝,郵亭六道,上接鄱陽,下達南山,又苦宿莽,飛輓維艱。至則緝奸宄,清獄訟,量地遠近,調遣輓運,郵丁便之。分校楚闈,所得阮維岳、熊漁山,皆知名士。奏最,擢貴州道御史,巡視京畿。時魏璫方燄,莫敢向邇。鑛不避刀鋸抗言:"忠賢交通客氏,竊弄威權,以嬰孩待皇上,以奴婢待宮人,視閣臣似贅疣,視諫官如仇寇。前之怙寵作威,其罪大,今之飾非文過,其罪更大。我皇前念微勞,令奔走左右,其失猶小;今知橫肆,仍聽其盤據,其失更大。大臣言則爲群誣,小臣言則爲附和,諫官言則爲瀆擾,諸臣解體,而皇上乃孤立于上也。"又疏請裁樞貳、添楚按、劾黔撫王三善喪師辱國,皆言人所不敢言。疏入,俱不報,遂告歸。崇禎改元,起原官。鑛以巨憝雖誅,奸黨尚多,媚璫之臣計有三等,且辨周起元之被誣,周宗建、繆昌期、周順昌、高攀龍、李應昇、黃尊素等之含冤。莊烈帝優詔答曰:"這疏詞嚴義正,可稱讜論。"自是直聲震天下。出按河南,正士習,飭紀綱,禁加緍,節驛費;改貴州,轉粵僉事,晋浙江參政,守金衢;歷楚臬、四川右轄,調江西參政;清混移以定滇畝,嚴保甲以捕粵梟,蒐宿牘而多平反,肅計典而新吏治,庶僚懍懍奉法。旋以遷浙臬過家,遂不復出,年七十八卒。其疏稿俱載《明從信録》中。子潗,戊辰貢士。

【二五三】上成基命

偶欲附一信於張門生廼蒿,而承差不肯稍帶,云老師處指日有回書。 不知可並入一函封付去役否？　謹以呈上。　蒲州至，議論風采何如？　能主不增不減之說，便是其出山第一篇大文字矣。　老師有所聞，幸不靳賜教。

成基命小傳見【五四】《上成怣予》。

【二五四】與任贊化

昨見烏程應疏，又大膽放潑。　不知曹銘石疏後，有繼之者乎？　然此人已是廢物，無足深較，其有銳氣勃然，辣鋒棘然者，所望芟除，正復不小。　前辱面教時，曾有再舉之說，不知應在何時？　聞其人眈眈於年兄殊甚，年兄當自知之，毋俟弟言也。　覽過即付之火。

任贊化（1602—?），字參之，解州聞喜人。天啓二年（1622）進士。

康熙《安陸府志》卷一七：
任贊化，字參之，聞喜人。由進士天啓五年任。公初任棗陽，以循良稱，調繁景陵。是時邑多積逋，公取細户冊，次第布之。革完糧，立里户，平設六櫃，許納户自投匭内。復親征漕糧，椽吏不得高下其手；領解邊餉，毫弗累及里役。擢監察御史。士民立“五不朽”碑，至今在縣治前。

【二五五】與何若鶴

昨所白文生映斗，乃先君較楚時首拔士也。　出貢於戊午，而年青力茂，賈其餘勇，尚堪拔幟文壇。　茲者循序赴考，原非即圖實授，不過借一名色以歸，如庚午秋闈得捷，則芻狗置之，非然乃就此局耳。 蒙仁兄已許轉達孟老，弟極欲耑札懇之，而避嫌未敢數數投書。 兹者考期在旦（日）［夕］矣。 生死關頭，繄惟一試，必得如其所請，畀以縣正，俾得藉爲將來出身之階，則生成大德，真與天地父母均之矣。 弟非誼切通家，何苦不自愛而瑣瀆當事？ 顧情有所不容已也。 耑此再懇，幸惟留意。

【二五六】與江用世

年兄榮轉事，弟日夕在心，所苦缺少人多，一時未能如願耳，然開春自必了此。 一俟明衡兄到，即當轉致之也。 盛惠不敢當，然杯已鎸賤名，又誼不可却，敬九頓拜嘉，一引滿一醉德矣。 二幣完上，即以申弟縞紵之義。 明日之約，千乞年兄轉達諸兄已之。 至懇，至懇。 肅勒布謝，不盡。

江用世（1573—1650），字鼎寰、仲行，蘇州太倉人。籍盧州無爲。天啓二年（1622）進士。

嘉慶《直隸太倉州志》卷一五：
江用世，天啓二年壬戌文震孟榜。

康熙《江西通志》卷一三“按察使”條：
江用世，蘇州人，由進士［任按察使］。

【二五七】與鄭師玄

日者清談半日，大豁塵心。台丈淵識勁骨，宏略長才，朝中罕有。顧屈於時遇，而不得盡見其奇，扼腕何勝？要之，直旦暮須耳。天文大著，既蒙不鄙，幸慨然惠教之。在不肖斷不敢輕洩珍秘之書，在台丈亦不必過存儉父之見也。耑此叩請，幸惟心炤。

鄭師玄，大名魏縣人。

雍正《神木縣志》卷二"監收廳"條：
鄭師玄，直隸魏縣人。由官生天啓四年任。（建講堂於文昌祠，内有刻記。）

【二五八】與高默

累承年兄枉顧，爲屏居不敢應酬，故闔人徑以例辭，負罪實深矣。弟已得請，指日將歸。無緣與年兄圖一劇話，同門之誼謂何？錢千秋事，聞二十日會審矣。公道主持，縶惟年兄是賴。此事案結八年，赦經三次，有何不了，而重理前帳乎？幸年兄與同事諸公，斬釘截鐵，一破此魔。海内誦服高義，所不待言，而聖心從此大明，使千載無闕政，亦一大快事也。草此奉瀆，諸惟心炤。

按：本札謂"錢千秋事，聞二十日會審矣"，則本札作於十二月二十日稍前可知。

高默(1586—1639),字玄之,山東汶上人。萬曆四十四年(1616)進士,崇禎時任河南知府。

乾隆《兗州府志》卷三二:

高默,汶上人。萬曆丙辰進士,由元氏令任刑部,讞獄明允。時逆閹竊柄,有所憾,發默勘問,欲寘之死。默持平不阿,觸閹怒,降調回籍。崇禎改元,還故職,風節益勵。遷河南府知府,後以剛直忤藩王,遂除籍歸。娛情詩酒,杜口朝政,數年卒。

【二五九】與王洽

久不相聞,未知日來有甚新事否? 貴鄉毛道長疏,甚快人心,此得之老先生從臾不少,未知此時何以尚未得旨? 老先生亦聞其槩乎? 敝同年杜喬林,清恬之士也,以閩中憲副入賀來京。 微聞前詩册中列名,頗以爲介介。 杜兄以庚申、辛酉守湖州,癸亥丁艱,丁卯始任閩憲,西湖之事,委實無相干涉。前詩不進則已,萬一進時,則因其假者而並爲真者藉口,反屬未便。 昨不肖特與霞城計議,還須簡去此一葉,更爲便妥。 幸老先生熟計圖之,不妨携册與霞城共商之也。 耑此布愊,諸不一。

按:本札謂"貴鄉毛道長疏,甚快人心";又言及所謂"西湖詩册"實與其同年杜喬林無關,拜託王洽打點照應。《長編》卷十六,十二月十九日載御史毛九華疏劾温體仁云:"逆瑺西湖建詞[按:當作'祠'],首爲詩歌頌德,至'明德''鼎馨'之語,則以瑺爲何如人? 爲體仁計,尚知所以退處。"下札【二六○】《與杜喬林》告杜,王有回柬,謂已處理停當。則上二札當作於十二月十九日稍後。

王洽（？—1629），字和仲，又字涵仲，號蒼嶽，濟南臨邑人。萬曆三十二年（1604）進士，崇禎時官至兵部尚書。

《明史·王洽傳》：

王洽，字和仲，臨邑人。萬曆三十二年進士。歷知東光、任丘。服闋，補長垣。洽儀表頎偉，危坐堂上，吏民望之若神明。其廉能爲一方最。

擢吏部稽勳主事，歷考功文選郎中。天啓初，諸賢彙進，洽有力焉。遷太常少卿。三年冬，以右僉都御史巡撫浙江。洽本趙南星所引，及魏忠賢逐南星，洽乞罷，不許。五年四月，御史李應公希忠賢指劾洽，遂奪職閒住。

崇禎元年召拜工部右侍郎，攝部事。兵部尚書王在晉罷，帝召見群臣，奇洽狀貌，即擢任之。上疏陳軍政十事，曰嚴債帥，修武備，核實兵，衡將材，覈欺蔽，懲朘削，勸訓練，釐積蠹，舉異才，弭盜賊，帝並褒納。宣大總督王象乾與大同巡撫張宗衡爭插漢款戰事，帝召諸大臣平臺，詰問良久。洽及諸執政並主象乾策，定款議。詳見象乾、宗衡傳。

尋上言：“祖宗養兵百萬，不費朝廷一錢，屯田是也。今遼東、永平、天津、登、萊沿海荒地，及寶坻、香河、豐潤、玉田、三河、順義諸縣閒田百萬頃，元虞集有京東水田之議，本朝萬曆初，總督張佳胤、巡撫張國彥行之薊鎮，爲豪右所阻。其後，巡撫汪應蛟復行之河間。今已墾者荒，未墾者置不問，遺天施地生之利，而日講生財之術，爲養軍資，不大失策乎！乞敕諸道監司，遵先朝七分防操、三分屯墾之制，實心力行，庶國計有裨，軍食無缺。”帝稱善，即命行之。嘗奏汰年深武弁無薦者四十八人，以邊才舉監司楊嗣昌、梁廷棟，後皆大用。

二年十月，我大清兵由大安口入，都城戒嚴。洽急徵四方兵入衛。督師袁崇煥，巡撫解經傳、郭之琮，總兵官祖大壽、趙率教、滿桂、侯世禄、尤世威、曹鳴雷等先後至,不能拒,大清兵遂深入。帝憂甚,十一月召對廷臣。侍郎周延儒言:"本兵備禦疎忽,調度乖張。"檢討項煜繼之,且曰:"世宗斬一丁汝夔,將士震悚,强敵宵遁。"帝頷之,遂下洽獄,以左侍郎申用懋代。明年四月,洽竟瘐死。尋論罪,復坐大辟。

洽清修伉直,雅負時望,而應變非所長。驟逢大故,以時艱見絀。遵化陷,再日始得報。帝怒其偵探不明,又以廷臣玩愒,擬用重典,故於洽不少貸。厥後都城復三被兵,樞臣咸獲免,人多爲洽惜之。

【二六〇】與杜喬林

昨即致札王葱老,爲詳言其故。 今日得渠回柬,云:"杜詩已摘出,送許霞城處,只囑杜丈緘秘可也。"弟心已大安。 謹此附報,併慰。 諸不一。

按:本札作期,請參上札【二五九】《與王洽》按語。

杜喬林,字君遷,松江華亭人。萬曆四十四年(1616)進士,任山西按察使、浙江右布政使。

乾隆《江南通志》卷一四一:
杜喬林,字君遷,華亭人。萬曆丙辰進士,由主事出知湖州。府枕太湖,故多盜。時王崑崙等竊發,喬林密謀捕擊,五十餘日,群盜悉平。累遷浙江右布政使,分巡溫、處。到官六日,海寇劉香老入犯,圍府城。晝夜捍禦,廉得賊諜,誅之。出兵奮擊,三戰皆捷。以病告歸。子麟徵,字仁趾,由進士官刑部主事,疏諫大璫總理部務及出監宣大諸鎮事。

【二六一】與晉淑抃

年兄定於廿四行乎？ 依依此情，何忍瞥然分袂？ 廿三日晚，能撥冗移玉一晤乎？ 薄贐不蒙見納，不敢再瀆。 兹具湖綿一觔、松布一端、戎褥一對、製履一雙，皆家鄉物也。 不復具帖，幸賜莞存。 荷，荷。

按：本札云："年兄定於廿四日行乎？……廿三日晚，能撥冗移玉一晤乎？"蓋作於十二月二十三日稍前也。

晉淑抃小傳見【五八】《與晉淑抃》。

【二六二】與方孔炤

數年飢渴，快慰於昨日一晤。 知年兄公冗，弗敢久留。 弟又以屏居，不獲趨叩，此心耿耿。 所懇老年伯大著，已蒙面許。 伏乞即賜簡發，俾弟廢閒之人，得以朝夕把玩，何異百朋之錫哉。 耑此再瀆，諸不盡。

方孔炤（1590—1655），原名若海，字潛夫，號仁植，安慶桐城人。萬曆四十四年(1616)進士，崇禎時任右僉都御史，巡撫湖廣，屯田山東、河北，兼理軍務。謚貞述。

《明史·方孔炤傳》：
方孔炤，字潛夫，桐城人。萬曆四十四年進士。天啓初，爲職方員外郎。忤崔呈秀，削籍。
崇禎元年，起故官。憂歸。定桐城民變，還朝。十一年以右僉都御史巡撫湖廣，擊賊李萬慶、馬光玉、羅汝才於承天，八戰八捷。時文燦納獻忠降，處之穀城。孔炤條上八議，言主撫之誤，不聽，而陰屬士馬備戰守。已而賊果叛，如孔炤言。賊故畏孔炤，不敢東，文燦乃檄孔炤防荆門、當陽，鰲永防江陵、遠安，秦、蜀各嚴兵。崇儉主合擊，孔炤乃請專斷德、黃，守承天，護獻陵；而江、漢以南責鰲永。會嗣昌代文燦，令孔炤仍駐當陽。惠王常潤言：「孔炤遏獻忠，有來家河、神通堡之捷，射中賊魁馬光玉，陵寢得無虞。請增秩久任。」章下部，未奏，而部將楊世恩、羅安邦奉調，會川、沅兵剿竹山寇。兩將深入，至香油坪而敗。嗣昌既以孔炤撫議異己也，又忮其言中，遂因事獨劾孔炤，逮下詔獄。子檢討以智，國變後棄家爲僧，號無可者也，伏闕訟父冤，膝行沙堁者兩年。帝爲心動，下議，孔炤護陵寢功多，減死戍紹興。久之，用薦復官，以右僉都御史屯田山東、河北。馳至濟南，復命兼理軍務，督大名、廣平二監司禦賊。命甫下而京師陷，孔炤南奔。馬、阮亂政，歸隱十餘年而終。

【二六三】與陳益吾

目前大局幸未動，正氣幸未衰，即前日袁弘勳之疏，幾乎免勘，而畢竟以閣揭爭，仍得今旨，可見聖意原自虛公。　今緊關全在會勘錢師一節，與再舉枚卜一節，此不能無望於蒲州之主張耳。　據諸公言，謂蒲州此番來，議論風采，更勝往時。　即昨在途中來，口口不滿烏程之爭，而深以其不去爲非。　又昨於旅衆中，面覷宜興而數烏程之不當爭與必當去，宜興大愠。　此種舉動，亦儘可人也。　錢千秋事，昨二十二日，已經鞫審一番。　先是小三法司止合蔣澤罍與刑部王儉齋及廷評一人。　澤兄以避嫌，遂請十三道十三司，公同會審於京畿察院。　誠恐内邊窺伺，與對頭藉口，仍嚴刑細鞫，毫不假借，而千秋畢竟原有本心，畢竟不能污主司一字。　此審一定，則大事已完，更於何處興風作浪哉！

方頭者向彼中言，深詆銘石，向此中言，則全歸於己，謂我教他上也，亦小人之賤而無恥者矣。　繼曹疏者爲毛九華，九華之參烏程，以西湖媚祠詩也。　貴衙門有阮嗣宗者甚佳，曾到南否？　前五段疏，膾炙人口，幸獎成之。　萬龍沙亦快人，可與交。　弟所知者止此。　黎考功畢竟何如？　臧止菴竟轉選郎，不慍否？　中訒轉銓，到底要看姜兄之陞信。　目前兩司缺甚少，據選君說，直待大計後乃得缺。　廿七，仲嘉兄宣讀文華，略記其事，附錄呈覽。　諸不一。

　　按：本札有云"錢千秋事，昨二十二日，已經鞫審一番"。又云"繼曹疏者爲毛九華，九華之參烏程，以西湖媚祠詩也"。又云"廿七，仲嘉兄宣讀文華……"。所述皆十二月下旬之事，而札當作於二十七日稍後也。

　　陳益吾小傳見【二三】《與陳益吾》。

【二六四】與方孔炤

　　弟與年兄如何交誼，而乃作此禮數，其視弟爲何人耶？　弟無穴可避矣。萬萬不煩再命。　尊詩領到，即此便堪一路逍遙矣。　謝謝。
　　侍教兩字不敢當，原帖並璧。

　　方孔炤小傳見【二六二】《與方孔炤》。

【二六五】與劉士禎

大疏稿，正與吳鹿友互相發明，而年兄更直截痛快。 有此二文，蒲州從此易爲力矣，年兄功在世道不淺也。 原稿附歸。 數年旨意，弟處無之，止存科者，曾借來看過，隨即還之。 年兄更與同鄉省中年兄轉索之可也。

劉士禎小傳見【一〇六】《與劉士禎》。

【二六六】復何應奎

歲序將更，弟僻處荒郊，真有寒盡不知年之意。 乃承仁兄錫之腆貺，起我無限新舊之感矣。 重違雅情，一一登拜。 明日準擬台駕賁臨敝止也。 專此謝復。

何應奎小傳見【一四六】《與何應奎》。

【二六七】與徐汧

讀仁兄之文，則知仁兄之詩，蓋夙生原是謫仙下降，通體皆詩，故字句之間，一一靈動惺徹乃爾。 得教懸之壁間，斗室頓生光怪。 可恨者仁兄不以全豹與人，猶存見少。 容托家孟再求，必盡發帳中之秘而後已。 先此謝教，不一。

按：本札有語云："歲序將更"；下札【二六九】《與饒京》有語云："節

届履端";札【二七〇】《與方孔炤》有語云:"退位之人,蕭蕭旅邸,亦復何知有歲序之更?"此數札類皆作於十二月底也。

徐汧小傳見【六八】《與徐汧》。

【二六八】與呂一奏

某一片熱腸,從今灰冷。 腸非敢冷,非忍冷,蓋時勢不得不冷也。 屏居郊外,冷更如雪,孰有雪中送炭如台臺者乎! 感愧之私,何可言罄? 台臺力肩世道,熱腸更十倍於某之去矣。 願言珍護,以迓天休。 肅此布謝,諸不能悉。

呂一奏,字九初,山東諸城人。萬曆四十七年(1619)進士。

康熙《諸城縣志》卷六:
呂一奏,字九初,□□□人。

雍正《山東通志》卷一五之一:
呂一奏,諸城人,己未進士。

康熙《青州府志》卷一三:
呂一奏,諸城人,户部郎中。

【二六九】與饒京

昨蒙厚賜，慚感曷勝？ 節屆履端，無物可獻。 自製點心二盒、燒脯二盒、家酒一罈、家粲一斛，少引寸忱，知老父母不笑其酸味也。

饒京小傳見【四六】《與饒京》。

【二七〇】與方孔炤

前承惠，非敢自外，特以臭味心期如年兄，不應以此加弟也。 茲又辱念及，惠我珍味種種，其何以當？ 退位之人，蕭蕭旅邸，亦復何知有歲序之更？年兄其又提醒我矣。 張鳳翔疏未之見，乞年兄以揭帖借我一觀。 恂恂欲言，統容面傾。 初三、四間有暇，得一過我尤妙。 先此謝。

方孔炤小傳見【二六二】《與方孔炤》。

札二七一至二八〇，崇禎二年一月

【二七一】與許譽卿

頃亦聞召對事，正爲本兵，而烏程辨疏，已着毛道長回話。 又聞劉須彌本批出，牧老近時語氣如何？ 弟尚未之見也。 長山不得寬，所傷國體甚多，小人之乘機政可慮，不知政府更有神力幹旋否？ 牧老勘後便可歸，弟歸自當在正月中旬。 偵者之説必有之，有聞更乞年兄時時密示。 骨肉之誼，所望一二知己，政不淺也。 大疏稿領到，容抄完奉歸。 珍惠種種，何以克當，重違拜嘉，草勒附謝。

　　按：本札云"……而烏程辨疏，已着毛道長回話"。又云"長山不得寬，所傷國體甚多……"。又云"牧老勘後便可歸，弟歸自當在正月中旬"。《長編》卷十七載：崇禎二年（1629）正月一日，毛九華回奏糾温體仁（烏程）"媚璫詩句"事。二日，大學士韓爌等揭救劉鴻訓（長山），不允。又：吏部尚書王永光等會議增改勅書一案。帝令張慶臻、劉鴻訓等俱削籍議罪。綜上而言，本札應作於正月二日稍後，瞿南歸前。

　　許譽卿小傳見【九三】《與許譽卿》。

【二七二】與魏學濂

看議屬功司，而事關部院，亦非一人所得主也。 公論自在，誰能曲護之哉？ 恤典有屬功司者，有屬祠祭司者，或應往投一揭，並投一帖，至不佞自當催之也。 尊公集十四册奉還，序文當勉爲之，以塞來命。 先此復。

魏學濂小傳見【一七二】《與魏學濂》。

【二七三】與何應奎

徐祖恩事已妥矣。 頃到科，見有禮科效勞任三接呈稟："己身原該十月補選，不期詐充戶科效勞名色徐祖恩截取有名，致三遺取，伏乞移文選司查明。"弟聞之不覺訝然。 想此人原應截選，仁兄以弟故，拔徐而遺任也。 今據其人苦懇，不知可能續出否？ 惟仁兄裁示之。

何應奎小傳見【一四六】《與何應奎》。

【二七四】與蔣允儀

前者以臺中各揭借觀，原無秘語，而閽者以投書楔拒。 廿八日曾召閣部，不知所言何事？ 可相示否？ 牧師審語，渴欲一見，不謂乃先在仲嘉兄處，容即取觀。 長山一案，若得免議則佳，不知蒲州亦有此力量否？ 益吾來札，怕何舜如及南中諸小人，今何既處，已寬心。 昨札並馳覽，乞細閱過，仍擲還。夏敬承單款，前已托人圖之，不謂至今寂然也。

敝邑有兩人求于計事一照管，一爲趙隆美，一爲歸紹隆，乞留意。

按：本札有云："長山一案，若得免議則佳，不知蒲州亦有此力量否？"札應作於一月二日稍前。請參上札【二七一】《與許譽卿》按語。

蒋允儀（？—1642），字聞韶，又字巖叟，號澤墨，常州宜興人。萬曆四十四年（1616）進士，崇禎時任都察院右僉都御史，巡撫鄖陽。

《明史·蒋允儀傳》：

蒋允儀，字聞韶，宜興人。萬曆四十四年進士。授桐鄉知縣，移嘉興。

天啓二年擢御史。時廣寧已失，熊廷弼、王化貞俱論死，而兵部尚書張鶴鳴如故，糾之者反獲譴。允儀不平，疏詆其同罪佚罰。因言："近言官稍進苦口，輒見齟齬，遷謫未已，申之戒諭。使諸臣不遵明諭，而引裾折檻以甘斥逐，天下事猶可爲也；使諸臣果遵明諭，而箝口結舌以保祿位，天下事尚忍言哉！頃者，恒暘不雨，二麥無秋，皇上於宮中祈禱，反得冰雹之災。變不虛生，各以類應。夫以坤維之厚重而震撼於妖孽，以鬚眉之丈夫而交關於婦寺，以籍叢煬竈之奸而托之奉公潔己，是皆陰脅陽之徵也。"報聞。鶴鳴既屢被劾，因詆劾者爲群奸朋謀，而反與前尚書黃嘉善、崔景榮並以邊功晋宮保。允儀益憤，言："鶴鳴既以斬級微功邀三次之賞，即當以失地大罪伏不赦之辜。且以七百里之榆關，兼旬而後至，畏縮無丈夫氣，偃蹇無人臣禮。猶且靦顏哆口評經、撫功罪，若身在功罪外者。陛下試問鶴鳴，爲本兵，功罪殺於邊臣，今日經、撫俱論辟，鶴鳴應得何罪，又問鶴鳴，舊日經、撫俱論辟，嘉善、景榮應得何罪，赫然震怒，論究如法，庶封疆不致破壞。"帝不用。

會議紅丸事，力詆方從哲，請盡奪官階、祿廕。其黨惡之。徐州舊設參將，山東盜熾，以允儀請，改設總兵。尋疏論四川監司周著、林宰、徐如珂等功，請優叙。而劾總督張我續退縮，請罷斥。不從。

踰月，請杜傳宣、慎爵賞、免立枷、除苛政。且言："向者丁巳之察，凡抗論國本繫籍正人者，莫不巧加羅織。陰邪盛而陽氣傷，致有今日之禍。今計期已迫，願當事者早伐邪謀，亟培善類。"疏入，魏忠賢、劉朝輩皆不悦。以丁巳主察之人不指名直奏，責令置對。允儀言："丁巳主察者鄭繼之、李鋕也，考功科道則趙士諤、徐紹吉、韓浚也。當日八法之處分，臺省之例轉，大僚之拾遺，黑白顛倒，私意橫行。凡抗論建藩，催請之國，保護先帝，有功國本者，靡不痛加催抑；必欲敗其名，錮其身，盡其倫類而後快。於是方從哲獨居政府，亓詩教、趙興邦等分部要津。凡疆圉重臣，皆賄賂請托而得，如李維翰、楊鎬、熊廷弼、李如柏、如楨，何一不出其保舉。迨封疆破壞，圄圄充塞，而此輩宴然無恙。臣所以痛心遼事，追恨前此當軸之人也。"中旨將重譴允儀，以大學士葉向高言，停俸半歲。

已，復因災祲上言："内降當停，内操當罷。陵工束手，非所以展孝思；直臣久廢，非所以光聖德。東南杼柚已空，重以屢次之加派；金吾冒濫已極，加以非分之襲封。聖心一轉移，天下無不順應。區區修禳虛文，安能格上穹哉！"帝不能用。

巡按陝西，條上籌邊八事。太常少卿王紹徽家居，與里人馮從吾不協。允儀重從吾，薄紹徽。魏忠賢擢紹徽佐都察院用事。五年，允儀還朝，即出為湖廣副使。其冬又使給事中蘇兆先劾其為門戶渠魁，遂削籍。

崇禎元年薦起御史，言："奸黨王紹徽創《點將録》，獻之逆奄。其後效之者有《同志》《天監》《盜柄》諸録，清流遂芟刈無遺。乞加削奪，為傾陷忠良之戒。"從之。其冬掌河南道事，陳計吏八則。明年佐都御史曹于汴，大計京官，貶黜者二百餘人，坐不謹者百人，仕路為清。尋擢太僕少卿。

四年六月以右僉都御史撫治鄖陽。諸府標兵止五百，餉六千，不及一大郡監司。且承平久，人不知兵，而屬城率庫薄，無守具。六年，流賊將窺湖廣。兵部令移鎮襄陽，鄖陽益虛。其冬，賊大至，陷鄖西上津。明年陷房縣、保康。允儀兵少，不能禦，上章乞援，且請罪。會賊入川，鄖得少緩。中官陳大金與左良玉來援，副使徐景麟見其多携婦女，疑為賊，用礮擊之，士馬多死。大金怒，訴諸朝，命逮景麟，責允儀陳狀。已而並逮允儀下獄，戍邊，而以盧象昇代。十五年，御史楊爾銘、給事中倪仁禎相繼論薦，未及用而卒。

【二七五】與許譽卿

年兄大疏已上，疏稿可得賜一見否？ 此等文字，真是關係世道。 弟去國之人，不能多見矣。 今日已上小疏。 回思一片熱腸，無端驅逐，君雖逐我，我眷戀一腔，終是含淚滿腮。 顧我年兄，撐起脊梁，共扶世運，弟即去亦有餘榮矣。 陳益吾字來，有許多要言，欲與年兄暨澤疊年兄言者。 能那片刻，同至小寓一談否？ 此非關弟，乃掌垣掌道之責，將托弟爲轉致耳。 勿泄泄視之。

許譽卿小傳見【九三】《與許譽卿》。

【二七六】與張國維

昨年兄曾會銘石否？ 其語意如何？ 肯發此興否？ 幸示之。 今日蒲州至矣，轉移大關，全在此老，不知將來將何舉動也。《吾徵録》疏抄，中冊向未見付，終成闕典。 乞賜一查，俾弟究此一書，尤荷。 上下二冊，先繳納。

張國維小傳見【六六】《復張國維》。

【二七七】上錢牧齋

今日未有人出城，不知昨召對何事也。 王鞠劬已留，王述文已用，此已見旨。 昨冊正欲袖過，面求批閱，恐客至不便，故特緘致，乞於燈下細加批抹。吾輩即身在事外，而心不可一日不在事中，願吾師畢竟終教之也。 來惠皆大官之膳，何以克當？ 敬拜嘉，容面謝。

錢謙益小傳見【一三】《上錢牧齋》。

【二七八】與倪元璐

歲籥一更，新禧駢集，想見道體日來更神旺矣。 郊居無以將敬，聊具法製薑丁一封、法製陳皮二封、醉蟹醉蚶各一鉼引意，幸笑存之。 疏稿望抹擲，翹竢。

按：本札謂"歲籥一更，新禧駢集"，當作於正月初。

倪元璐小傳見【二二】《與倪元璐》。

【二七九】與王洽

恭喜老先生，儼然正位中樞，此宗社之福，封疆之慶也。 而當此多疑之聖主，廷推五六番之後，且以老先生爲正人領袖，而畢竟簡在帝心，此尤可喜也。 某不肖竊附臭味之末，不勝爲世道忭舞。 屏居郊外，弗得踵門一志雀躍，謹肅寸楲申賀。（謹）［諸］惟崇炤，不一。

按：本札謂王洽"正位中樞"。王陞兵部尚書，見載於《長編》卷十六崇禎元年（1628）十二月二十八日，則瞿札應作於崇禎二年（1629）正月初也。

王洽小傳見【二五九】《與王洽》。

【二八〇】復

再承示令親以二千石之的派，十五年之嗣子，承先繼序，名正言順，同族焉得旁覬？揑嗣之謀，藐孤曷堪！年臺即令持牒而來，懲彼奸人，維此緣脉，亦快事也。肅再復，未悉。

附　录

一、《明史·瞿式耜傳》

瞿式耜,字起田,常熟人。禮部侍郎景淳孫,湖廣參議汝説子也。舉萬曆四十四年進士。授吉安永豐知縣,有惠政。天啓元年調江陵。永豐民乞留,命再任。以憂歸。

崇禎元年擢户科給事中,疏言李國楨宜留内閣,王永光宜典銓,曹于汴宜秉憲,鄭三俊、畢懋良宜總版曹,李邦華宜主戎政。帝多采其言。俄陳朝政不平,爲王之寀請恤,孫慎行訟冤,速楊鎬、王化貞之誅,白楊漣、左光斗結毒之謗,追論故相魏廣微、顧秉謙、馮銓、黄立極之罪。因言奪情建祠之朱童蒙不可寬,積忿久廢之湯賓尹不可用。帝亦納之。又極論來宗道、楊景辰附逆不可居政府,二人旋罷去。御史袁弘勛劾大學士劉鴻訓,逆黨徐大化實主之。川貴總督張鶴鳴先已被廢,其復用由魏忠賢。式耜並疏論。已,頌楊漣、魏大中、周順昌爲清中之清,忠中之忠,三人遂賜諡。未幾,陳時務七事,言:"起廢不可不亟,陞遷不可不漸,會推不可不慎。諡典宜嚴,刑章宜飭,論人宜審,附璫者宜區分。"又極論館選奔競之弊,請臨軒親試。末言:"古有左右史,記天子言動。今召對時勤,宜令史官入侍紀録,昭示朝野。"事多議行。時將定逆案,請盡發紅本,定其情罪輕重。又言宣府巡撫徐良彦不附逆奄,爲崔呈秀誣劾遣戍,亟當登用。良彦遂獲起。

式耜矯矯立名,所建白多當帝意,然搏擊權豪,大臣多畏其口。十月詔會推閣臣,禮部侍郎錢謙益以同官周延儒方言事蒙眷,慮並推則己絀,謀沮之。式耜,謙益門人也,言於當事者,擯延儒弗推,而列謙益第二。温體仁遂發難,延儒助之。謙益奪官閒住,式耜坐貶謫。式耜嘗頌貴寧參政胡平表殺賊功,請優擢。其後平表爲貴州布政使,坐不謹罷。式耜再貶二秩,遂廢於家。久之,常熟奸民張漢儒希體仁指,訐謙益、式耜貪肆不法。體仁主之,下法司逮治。巡撫張國維、巡按路振飛交章白其冤,不聽。比兩人就獄,則體仁已去位,獄稍解。謙益坐削籍,式耜贖徒。言官疏薦,不納。

十七年,福王立於南京。八月起式耜應天府丞。已,擢右僉都御史,代方震孺巡撫廣西。明年夏,甫抵梧州,聞南京破。靖江王亨嘉謀僭號,召式耜。拒不往,而檄思恩參將陳邦傳助防。止狼兵,勿應亨嘉調。亨嘉至梧,劫式耜,幽之桂林,遣人取其敕印。初,式耜議立桂端王子安仁王。及唐王監國,式耜以爲倫序不當立,不奉表勸進。至是爲亨嘉所幽,乃遣使賀王,因乞援。王喜,而亨嘉爲丁魁楚所攻,勢窘,乃釋式耜。式耜與中軍官焦璉召邦傳共執亨嘉,亂遂定。唐王擢式耜兵部右侍郎,協理戎政,以晏日曙來代。式耜不入朝,退居廣東。

順治三年九月,大兵破汀州。式耜與魁楚等議立永明王由榔,乃迎王梧州,以十月十日監國肇慶。進式耜吏部右侍郎、東閣大學士,兼掌吏部事。未幾,贛州敗報至,司禮王坤迫王赴梧州。式耜力爭,不得。十一月朔,蘇觀生立唐王聿𨮁鐪於廣州。式耜乃與魁楚等定議迎王還肇慶,遣總督林佳鼎禦觀生兵,敗歿。式耜視師峽口。十二月望,大兵破廣州。王坤趣王西走。式耜趨赴王,王已越梧而西。

四年正月,大兵破肇慶,逼梧州,巡撫曹曄迎降。王欲走依何騰蛟於湖廣,丁魁楚、吕大器、王化澄皆棄王去,止式耜及吳炳、吳貞毓等從,乃由平樂抵桂林。二月,大兵襲平樂,分兵趨桂林。王將走全州,式耜極陳桂林形勢,請留,不許。自請留守,許之。進文淵閣大學士,兼兵部尚書,賜劍,便宜從事。平樂、潯州相繼破,桂林危甚。總督侍郎朱盛濃走靈川,巡按御史韋延泰走融縣,布政使朱盛瀾、副使楊垂雲、桂林知府王惠卿以下皆遁,惟式耜與通判鄭國藩、縣丞李世榮及都司林應昌、李當瑞、沈煌在焉。王令兵部右侍郎丁元曄代盛濃,御史魯可藻代延泰。未赴而大兵已於三月薄桂林,以騎數十突入文昌門,登城樓瞰式耜公署。式耜急令援將焦璉拒戰。

初,永明王爲賊執,璉率衆攀城上,破械出之。王病不能行,璉負王以行。王以此德璉,用破靖江王功,命爲參將。及是戰守三月,璉功最多,元曄、可藻亦盡力。式耜身立矢石中,與士卒同甘苦。積雨城壞,吏士無人色,式耜督城守自如,故人無叛志。援兵索餉而譁,式耜括庫不足,妻邵捐簪珥佐之。既而璉兵主客不和,譟而去,城幾破者數矣。會陳邦彥等攻廣州,大兵引而東,桂林獲全。璉亦復陽朔及平樂,陳邦傅亦由潯復梧州。王聞捷,封式耜臨桂伯,璉新興伯,元曄等進秩有差。

式耜初請王返全州,不聽。已,請還桂林。王已許之,會武岡破,王由靖州走柳州,式耜復請還桂林。十一月,大兵自湖南逼全州,式耜偕滕蛟拒却。已,梧州復破,王方在象州,欲走南寧。以大臣力爭,乃以十二月還桂林。

五年二月,南安侯郝永忠駐桂林,惡城外團練兵,盡破水東十八村,殺戮無算,與式耜搆難。式耜力調劑,永忠乃駐興安。大兵前驅至靈川,永忠戰敗,奔入桂林,請王即夕西走。式耜力爭,不聽。左右皆請速駕,式耜又爭。王曰:"卿不過欲予死社稷爾。"式耜為泣下沾衣。王甫行,永忠即大掠,捶殺太常卿黃太元。式耜家亦被掠,家人矯滕蛟令箭,乃出城。日中,趙印選諸營自靈川至,亦大掠,城內外如洗。永忠走柳州,印選等走永寧。明日,式耜息城中餘燼,安撫遠近。焦璉及諸鎮周金、湯兆佐、胡一青等各率所部至,滕蛟軍亦至。三月,大兵知桂林有變,來襲,抵北門。滕蛟督諸將拒戰,城獲全。時王駐南寧,式耜遣使慰三宮起居。王始知式耜無恙,為泣下。

閏三月,廣東李成棟、江西金聲桓皆叛大清,據地歸,式耜請王還桂林。王從成棟請,將赴廣州。式耜慮成棟挾王自專,如劉承胤事,力爭之,乃駐肇慶。十一月,永州、寶慶、衡州並復。式耜以機會可乘,請王還桂林,圖出楚之計,不納。慶國公陳邦傅守潯州,自稱世守廣西,欲如黔國公例。式耜特疏劾之,會中外多爭者,邦傅乃止。廣西巡撫魯可藻自署銜巡撫兩廣,式耜亦疏駁之。式耜身在外,政有闕,必疏諫。嘗曰:"臣與主上患難相隨,休戚與共,不同他臣。一切大政,自得與聞。"王為褒納。而是時成棟子元胤專朝政,知敬式耜,袁彭年、丁時魁、金堡等遂爭相倚附。六年正月,時魁等逐朱天麟,不欲何吾騶為首輔。召式耜入直,以文淵印畀之,式耜終不入也。未幾,滕蛟、聲桓、成棟相繼敗歿,國勢大危。朝士方植黨相角,式耜不能禁。

七年正月，南雄破。王懼，走梧州。諸大臣訐時魁等下獄，式耜七疏論救。胡執恭之擅封孫可望也，式耜疏請斬之。皆不納。九月，全州破。開國公趙印選居桂林，衛國公胡一青守榕江，與寧遠伯王永祚皆懼不出兵，大兵遂入嚴關。十月，一青、永祚入桂林分餉，榕江無戍兵，大兵益深入。十一月五日，式耜檄印選出，不肯行，再趣之，則盡室逃。一青及武陵侯楊國棟、綏寧伯蒲纓、寧武伯馬養麟亦逃去。永祚迎降，城中無一兵。式耜端坐府中，家人亦散。部將戚良勛請式耜上馬速走，式耜堅不聽，叱退之。俄總督張同敞至，誓偕死，乃相對飲酒，一老兵侍。召中軍徐高付以敕印，屬馳送王。是夕，兩人秉燭危坐。黎明，數騎至。式耜曰"吾兩人待死久矣"，遂與偕行，至則踞坐於地。諭之降，不聽，幽於民舍。兩人日賦詩倡和，得百餘首。至閏十一月十有七日，將就刑，天大雷電，空中震擊者三，遠近稱異，遂與同敞俱死。同敞，大學士居正曾孫，事見《居正傳》。

時桂林殉難者，光祿少卿汪皞投水死。其破平樂也，守將鎮西將軍朱旻如自到。

有周震者，官中書舍人，居全州，慷慨尚氣節。武岡失，全州危，震邀文武將吏盟於神，誓死拒守。條城守事宜，上之留守瞿式耜。式耜即題為御史，監全州軍。無何，郝永忠、盧鼎自全州撤兵還桂林。守全諸將議舉城降，震力爭不可，眾怒殺之，全州遂失。

贊曰：何騰蛟、瞿式耜崎嶇危難之中，介然以艱貞自守。雖其設施經畫，未能一覩厥效，要亦時勢使然。其於鞠躬盡瘁之操，無少虧損，固未可以是為訾議也。夫節義必窮而後見，如二人之竭力致死，靡有二心，所謂百折不回者矣。明代二百七十餘年養士之報，其在斯乎！其在斯乎！

二、瞿式耜崇禎朝《掖垣疏草》

【一】任人宜責實效疏
題為圖治莫先用人，任人宜責實效，敬陳末議，以救時艱，以維泰運事。

臣三世累受國恩，六載叨居民牧。當逆焰薰灼之日，正跧伏草土之年，請劍有心，傾葵無路。茲者，幸逢堯、舜首出，日月重明。遠追懸鐸之風，大暢闢門之典，雖樸樕如臣者，亦得濫廁掖垣。臣即捐糜頂踵，何以報答高厚？竊見年來，紀綱淪斁，廉恥銷靡，國是乖張，邊功虛冒。總由爲大臣者，顧身家之念重，急君父之心輕，淟涊依阿，相習成風，衹以全副精神爲邀榮免禍之術，而内而百司庶僚，外而藩鎮節鉞，靡然從之，莫知底止。今我皇上誅凶剪逆，黜佞褒忠，曾不半載，而海内人心士氣，俱奮然有頑廉懦立光景。古云："一人元良，萬邦以貞。"非皇上文武聖神，烏覩此哉！然皇上勵精圖治，朝夕不遑，而臣下反多頹靡玩愒，何也？則政本之地，委宜得人也。當神廟初年，江陵柄政，凡民生國計，吏治邊防，事事綜核，件件精明。自大臣以至小臣，自内臣以至外臣，凛凛救過不遑，隕職是懼。雖事嫌刻覈，元氣微傷，而廊廟邊疆，皆有精明强固之象，則以江陵不徇情面，惟責成功。故至今譚相才者，猶不能不追思之也。邇來相業，其不肖者，固無足論；即所稱賢者，大都主調停之説，模稜兩可，絶無主張，甚且望意指於把持朝局之人。凡所票擬，甲乙交是，涇渭不分；間有異同，又屬偏見。揆地如此，諸司何以奉行？綱目何由張舉？臣愚謂處今之日，論相者當先論相骨，論相才，而後論相度。閣臣李國榰，雖登庸於逆瑺用事之日，亦其遭時不幸。然近居政府，見其主持調燮，儘有可觀。且練達老成，事機到手，了了能辦。此斷宜留之，以待舊輔之來，且以聯新輔之脉者。至於已挂彈文，而中懷猶豫，當兹聖明在上，日月照臨，湔滌肺腸，以圖報塞，愛惜名節而思見幾，此其時矣。

輔臣而外，首急銓臣。銓臣爲用人總途，秉心固貴公虛，而尤須有定識，有定力。廣聰明於四達，而又未嘗寄耳目於私人；破畛域於周行，而又未嘗引姦回於捷徑。中外屈指如王永光，中立不偏，允稱其任，衆議久已僉同矣，似宜即推銓席，以竟其用。而司農之任，如鄭三俊、李長庚、畢懋良皆其選也。當此民生告匱，邊餉告急之時，又可不速補一員以濟燃眉乎？其次，又莫急憲臣。先朝顧佐爲御史大夫，鐵面霜稜，臺綱凛凛，至今言之，令人起敬起畏。蓋御史大夫總持法紀，激濁揚清，非勁骨清操，夙著朝端者，不能勝彈壓之任也。以臣所聞，如原任南總憲曹于汴，挺特立獨行之節，有不爭不黨之風，以肅百僚，其庶幾乎？至於嚴關要地，非得真正邊材，兼肯實心幹事之人，鮮克有濟。如原任兵部侍郎李邦華，八面雄才，按浙撫津，實饒經濟，舉朝無不知之者。近者，諸臣虛公推轂，業蒙賜環，但以河道處之，雖非用違其才，尚覺才優於用。似宜亟改補戎政之缺，與樞臣王在晋共協中樞，以備關門督師之選。而呂純如、祁伯裕、武之望諳練邊事，猷略過人，皆可當中樞戎政之任者。邊才不妨預儲，樞席由來添設，是在當事者加之意耳。

臣初入班行，非敢博薦賢之名也。念欲挽玩愒頹靡之世，須先用精強卓特之臣。且銓、憲二臣，尤與政府相爲表裏；兵、農重任，更須宏才共効勗勤。圖治急著，實無逾此。伏乞我皇上申飭新舊輔臣，共矢精誠，力肩重任。票擬勿徒循酌覆二字，救幾務期臻實效一途。更嚴敕會推諸臣，大破方隅，廣羅耆碩，俾藎軸名賢早登一日，則朝廷早收一日之用，其有裨聖治非鮮小矣。臣無任激切悚仄待命之至。

崇禎元年四月二十九日具題。五月初三日奉聖旨：首輔宜留，自是公論。銓、憲、兵、農，委宜得人，所薦王永光等還着確議推用。該部知道。

【二】順情平法疏

題爲王道有必順之人情，聖朝無不平之法紀，謹攄芹曝之忱，仰佐蕩平之治事。

臣惟《大學》論平天下，而歸其道於絜矩。矩者何？即上下、前後、左右，人情所必至之處也。賞罰彰癉，微有偏枯，好惡是非，遂生龐雜。固未有建極之聖主，而不求合于直道之斯民者。年來逆璫煽禍，衣冠巨寇，從而翼之。賢奸倒置，忠佞紛淆，長安不見日久矣。天開聖主，離照當空，彰癉風聲，炳爍千古，海內人心，真有危而復安，晦而復明景象。然以臣愚見，尚有一二不能快乎輿情者，則以在廷諸臣，各執我見，不肯去仄以歸平也。臣請得而詳言之。如張差之案，主風癲者，雖爲仰成慈孝之深衷，然主梃擊者，亦未始非保護東宮之至意。千金之子，突有無知執械闌入内室,爲紀綱者,尚當執而問之。禁中何地,任妄男子作此舉動,而一味以風癲二字抹之。乃慈寧召見劉光復,以半吞半吐之詞,迹涉唐突,以致觸怒幽囚。今既追録其忠,贈恤祭葬,頻頻有加矣。而赤心保護東宫之王之寀,無望贈恤殊恩,並復官而靳之,至今藁葬城外,遺骨不能還鄉。恐先帝有靈,當自憐之。千秋有史,當自白之。臣之所謂不平者一也。紅丸一案,主弑逆之説者,固屬偏見,然先帝聖躬委頓至此,豈臣子嘗試邀功之日?彼崔文昇、李可灼不加顯戮,則亦倖矣。乃優旨批答,放歸原籍,揚揚晝錦。即今聖明在御,褒忠殛佞,千古一時。彼嫉惡防奸之孫慎行,尚推敲啓事,不遺餘力,而幺麽可灼,先登訪册,儼然與廢棄諸賢並列,何以服天下之人心乎?臣之所謂不平者二也。移宫一事,在楊漣、左光斗等,一時激烈微過,或不能解于居功逼上之疑。然一腔擁護先帝,爲心亦未始非杜漸防微深意。賈繼春之持論,自是移宫後一截處分,所以補漣説之未盡,非相反也。今必欲以移宫一議爲漣罪案,何居乎?漣幸而有擊璫二十四罪之疏,不能没其除奸大功,贈恤不得不從優耳。使果如諸臣一偏之見,不將與王之寀、孫慎行同其沈抑乎?臣之所謂不平者三也。封疆爲重,彼失事者,罪總無逃矣。乃熊廷弼梟斬西市,且傳首九邊;而三路喪師之楊鎬,與擅離汛地之王化貞,竟逍遥福堂,甚且有以化貞登薦牘者,又何以服廷弼之心,並何以服天下人之心乎?人皆知廷弼以門户殺,非以封疆殺,而究竟無人敢訟言之者。使服辜者服辜,而漏網者漏網,將來何以嚴邊臣失事之禁乎?臣之所謂不平者四也。楊、左與王安聲息相通,誠不知其有無。然其主意,無非羽翼先帝於神祖升遐之日,使倥偬之中,大權不至旁竊,宗社安於泰山,初非與安有交結之情,如崔呈秀黨附魏忠賢爲不軌之謀也。今乃動輒以楊、王、崔、魏爲對案,無論楊不可與崔對,即王亦豈可與魏對?又以楊、左交結王安,與崔呈秀交結魏忠賢同類並稱,凡有心知,孰不痛之?今即贈廕恤録,恩典無所不至,然以一片血忠被此惡名,保無飲恨于九泉乎?臣之所謂不平者五也。大臣者,小臣之綱也,而宰相尤爲諸大臣之綱。向者,阿璫取容,藉璫作勢,已多次第伏法。然大者卿貳,小者臺郎,彼見巍巍政府,甘作乾兒,誰不惴惴身家,自捐名節?今五虎輩雖罪未盡法,贓未籍没，人心猶有餘憾，然亦既顯暴其罪狀于天下矣。彼造意主謀，無毒不具之魏廣微，固寵逐羶，無醜不備之顧秉謙，與夫媚璫而反取厭之馮銓，璫敗而猶彌縫之黃立極，顧乃死不戮屍，生不褫奪，竊恩綸而誇奕世，擁富貴以樂餘年，其何以爲大臣黨閹之戒乎？臣之所謂不平者六也。至于同爲首攖慘殺之忠臣也，乃楊漣、左光斗、魏大中先後業邀恤典，而六臣何以偏遺其半？將需論定於何年？同爲建祠奪情之逆黨也，乃李養德、潘汝禎等，削奪業有明章，而延撫何以獨寬于法？夫豈綫索之潛布，以至被彈破甑，不難蹯居清署？而逆璫時橫遭削抑之盧化鼇、李若愚、貢修齡等，反尚聽其浮沉。廢籍名賢，方悲目斷華津，而神祖朝顯被察處之湯賓尹，反謀爲之推轂。諸如此類，均屬未平。

方今公道昭明，群情踴躍，已無復閉鬱偏枯之病。而或巨奸偶藏鋒于脱網；或幽貞猶抱泣于向隅；或薰猶蒼素，一時尚多存譌亂之言；或黜陟衮鉞，四海未盡愜澄清之望；有一于此，俱非蕩平。臣是以不避恩讎，不顧鼎鑊，爲我皇上直陳其原委。伏乞我皇上詳加鑒察，將臣所奏，付質公評。更敕在廷諸臣，共捐偏倚之心，仰佐平明之治。要使是非迥別，人情無不協于中；舉措咸宜，法紀無不歸于極。堯、舜綦隆之盛治，再見于今矣。臣無任激切悚仄待命之至。

崇禎元年五月初六日具題。本月初九日奉聖旨：忠憤諸臣，豈宜久抑？封疆失事，自有定律。魏廣微等不必追究，其餘應恤、應擢、應處，公論既定，不得再稽，湯賓尹不必議用。該部看覆。

【三】直糾貪昧閣臣疏

題爲直糾貪昧閣臣，以肅朝廷，以伸士氣事。

臣聞禮義廉恥，是謂四維。維者，維國也。況宰相尤秉國之均，而四方是維者乎？自天啓四年以後，大臣背禮滅義，捐廉棄恥，良心夜氣，澌滅無餘。如臣前疏所指魏廣微、顧秉謙諸人，行徑不同，奸貪一轍，真舉朝之所羞聞，而士林之所不齒者也。近者，施鳳來、張瑞圖以人言去，雖各有本末，原不相掩。然碑文四六，業經道破，豈容靦顔蒙面，復玷朝班？皇上允其告歸，真所以全大臣之體，亦所以重朝廷之體。乃不謂尚有瘡痏滿身，依棲丹闕，汙政府而辱綸扉，如大學士來宗道、楊景辰其人者。

宗道居宗伯時，爲罪樞崔呈秀父母疏請越格祭葬，奏内"在天之靈"，久已喧傳海内。然屢經論列，甘作耐彈綿花，彼其意不過謂此事業已卸責，承行吏書，止自居失于簡點，便可了此公案。夫大臣有一奏疏，不能簡點，而反能平章軍國者乎？臣又讀邸報，見河南按臣鮑奇謨辦建祠一疏，忽邀守正不阿之旨，殊駭聽聞。及經臺臣甯光先參駁，皇上查票擬何人，宗道乃自認票出其手，而止以識見不明，衡量不確，自掩其非。閣臣身掌絲綸，惟辟威福所從出也，而乃至票擬失倫，使煌煌天語，不見信于天下萬世，罪將焉諉？而尚可使之一日居揆席乎？

至於景辰在翰林、在禮部時，三疏媚璫，鑿鑿有據。皇上業簡媚璫諸疏，陳於御前，彼其媕阿醜態，業已無逃秦鏡中矣。爲景辰者，自揣清明之世，公論難容，急應引退林泉，猶不失爲自全晚蓋之策。乃乘李國㯱謝病之日，居然首輔自居，揚揚入閣辦事，一似全無瑕點容人指摘者。獨不思國㯱從無媚璫實蹟，止以人言一至，大臣義不可辱，遂爾浩然長往。今景辰自勘果能與國㯱相低昂乎，否乎？臣又從邸報見景辰直陳《要典》一疏。夫《要典》之副總裁，景辰與焉，方自幸得厠名不朽之書；及崔、魏既敗，是非大明，乃蒙面轉身，又欲自附于議燬之公舌，以爲藏身着腳之地。小人屢易其頭面，君子直見其肺肝矣，亦可使之一日居揆席乎？

臣非不知兩臣皆出自枚卜，豈容漫爲指斥？第念當日會推閣臣之人，未必皆赤心白意之臣也。懼公論之不容，推轂固多賢者；牽情面之難割，吹竽豈乏私人？兩輔臣之協夢，卜于金甌，未必非天心之試鑑衡于皇上。今皇上留兩輔臣，國體之所全者小；皇上去兩輔臣，國體之所全者更大。兩輔臣皇皇求去，而皇上留之，國體之所傷者少；兩輔臣戀戀求容，而皇上留之，國體之所傷者實多。昔嚴挺之寧不作相，不見李林甫；崔隱甫寧不作相，不見牛仙客。當此瀾倒波靡之後，正宜擇清貞勁挺之士，居揆地而作楷模，于以惕方醒之人心，作久頹之士氣。乃平章何地，任此輩久據長饕，使天下賢士大夫，謂如此聖朝而患失鄙夫猶赫赫居具瞻之位，恐非所以煥重光之日月，而扶再造之乾坤也。伏乞皇上即將來宗道、楊景辰速賜罷斥，以爲大臣貪昧無恥者之戒。但使朝廷得肅，士氣得伸，即褫臣職以謝兩臣，臣固甘之矣。臣無任激切悚仄待命之至。

崇禎元年五月十三日上。十六日奉聖旨：輔臣來宗道、楊景辰經朕甌卜，簡在政地，方隆委任，以罄新猷，何得一概肆詆？姑不深究。該部知道。

【四】嚴誅附黨臺臣疏

題爲公論漸明，邪氛復熾，謹據實糾參，懇乞聖明嚴誅附黨臺臣，以快人心，以清仕路事。

臣惟魏、崔之世，舉朝混濁不清，附羶逐臭之夫，保富貴全性命爲急，其蒙面喪心有由然也。今者，聖明在上，日月雷霆，罔不照臨，罔不震疊，誰敢復有懷私植黨，鼓煽邪説，淆亂是非，以自干聖朝之三尺者乎？乃不圖竟有江西道御史袁弘勳其人者，弘勳于辛酉分校北闈，賄賣關節，嘖有煩言。近者，鑽謀考選，以同鄉周昌晉之力，得濫廁臺班，長安無不薄之。乃乘權藉勢，穢狀彰聞，有謂其爲劉志選之甥，日求當事寬處；又爲兒女親，懷挾舉人邵喻義營求辯復者。有謂其受五彪內許顯純重賄，致書刑部問官，求寬擬罪，因公論不容，乃求寬刑；又爲顯純之弟顯道，求寬刑輕擬者。事涉風聞，姑不具論。止就其章奏內顯而可據者，如薦閻鳴泰行邊，而力參督師王之臣，彼豈真爲封疆慮哉？鳴泰自知清議不容，欲借行邊以掩其媚璫建祠之罪，特授意親知，以五千金囑弘勳參之臣而薦己，而弘勳不得不從之也。而一疏列薦武弁數人，此豈皆赳赳干城之任，而絕無根柢之容者乎？金珠萬金之説，未必無據矣。又如孫慎行訪冊遺名，以公論不容，勉強增入，此亦舉朝大不平也，弘勳乃特疏參之，且比之搆釁宮闈之梁夢環、劉志選；而慘死詔獄之左光斗、周朝瑞等，復遭罵辱；已被聖恩之惠世揚、毛士龍等，復嚴禁錮。一手握住，居然與通國爲讎，而不顧天下萬世之公議，此尚有人心者乎？至於舉朝之推薦舊輔韓爌也，固屬輿情，亦出聖眷。弘勳或迫衆論之公，或切師生之誼，薦之可矣。乃始而薦之，既而譏之；且一疏中既佇望其早來，復懸料其不出，語語譏刺，言言阻撓，又惟恐爛之果出、即出者。此真逆見爛之必不效乎？抑有礙于嫉爛者，而不得不出此疏，以逢其喜乎？朝廷特起召一大臣，乃以供弘勛口舌之播弄乎？

尤可異者，邇來政府專事調停，漫無張主。自閣臣劉鴻訓，與同官李標入直，辦事掃却情面，一力擔當，旬日間遂覺有一番振作精明之象。乃弘勛自以去其所暱，漫肆詆排；不曰兇鋒殺氣，揚揚眉宇；則曰獨腕把持，公行報復。使如弘勛之意，必模稜兩可，凡有論劾，牢守"不必深求、不必追究"二語，而後爲培養元氣乎？必曲庇論劾之人，而重加言官之罰，輕則罰俸，重則降調，以謝被言者，而後爲主持國是乎？且被言者，生平各有本末，舉朝自有公論，不得概舉也。即就中處分，一時或微有分別未清之處，要如明旨所云"功過各不相掩"，亦不得藉口伏翻案之端也。今乃曰"爲崔、魏報讎"，不知弘勛此疏，又將爲何人報讎乎？

尤可異者，賄中逆子喪心無賴之孫之獬，主張《要典》極力殺人之徐紹吉，舉朝方以處不盡法爲憾，而弘勛則爲致惜、致痛。而孫慎行之登薦，此出輿情；毛士龍之投到，原奉明旨；與閣臣何與，而亦牽扯入內？豈弘勛所謂大開羅織之門，彌張打盡之網者，其自道乎？至誣閣臣以滿載參貂，潛通賄略，上有莫欺之天日，下有直道之斯民，又無容與之分辨矣。

總之，弘勛腳跟本邪，行事本穢，自知無逃清議，乃故爲撒潑無賴，以爲自救之急著。而又有主謀徐大化等，爲之引其綫索，佐其兇鋒，弘勛特受發縱指示于人而已，全無張主者也。堂堂鷹繡，不思爲朝廷驅奸指佞，而乃爲私人修怨復仇。且今所值之時，爲何等時？今所事之主，爲何如主？而魑魅魍魎，公行白晝；共、驩、苗、鯀，煽焰虞廷；豈不亦咄咄大怪事哉？伏乞皇上，毅然雷斷，即將敗群之弘勛，嚴行究訊主使何人撓亂何意，立加顯戮，以爲邪説亂政者之戒。仍申諭閣臣，力矢擔當，勿懷猶豫，堅持初意，仰答聖恩，與同官李標等協恭和衷，商榷機宜，一切票擬，不激不隨，歸之至當。將見煩言永息，而至治彌臻，爭黨盡消，而蕩平立奏矣。職無任激切待命之至。

崇禎元年五月十六日上。十九日奉聖旨：袁弘勛狂肆，誣詆新輔，致干清議，委屬可恨。這所奏益覘公論,知道了。該部知道。

【五】黔事速賜處分疏

題爲黔事萬不堪再誤,黔督萬不可誤黔,懇乞聖明速賜處分,以毋自誤封疆事。

竊惟今天下大事,莫過于遼與黔之用兵。而近又興閩寇,顧閩伺黔釁而生者也,黔又伺遼釁而生者也。遼陽既陷,尚有廣寧,一旦驚風鶴之逃,爲拱手之棄,人皆曰王化貞、熊廷弼之罪,而不知本兵張鶴鳴之罪,殆爲過之。夫鶴鳴胸填鱗甲,咎逞怘然,其踞中樞也,無他伎倆,惟有潛通緣索于魏忠賢,日佐王化貞,以與熊廷弼搆鬥于口舌間耳。及河西逃潰,廣寧七百里之地,輕輕斷送。而鶴鳴自知不能脱然無累,乃輒起奸細一獄,以自爲功,以爲卸罪地。夫文致一二莫須有之奸,果可以贖失策喪地之罪乎?殺人自掩,卸罪冒功,即立伏斧鑕,亦豈爲過?乃猶揚揚視師,垂涎故座,藉非公論沸然,省臺諸臣彈射,即求跟蹤一去,亦不可得矣。顧畢竟以忠賢奧援之力,得逭于三尺,非倖之倖乎?未幾,徒黨崔呈秀來,與李魯生共謀,更首推轂,鶴鳴起南工部尚書;又未幾,改兵部尚書,總督川、湖等五省,兼巡撫貴州也。借言鶴鳴向撫貴州,輕車熟路耳,不知邦彥初本安酋餘孽,小醜易制,自鶴鳴噉其厚賄,署攝巡捕,假以兵權,遂成尾大不掉之禍,是誰階之?鶴鳴不但誤遼,且誤黔,已明彰較著矣。乃必欲噓灰再然者,豈其爲封疆起見哉?魏忠賢看工時,大言欲用鶴鳴于黔,李夔龍等俯首奉命,誰不聞且見之?蓋此時忠賢等逆謀已定,多布腹心于天下要害之處。西南半壁,非鶴鳴不可恃,故陽建置之,陰倚託之。而去督撫閔夢得,以一事權于鶴鳴,從中舉事,無慮川、湖等處矣。初入黔時,即鶴鳴妄自擔當,亦輒意邦彥夙與渠狄,可受縲籠,萬一撫成,且先爲忠賢豎一片功德碑,與摩崖銅柱,均稱不朽,豈非鶴鳴快心事乎?乃天祚聖明,長夜忽旦,乾坤氛氣,一朝頓掃。鶴鳴冰山忽頹,魂魄若失。邦彥更輕其昏耄,益肆悖慢,木牌遺書,數其爲撫時,受過黃金、珠玉以巨萬計,乃始怒而議勦。夫勦豈易事?鶴鳴豈能用勦以收功者?但聞其驕蹇如故,凌轢有司,鞭笞士卒,一切文移並束高閣。時有章奏,俱左右代爲之。市棍衙役,皆以賄賂,濫給參游劄付,冒餉無算。試問鶴鳴入黔閱歲,曾設一奇、畫一策乎?曾交一兵、接一矢乎?日曉曉索餉二百萬,即具二百萬餉,果能無冒破而盡用以了黔事乎?故臣謂其五官之不靈,必不能使百萬之用命,則宜去;債轍于已事,必不能使桑榆之晚收,則宜去;逆賊之心膂,必不能鼓師中之忠勇,而成閫外之大功,則又宜去。不但去督撫,併其向來宮銜、世廕、濫冒隆恩,一概褫革,臣猶見有逸罰也。

竊聞曩者播州之役,初爲江東之譚希思等誤,糜財喪師。後用郭子章于貴州,江鐸于偏沅,支可大于湖廣,而李化龍爲總督。夫然後分兵八路,奏功一時,雖其眾力齊奮,實由提掇有方也。爲今之計,無如仍設黔撫,而擇堪總督,如楊鶴、傅宗龍、朱燮元、閔夢得者,駐于蜀之重慶、遵義間,楚、蜀、滇、粵同心共濟,如臂使指,輸餉不貲,多方設處,務爲蕩平休息計,庶有救乎?如滇撫謝存仁,盡撤防霑益兵,示不復爲犄角意。且去歲欲輕身入水西受降,非黔中院道力阻,不幾爲王三善之續乎?所當擇人而用,以望助黔一臂者也。臣方草疏,更聞鶴鳴遣子張大同輦金來長安,更多携空頭劄付市鬻,又當有神通,以施矇瞀,以保富貴。臣不量輒爲直糾,祇念封疆大事關係至重,不敢避兇鋒以嘿嘿,伏候皇上立賜乾斷施行,幸甚。臣無任戰慄待命之至。

崇禎元年五月二十二日上。二十五日奉聖旨:黔事越在遐方,久未底寧,朕日夜切心。所奏張鶴鳴不堪重任,楊鶴、傅宗龍等宜推擇往代,是屬急着。着該部即看議來説。

【六】特表忠清疏

題爲特表忠中之忠,清中之清,慘中之慘,仰祈聖明特賜殊旌,以風頹運,並乞優恤冤獄幽魂,以回天和事。

蓋聞褒忠獎直,帝王勵世磨鈍之大權;拔異旌尤,聖人微顯闡幽之妙用。自閹賊魏忠賢,與奸相魏廣微表裏爲奸,羅織忠臣,誅鋤義士,一時慘死諸臣,詎可置短長于其間哉?顧就其中屋漏盟心,純乎君父;家如懸磬,節比秋霜;詔獄之際,開千古廷尉所未有之刑;畢命之時,受千古忠臣所未經之痛;則于諸臣中,職獨揭三人焉,曰楊漣、魏大中、周順昌。三臣以公正發憤,而遇禍災,天下亦了了見之矣。然亦混跡于同死諸臣之中,而未有能發其幽光者。

夫漣何如人也?自爲諸生,孝友端方,慨然以澄清天下爲己任。家徒壁立,志氣軒如。其筮仕臣鄉常熟也,鐵面冰棱,吏胥不敢仰視。而愛民如子,即嬰兒婦媼,咸得自盡其情。莅虞五年,不名一錢,百廢具舉,錢糧之絕火耗,上下百年,僅見漣一人耳。入計時,止餘兩袖清風,欲送其老母歸楚,至不能治裝以去。及居言路,揚清激濁,屏絕餽遺,寒素之風,依然白屋。但一言及國家之事,未有不耳熱面發赤,如念其祖宗父母,回腸刺心;談及神祖、光宗,未有不涕泗交下。故其臨死之日,亦旁無一語,但呼高皇帝陛下而已。逮繫之日,漣自湖廣達京師三千餘里,隻身策蹇驢,未嘗一日乘小肩輿,未嘗一日騎馬背。入都門,小民有歎息:"楊都御史清官,今日何至于此?"詰朝而歎息之人,斃命于廠衛矣!誰復敢私語稱其冤者?漣死于溽暑,逾四日,方奏聞。比領屍骸,手指腫爛欲斷,足之聯于脛絲毫耳。迨下令湖廣追贓,漣傾斜一屋,所值幾何?漣母棲城樓,諸子乞食以養之。縣官無可奈何,爲設櫃于四門,遠近士民爭來投櫃,納至萬餘金。夫應山非甚富饒也,惟正之供猶自難完,而爭爲漣納,此豈能徵發期號哉?夫人臣抗節直言,慷慨殺身,歷代史書常常有之。如漣之貧不言清,勞不言功,從容就死,無怨無尤,方之宋岳飛,明知十二金牌出自秦檜之手,而俯首就僇,斯亦可謂人臣之極則矣。

若大中,何如人也?大中爲孝廉十餘年,足跡不一至郡縣之門,設館餬口,欣然自足。自成進士,以至受職行人,擢選諫職,從未嘗受人一錢。官至吏掌垣,猶賃屋以居,無一椽一瓦。邑中豪强與縉紳家,凜然畏如嚴師,而獨與閭里小民如家人父子。逮之日,微臣與南京吏部主事魏浣初往送之,見闔邑哭聲震天,搥胸踊地,黃童、白叟,無不皆然。及覽追贓之疏,不過里老代完銀若干,士大夫代完銀若干,大中書劍賣質銀若干而已。當魏璫虐焰熏天,耳目布滿之日,使大中不真賢,豈能號召士民爲之還贓?使大中不真貧真苦至于此極,有司又敢如此上聞乎？大中同官旅過常州，知府曾櫻送之，泫然淚下，大中顏色不變，慰之曰："臣子死于王家，男兒常事，何必爾爾？"櫻括清俸百金，託詞臣鄭鄤轉致，大中堅持不受，曰："譬如嫠婦，孀居數十年，垂死中偶動一念，便屬失節。簀華而睆，不敢以不易也。"嗚呼！櫻固賢，大中尤不易矣。至其詣鎮撫也，大中受殊刑，未死。獄吏以稿席卷其肢體，倒豎于地，如是三日，啓而視之，大中目睛猶轂轂如轉輪。既死，魏賊令獄卒投其屍以喂狗，故夫大中之屍，所存者狗之食餘耳。大中之下獄也，嚴戒其子學洢曰："吾當死，子不當死，子死則寡母誰侍？幼弟誰教？"故不令其子至獄門一步。比學洢扶柩而歸，猶未知大中之死狀。至病中，忽然聞知，一號而絕。嗟夫！子孝臣忠，萃于一門矣。

若順昌之死，則又異焉。順昌賦性清嚴，嫉惡如讎，即親朋不少假借。官福州司理，墨吏望風，咸解綬去。值稅璫高寀肆毒，順昌方署府篆，挺身抗其兇鋒，民賴以靖。忤璫之聲，喧播朝野。擢居吏部，一洗陋習，四方竿牘，絕弗敢通。請告歸籍，止用肩輿一乘，行李二抬而已。里居時，微臣時一過訪之，見其田無數畝，室無數楹，蕭然如老衲寒僧，意豁如也。魏大中逮過閶門，順昌以大中必死，親詣其船，縷縷問其家事，遂以女許大中之孫。緹騎以聞，璫銜之最毒，遂假手李實一疏，逮賢臣七人，而順昌與焉。順昌居鄉，不畏高明，不侮鰥寡，等之大中。以故俄頃之間，吳閶數萬士民，狂號亂哭，眾憤所激，擊死官旂，幾成大變。順昌跪而哀求，謂爾殺官旂，而又不散，貽我不忠，且滅我族。小民無奈順昌之哀辭，而後散去。民誠無知，而順昌之生平，亦略可見矣。初，諸臣之逮至也，魏賊使人紿左光斗曰："爾輩第不辨一言，當俾爾等生還。"于是光斗誡諸臣："我輩留此身，異日尚可為朝廷用，今日徒死何益？"是以諸臣無一言，然終以死。順昌實憤之，故至鎮撫司而唾罵者惟昌耳，而昌因此被刑尤烈。昌已死，逾牆而擲其屍于夾道中。獄中巡卒撫其屍，以磁鋒割其股，血潰而甦，復械至錦衣堂上，昌觸石碎首，血濺几案，罵魏賊不絕，復加重刑，立時隕命。使諸臣之死盡如昌，魏賊或亦為之寒心也。

此三臣者，其清風高節，無愧于高攀龍、鄒元標，而死事之奇慘過之。死事之奇惨，諸臣多有相同，而清之至極，忠之至純，三臣似尤覺振衣千仞之上。今楊漣既已廳諡祭葬，無弗兼舉，天下感國家待大臣之禮不薄。而大中與順昌，僅蒙贈廳祭葬，而未有諡祠。職愚以爲聖王御宇，必有一番越格超常之典，以優忠節之士。如漣，如大中，如順昌，方之前代，則楊震、范滂之流；即求之本朝，亦劉球、海瑞之匹。此即得一人焉，已足砥嶼頹波。乃三人既並生于一時，而三人被禍之惨，亦並集于一時，上下古今指不多屈。似應將三臣特加旌表，于贈官廳諡之外，總敕賜一祠，仍給扁額，俾三臣生前爲第一清忠之品，死後亦邀第一褒恤之恩。且三臣臭味一同，英靈不散，其盡忠以報皇上，固不以存歿而殊。而且使薄海內外，知大聖人待純忠亮節，如此其殊異優崇，孰不剜腸瀝血以圖報稱？其所爲鼓舞激勸之方，尤迥出于尋常旌典萬萬也。抑職于是而有感于天時之驕亢不雨也，豈以皇上之精誠，而不能格之冥漠？昔有匹婦含寃，而六月飛霜者，今魏忠賢之寃獄，豈止匹婦而已乎？其已蒙皇上之恤錄者，大抵皆官僚也。而青衿之立斃，窮民之橫死，獨非天地生之，君父育之者乎？其斃於鎮撫司者，或猶得而知之，其無端而斃於東廠者，不但人不知其事，抑不知其姓名矣。杳杳游魂，其肯瞑目乎？職謂宜下令鎮撫司與東廠衙門，凡魏忠賢六、七年中所殺之人，盡數查出，或有其夫已死，而其妻不能自存；或其子已死，而其父不能自活；皆令所在有司，略與優恤。或竟有父、子、兄、弟盡無所存，而魂魄茫無所歸者，則下禮部爲壇以招諭之。昔伯有爲厲，子產立後而厲息，況帝王之臨天下也，明以治臣民，而幽以治鬼神，其道不能偏廢。且昔日無辜之臣民，橫受魏賊之惨死，而今日無辜之百姓，又以死者之怨氣，受天災之旱疫，是何魏賊之流毒無窮期也！故弔死理寃，又今日挽回天意之要義也。伏乞我皇上允職所請，即敕該部速議具覆，立見施行。職無任激切惶悚待命之至。

崇禎元年六月初二日具題。本月初六日奉聖旨：這本説楊漣、魏大中、周順昌之死最惨，宜全給廳諡、建祠、賜額。着該部議覆。又説逆璫七年中，廠衛斃死多命，大干天和，良是。即着順天府于祈雨壇側共爲一祭，以慰幽魂。該部知道。

【七】端相本疏

題爲公清館選之途，以端相本事。

臣竊聞昔賢云："天序日月星辰以自光，聖人序爵禄以自明。"天子之置三公，蓋法上天之三光也。臣嘗稽古之三公，論道而不與政；漢之三公治事而不論道。惟我朝之設閣臣，既論道而又與政。入則論思啓沃，關君德之汙隆；出則定事決疑，首百官之善敗；任莫重焉。然臣見近日政府，立身非禮，公論共排，譏刺滿身，顏甲以出，横口澉罥，等於市徒。竊歎官至揆席，豈復更有加之者？縱不爲一身名節惜，獨不爲官常愛大體乎？反復尋繹其故，蓋由發軔之途不清，樹藝之種不慎也。

臣考國初，宰相不專拔于翰林之一轍，累朝相沿，途徑猶寬。至世廟以來，則枚卜之舉，大抵俱屬之翰林矣。是庶常之官，即他日平章軍國之人，今日即慎選行修言道之士，猶恐他年晚節，或未愜其初盟。豈有始進之時，先叢物議，而異日立朝，能爲國家樹光明俊偉之業者乎？臣初入班行，即聞長安自殿試以後，其介然不苟之士，誠不乏人。而一種躁競之夫，日夜講求，謀所以必得館選之法。鑽求百出，敗簡難言，或機關預設，妄希張鷟之青錢；或根底先容，冀受和凝之衣鉢。又或排人，蓋已無風作波，伏顯射于含沙，利相持于鷸蚌；甚有以心期共許之友，衹以眉睫之得失，顯作猜疑，陰相傾軋。世風如此，良可感歎。孔子曰："尊賢則不惑，敬大臣則不眩。"以翰林而漸臻講讀師傅，不可謂不尊矣。以翰林而馴至宅揆亮采，不可謂不敬矣。夫豈其己之惑未清，而能清紫宸之惑，己之眩已甚，而能定國是之眩者乎？以是人而當是非混淆之日，必當佐非以亂是，主持之擔誰肩？以是人而當陰陽相戰之時，必當扶陰而抑陽，燮理之能誰寄？凡諸臣媚子之態，翻出于禮宗，而稱功誦德之詞，遞見于元老，皆此不明不白，患得患失之人貽之也。

且今之時，何時也？聖人出世，天地清寧。值龍飛之首科，尤萬方之瞻仰，豈可不蕩一時之陋習，端始進之臣心？臣謂今年館選，宜照殿試法，皇上臨軒而試之，令考試諸臣，即于御前定其去取，正額之外，多備副卷，以聽聖裁。其毂外諸卷，亦當盡數匭呈，間有遺珠，不妨特拔。凡若此者，所以抑躁進之人，知此番之試，無盡然必得之法；又所以來高潔之士，使知聖天子雅意求材，當振筆一吐胸中之奇，不必拂衣遠引，避館試如浼也。其試士之題，臣愚謂宜倣古制，考以今日吏治民生、經邦強國之策。不必盡依舊例，以風雲月露之詞，費精神於無用也。濟濟多士，豈無有董仲舒、賈誼之流，以應皇上之眷求者乎？臣考洪武癸丑，命翰林張唯等，入禁中文華堂肄業。詔宋濂爲之師，高皇帝聽政之暇，輒取其文，親評優劣。可見選俊儲材，簡自帝心，聖祖已有行之者矣。臣故不揣狂愚，謬干天聽。

抑臣又思，古者左史記言，右史記動。凡以天子一時之言動，即萬世之法程，慮或湮遺，故以史臣專其事。凡天子召見群臣，商議時政，則史臣必隨之。今皇上再舉召對，海宇欣瞻，而臣等侍從之臣，反有未能詳知當日光景者。雖閣部大臣，于陳謝疏中微有條叙，亦似約略言之。伏乞今後凡遇召對，即命史臣二人，簪筆入侍，記注詳核，隨于次日具疏奏呈，一面發抄，一面宣付史館。庶四海快若親承，而萬世垂爲永憲，並望俞詔施行。

崇禎元年六月初九日上。十三日奉聖旨：館選已有旨，閣臣會官公議。召對之日，記注官二員輪直。該部知道。

【八】陳時政急着疏

聖主圖治甚殷，愚臣竭忠有素，敬陳目前時政急着，以佐平明之治事。

伏見我皇上皇皇求治，面諭群臣以修職業、戒紛囂，不啻三令五申。詎有躬逢堯、舜之主，而不洗滌肝腎，精白乃心，仰答五位之憂勤，下酬四海之責望者？然或有徇法守之心，或不勝其徇情面之心；爭國體之心，或不勝其爭虛氣之心；則刑賞終不平，是非終不定，朝廷終不尊，以語畫一之治猶未也。臣請得畢其狂瞽，列爲七條，以備皇上之採擇焉。

一曰起廢之不可不核也。今之言起廢者，孰不藉口魏璫之摧折？然必其真正清操絕俗，勁骨違時，前後始終，毫無點染，而被抑被錮，獨久獨深者，亟宜登之啟事，發其幽光。至於依草附木，占風望氣，或始媚而終攻；或始攻而終媚；或自以彌縫不到,偶遭厭斥;或曾經受其指使,陷害忠良;此等皆是無骨小人。若止憑薦牘,先起原官,則薰蕕同器,賢否混淆,而真君子終無吐氣之日矣!臣愚以為自今以始,凡起廢籍,務核生平。果能矯矯錚錚,始終一節,宏才潔操,炳著寰中者,亟與登庸。其有才品碌碌無奇,而穢態班班可考者,竟不妨終老投閑,毋以起廢之美名,而辱於敗群之宵輩也。

一曰陞遷之不可不漸也。魏、崔之世,惟賄是聞,故或一歲而九遷,或一歲而三遷。宮保蟒玉,唾手可致;京堂開府,拾芥非難。今者清明再闢,威福上操,且皇上惓惓於久任之規,所以抑躁競之人心,修本等之職業。臣愚以為自今以始,凡有陞遷,一循資俸,即如選郎,往年六選,始陞太常少卿,今且四選或三選矣;清卿之陞開府,亦須兩年、三年,今則一載或半載矣。惟其爭缺者多,則遷轉不容不速;惟其遷轉太速,則指摘不容不生。職守愈隳,名器轉褻,何如受之以需循資漸進?執秩者既無破格之誚,受爵者亦無速化之嫌;且得並其精神,競功營職,其為利益固非小也。

一曰會推之不可不慎也。往日會推大僚,率憑選司張主,即九卿科道官,不過臨期受成事而已。中間或以夤緣而入單,或以講囑而得缺,或以資俸而挨及,種種不一,豈能一一盡乎輿望?無怪乎今日會推,而明日掛彈文也。日者,自皇上申諭銓臣以後,兩番會推,遂覺精采一新。自今以後,謂宜于會議半月之前,九卿科道,務秉虛公,各舉所知:或被摧濁世,或高尚林泉,或養俸清卿,或宣猷藩臬。孰才略可任邊疆?孰品望宜居風紀?孰精心國計可備度支?孰綜覈人材堪登銓軸?相地擇人,因人授缺,務使廢籍中居其二,見任者居其一,而後人心始平,公論始快也。

一曰媚璫之不可不分也。夫人立身,止此名節,或以官評之劣,受黜考功;或以一節之差,見擯有道,皆可飾說自解。獨至媚璫,而終身不可對鄉閭,醜莫甚矣!然就中亦有數等,未可一概而同。試就六、七年章疏約略言之,有純乎阿奉為心,尋題取媚,無所不極其醜者;有職掌所係,騎虎勢成,不得不從眾為之者;有一人而一、二疏,有一人而二、三十疏者;有一疏中原因陳奏他事,而帶諛幾語者;

有一疏中帶誚幾語，而稱頌無等，情不容寬者；有雖涉稱頌，而詞意淡薄，僅取塞白，以免誅求于一時者。諸如此類，情之輕重，罪之大小，即此攸分。臣愚謂皇上宜將一切紅本，盡數發出，着九卿科道從公查勘：某情屬可恕，某情實難寬，因其稱頌之多少、濃淡，而差等罪之。或削奪；或閑住；或準其自陳，姑養廉恥；或免其追究，策勵供職；則天下始曉然于聖主之無苛政、無逸罰，而寬貰諸臣益洗心滌腸，圖收桑榆之效矣。不然，聽其引退知待何時？而且使見在供職者，未免有傍徨疑慮之心，豈皇上嘉與維新之意乎？

一曰論人之不可不審也。觸邪指佞，自是言官職掌。風聞之事，豈必盡真？然凡人生平，各有本末，鄉評、官評，兩者參之，思過半矣。苟其事涉風影，漫肆抨彈，在彼言者，即不任受，而旁人豈能一一盡知其詳？竟以莫須之案，而成不洗之愆矣。夫一官之褫奪，所係猶輕，而一生之名節，所關實大。此亦培養士氣之一端也。至于章奏敷陳，亦自有體，鄙俚穢褻之語，豈可入告于君父之前？近見言官論人，動輒罵詈相加，竟同市井溷談，有類訟師口角。夫就人論人，就事論事，據實參駁，彼自無解。要即于糾彈之內，原不失馴雅之規，何必逞臆恣吻、褻瀆聖聽？此臣願諸臣以論人者，而還愛人；以重朝廷者，而還自重也。

一曰諡典之不可不嚴也。朝廷爵賞止榮一身，易名之典，直光千襀。古來諡法，美惡並存，今則有美而無惡矣。此必品節志行，勛勞事業，確宜表章，然後一字之褒，聲施後世。今者徒徇情面，惟憑奧援，始則求政府之票擬，繼則求祠郎之部覆，有力則得門而入，何問公論之諧？人冷則高閣置之，誰洗幽芳之色？如原任刑部尚書王紀，孤忠勁節，壁立千秋，爲儀郎則力爭代藩；爲司寇則力攻客、魏，力逐奸輔沈㴶，竟削籍坎坷以死，至今未有言及易名之事者。而庸庸碌碌，釀惡養奸之方從哲，有何功德，亟與之諡？而且加之先朝清正之褒，是則無人不可諡，而將來媚璫諸輔，亦思預爲身後之圖矣。臣愚以爲自今以後，凡故官子孫，陳乞諡典者，必科道官詳加確覈，果係輿論僉同，禮曹始得據以具覆，斷不可以朝廷異典殊旌，爲市恩徇情之具也。

一曰刑章之不可不飭也。往者，魏、崔之世，凡觸兇網，即煩緹騎，一屬縲逮，即下鎮撫，魂飛湯火，慘毒難言。苟得一送法司，便不啻天堂之樂矣。今者湯網從寬，數輩奸賊，法止于撫、按之解訊，即就獄，亦止于廷尉之鞫審耳。乃遷延故里，日復一日，不論遠近，杳然未聞檻車之來，豈五虎、五彪，戮其首遂可寬其餘，而不妨徐徐結局耶？傳聞劉志選欲爲自盡之計，曹欽程且曾削髮而逃，如此窮兇，不亟正法，如衆憤何？臣以爲宜嚴催各該撫、按，速行提解，早結前局。至于李實等，見行會審，自應追究主使，無寬首惡之誅。劉詔就繫多時，何不早定爰書，還以應得之罪？此皆今日挽天心、快人心之急着也。

以上數款，雖自知平常無奇，然爲國家惜名器、別真才、養士氣、愼旌賞、飭刑罰，皆今日第一吃緊。若果實見諸行事，則清明整肅之象自成，而躁競紛囂之端自息，是非迴判，情法無畸，平康之理立見于今矣。伏惟皇上採擇，敕部施行，世道幸甚。臣無任悚息待命之至。

崇禎元年六月二十日上。二十三日奉聖旨：覽奏起廢不得借題濫及，其陞遷宜漸，論人宜審，與愼諡典、飭刑章，俱于時政有裨，着申飭行。王紀忠節可嘉，準與他諡，劉志選、曹欽程該撫、按速行提解，劉詔即勘具奏。該部知道。

【九】佐邊儲疏

題敬因處餉之艱難，聊竭千慮之一得，仰祈聖明採擇施行，以裕國計，以佐邊儲事。

臣惟天下所最急者，無如兵與民二事。而生財之道不講，則有兵而不得兵之用，有民而不安民之生，雖聖王無以成內順外威之治也。伏見我皇上初登大位，即孜孜以兵弱民困宣諭群臣。邇因邊警告急，請帑紛紛，召對平臺，屢塵聖慮。臣忝列戶垣，財用盈詘，實關職掌。臣即愚昧無知，敢不勉效涓涘，以佐計臣之萬一？

臣考祖宗朝，軍旅四出，而無糧餉不足之患，大端惟屯田、鹽法、徵解芻糧本色諸政。今事事壞盡，糧餉何由而足？高皇帝屯田之制，每軍種田五十畝，多至一百畝，少至二十畝。大約以少壯者守城，老弱者耕種，以故沿邊軍士，皆自爲身家妻子之謀，不待趣之死敵，而自然肯戰。即少壯之人，其操演之餘，又得以其筋力用盡于農畝。所以地之出者既多，而軍之居于邊者，亦爲久長之計，而無所怨苦。今之饑軍，皆嗷嗷焉聚烏合之衆，曾無朝夕之謀，豈能臨敵而戰乎？臣謂屯事雖壞，祖宗之遺制未嘗不在。但行之須以其人，既得其人，又須久任，或責以十年、二十年，使其行之而效，即終身經理屯事，未爲不可。臣子以身許國，何事不可爲？果能爲國家幹辦一事，一生精神透露，即可不朽，豈必擇其逸者、榮者而爲之乎？今沿邊關外空地最多，亟宜訪實心任事，暢曉農事之大臣，招集遼東無食無家之百姓，開闢荒田。計本年之工本，其收成約略可以相當。而二年、三年之後，粒粒皆子息矣。夫以本地之糧，餉本地之軍，而不必借糧于千里之外；以本地之兵，守本地之土，而不必調兵于萬里之外；直以關門兵食付託于經理之臣，而天子不與其憂，計無便于此者。但無從中格之，俾得盡展其所長，何憂屯政之不行也？然屯政之行，須俟之二年、三年，乃徐有成效，而目前未可以濟急。

至于鹽法一事，祖宗朝原爲邊儲而設，商賈輸粟塞下以易引，所以塞下之粟常充。而又恐商賈苦于輸將，令其自擇官地，任其耕種以出粟，所以商賈之輸粟又甚便。夫邊上之粟常充，則米價不騰貴；商賈耕闢于塞上，則物力又充饒；此祖制之最善者。禍起于賊臣輩，欲折色以便侵漁，而壞屯鹽之政。嘉靖八年，猶議準各邊開中引鹽，仍召商納本色糧草，不許折納銀兩；其商人自出財力，開耕邊地，上納引鹽者聽；載在《會典》可考也。惜行之不力，而商人習于輸銀，終不果行。今何不敕下戶部酌議：當年何以本色可行？後來何以難行？務要酌古準今，求一確然可行之法，俾商賈樂于趨事，而邊上之粟自饒，豈不長便？乃日狃于成習，而不思爲變通之計乎？

事例一途，原有戶七、工三之説，不知戶部事例從來已久，昔年止以三殿之災，爲工部所分。今三殿告成矣！豈容久假不歸？即云有陵工、城工及硝黃、器械等費，工例原不可徑裁，然一其收納于戶部，而屬有急需，從戶支給，此固無不便者。臣愚謂宜專設一大臣，督理事例，而于司屬中，擇其明敏才幹者一二人，一應收支出入，悉以委之。凡係邊儲告急，即以此爲接濟。絲毫登入簿册，年終總一清銷，頭緒既專，人心自一。將見趨納恐後，而一年之所入亦自不貲矣。其各省、直兩三年中納過工、遼生銀，有解部者，有納銀在官而未經起解，尚存留于地方者，悉應行文各該撫、按，着落各州、縣盡數清查，速行解到，毋以朝廷不得已之例銀，等之民間稅契銀兩，而任意支銷，邊疆反不得資其實用也。

太倉支放，原有額數，自逆璫專擅，任意增加，以致濫支日多，額支日虧，而錦衣爲甚。今即不能復國初之制，而萬曆年間成額犁然備也。但一查復十年前之定額而濫增者議裁，歲不可省數十萬乎？其邊方武弁冒濫者多，如撫院有標下中軍矣，而又有旂鼓，又有撫夷等官。兵備司各設中軍，初不過爲武流疏通之計，此輩既係欽依，則薪紅等費，自不能不與額設守備一體支領。夫孰非取給于正餉者乎？今若一概裁去，所省便自不貲。而裁之之法，先禁其冒支薪紅等項，並養廉等名目，及隨任家丁等項。姑令効勞待俸，及期陞轉，遺下員缺，兵部不得再補，查照先年事例，于本鎮衛所指揮、千户内，該道詳請，督撫批委。如此，則于事不廢，于人更得，于餉大省矣。又如邊方督、撫、按、鎮，閱操及撫夷、按臨、陞任等事，官軍各有賞賚，先年充裕，不以爲苦。近年各邊匱乏，情同賞無，正項又難姑待，每借正餉充支，名曰候補，其實無補期也。爲數雖云無幾，各邊亦非盡然。然時詘不得舉贏，諒各撫、按亦有同心。但官軍胥認爲固然，地方官實難以驟革。若非藉明旨嚴禁，則成例又豈能一朝輕破乎？至于新舊餉管理，斷宜合，不宜分。蓋新餉、舊餉兩項，俱屬匱乏，乃兩郎中分管，因而各自爲見。新餉到，則管新餉者急欲發之，懼遲則爲舊餉所那借也。舊餉到，則管舊餉者急欲發之，懼遲則爲新餉所那借也。因而懼堂官存留不發，則不以庫存實數報堂官者有之。此新舊兩庫，所以到底如洗耳。譬猶理家者，兄弟異心，各私其貲，而主翁失其主持之權矣。無如新餉、舊餉，總責成于一官，管理冊庫者一官，蓋冊庫煩瑣，亦足役一人全副精神也。至于兩庫，仍用兩員分管，則分分合合悉得其竅，而錢穀之出孔，亦可爲少節矣。

已上數款，生者三，節者亦三，而生與節之人居其一，大約皆復舊而非創新。若循此而行，歲亦可得數百萬，而邊餉缺額何難立補哉？日來在廷諸臣，凜凜焉懼司農無點丹之術，外解又不至。夫外解之不至，亦有故焉。凡錢糧徵解如期，大抵皆正印官身在地方，又迫于考成之功令，自不得不着意于催科也。自去年九、十月間，各官以覲事離任，考選者既題留京師，而回任者又遷延故里。代庖府佐，其自愛者意在潔身，徵收之事，不欲嚴比。即間有徵收，而起解或不如法，仍無濟事。一或心存不肖，便爲吏胥所蒙，竟有束京邊于高閣，祇發不急之工食，以遂其鼠飮之計，而全不顧公家之急者，此司農之所以益仰屋也。伏乞敕下吏部，凡今年新選甲科正官，早給文憑，刻期勒令赴任，其有晝錦逍遙，以違限參治。新發之硎，未有不爲地方計長久，無論民困稍甦，而正供亦得以速解，此亦近日安民足食之要着也。臣蒿目時艱，愧無長策，輒據狂瞽之一得，以備當事採擇如此。惟皇上留神省覽，立敕該部具覆施行。臣無任激切悚仄待命之至。

崇禎元年六月二十九日上。七月初九日奉聖旨：屯政、鹽政、事例三款，前朕召對時已有面諭，該部詳定條例，具奏施行。增支、冗員、濫賞三項如議申飭。新舊餉司應否歸併，從長計議。各省、直工、遼生銀未解到的，移文撫、按官徹底清查，限三月內完解。新選州縣正官，部科嚴立憑限，作速赴任。該衙門知道。

【一〇】亟修戰守疏

奏爲狡虜挾賞無厭，恃款大非長策，懇乞聖明嚴敕中外，亟修戰守，揀用實心任事之人，以毋誤封疆事。

職觀插酋虎視宣、大，亦既數月矣。其桀驁怠怢之狀，令人髮指。封疆大吏，一則曰講懾，再則曰講折，迄不聞一言及于戰守者，職竊痛之。蓋自俺答受款以來，文武將吏全不言兵，惟知朘削軍脂，半以媚虜，半以潤橐。偷旦夕之安，以俟瓜期之代。城垣之修濬，弗問也；墩堡之傾圮，弗顧也；器械衣甲之朽爛，弗計也；尺籍隊伍之虛冒，弗理也。馴至今日，而養癰已潰不可收拾矣。謂宜亟反前日之誤，大修戰守之防。虜入則完守入堡，堅壁清野以待之；虜出則出奇設伏，邀其惰歸以擊之。虜求款，吾亦姑爲講以延之；虜不求款，吾亦故爲緩以鈞之；庶乎可耳。而奈何有爲顓官款虜之說者，彼豈謂款之真可恃耶？夫款而第令邊臣相機講懾,乘時修補,未爲非是。若遂設官而號于天下曰款虜也,其與夫遣使求和者何以異?堂堂天朝可有此舉動乎?然此猶以大體言也。

職聞言兵者,攻,非特攻其城而已也,必有攻其心之道焉;守,非特守吾地而已也,必有守吾氣之道焉。今皇皇焉惟款之是求,敵之氣日以傲,能攻其心乎?吾之氣日以靡,能守吾氣乎?攻與守一無可恃,虜何憚而就我款乎?然此猶以兵機言也。即使虜果就款,或索我以昔薊之賞若干,或索我以今卜素之賞若干,或索我以累年之欠若干,將一一聽之歟?恐太倉無此百餘萬之長物也。且虜亦何厭之有?彼利我款入之金錢有數,而利我入犯之攫獲無窮。今年飽而颺去,明年安保不來?是虜之不能以款結局,已甚彰明矣。

然則如何而始爲制勝之長策乎?惟有修邊牆墩堡以固守,教練士卒以待戰,任用能戰能守之人以待敵之來而已。職考大同長邊幾六百里,修之誠不易,然有一處之殘缺,虜即生一處之垂涎,必當責成撫、道實實修整。雖一時有工築之費,而金湯可恃,潛消虜人窺伺之心。其隱利無窮,與輦金輸虜,付于不可問詰之地者,不相去萬萬乎?至虜騎突如而來,專恃完守入保,迨其去也,則惰歸可擊,然烽火不明,而徒聽夜不收之口稟,及回鄉漢人之稍信,則雖欲入保,其將能乎?宣、大自款成五十年,內地不習兵火,軍民散處,積聚星落,烟墩戍卒,頹廢蕩然。故虜一入,其多寡不可問也,其方向不可知也。即有塘報,而人與虜俱馳,奔潰擁踏,殺戮盈野,婦女、牲畜滿載以去,其倖免者止一空城耳。故明蜂火之法,宜于沿邊舊臺堡,盡心整齊,中空外堅,結以純磚,環以深池,如中原保家樓之製。近門之角,峙以磚屋數口,中積糗糧、火器可備十日者。戍卒五名或十名,常川在臺,即以爲家,經年更不離臺。凡舉放方向之規,平時預先講習,虜或聲息近邊,頃刻間數百里皆知。其傳報分明,與來而失報,報而參錯者,務重其賞罰,以期必信,而後完守入保之事可行也。至內地屯堡,宜各擇其險要可據,道理相接者,如六十里爲中,則四面小堡,相去各二三十里,修濬濠塹,儲其火器,貯其積聚。凡共守此堡者,各籍其姓名家口,預定住址,平居不妨寄居小堡,隨便耕牧,烽傳則群歸大堡,協力拒堵。兩者相應,虜自不敢輕入,入亦無所摽掠,不出三日,勢必饑疲散歸。然後以逸待勞，以飽待饑，尾而擊之，未有不可得志也。乃若強兵之法，則調遠兵之縻兵，而先苦于餉之難增，募新兵之縻餉，而仍不得兵之實用，往事昭然。計唯有就兩鎮之兵速行簡練，每鎮額定之餉，按期先發，得其堪戰者，隨練隨賞；相其老弱者，隨練隨汰；視其缺伍者，隨補隨練。以簡練默行其綜覈，而兵可清；以簡練徐行其招補，而兵可實；以簡練甄拔其精勇，而兵可強。至於畿輔肘腋之地，如順、永等府屬邑，尤宜亟練民兵，以爲保障。本地有警，則人人自可戰守；都關有警，則處處得其應援。第簡練之人殊不易得，必其老于矢石，親歷戰陣，知行伍之弊寶，識士卒之甘苦者，而後克勝此役。有見任貴寧道參政胡平表，當奢酋遣樊龍、張彤等叛據重慶，大小文武殺戮一空，官竄民逃，平表乃縋城而下，急走石砫乞兵，又集川東少年，練爲士卒，節制土司，消弭反側。凡舟馬芻糧，營壘矢石，一手幹辦，竟能保川東，復西北，解成都，下重慶。至搗巢之役，率五六千士卒，破奢安、烏鎮四夷十萬衆，遂取永寧，掃藺州、畢節而還。雖爲文臣，然古之名將不能過也。職每思其人，以當插虜，惜遠在萬里之外，今適以入賀來京師，似不當舍之而去。且見蒙皇上，錄叙川功，準加二級，超陞大用。何不即以邊道，加銜太僕寺卿，使得專任練兵？俟其定插之後，論功陞秩，聽該部酌議上請。即云貴陽之局未結，然西北之事，此日較急于西南，料當事者不煩再計而決也。至宣、大邊疆之任，燃眉之際，非異才不可猝辦，則有原任僉事劉永基，雄才電發，機略淵沉。爲宜興縣令，三月之間，大盜悉除。迨後服闋，補江西贛縣，適將官尅削，營兵喧亂，各官杜門，禍在不測。永基匹馬自詣亂營，諭以大義，亂兵謂永基曰："縣官來署營事，當不復反。"永基權宜以應之："我行軍事，各各遵法！"一鼓而各站信地，堂上蕭然；再鼓而散兵回營。止于亂賊中縛渠魁斬三人耳。使永基平日撫字不孚，信義不著，百姓猶當生心，況乎其不屬縣事之營軍，肯俯首聽其約束也？今永基見補陝西洮岷道僉事，似當借其才，用于最急之處，以得其一臂之用。

　　職又見年來，公私殫竭，尾閭難塞。養一兵須得一兵之用，製一器須有一器之益。而惟得用兵、用器之人，然後兵無空縻，器不虛造，則有原任職方司郎中方孔炤，清介絶塵，嚴明執法。以年來兵事壞于逃將，首參逃將王威、侯世禄等，明觸魏賊之怒而不顧也。武官非有軍功，不帶府衛，魏賊市恩債帥，以結其心，濫與府衛，孔炤力争之。内璫與武事，古來大害，魏賊欲以都督之蔭，開坐府之例，孔炤又争之。至崔呈秀欲越陞其弟崔凝秀，孔炤又故違之，遂因推陞江西備兵，留中不下，而復削職于告病之後。今公論既明，業奉即與起用之旨。職謂孔炤當逆焰薰天之日，尚能毅然執法，忤觸兇鋒，以其風力立于邊關，必能破請託虚冒之情面，爲疆場幹辦實事無疑也。又有户部郎中吕一奏，初管崇文税課，正璫黨用事之時，以强項不受徐大化囑托，致被大化誣劾以去。及璫敗，始還今官。此其大節可見矣。而職又稔知其爲人明習天文，曉暢兵事。今督儲薊門，聞其部署精整，造戰車輕便而有法，亦邊才之卓然者也。合無因其駕輕就熟，即授以薊門一道之任，以試其能，而後乃大用之乎？

昔我高皇帝時，元也速侵通州，曹良臣以千人却其萬騎。比其空國以來，而常遇春、李文忠直追至北河，斬其大將，得軍士萬人，車馬皆以萬計。夫賊衆我寡，然能勝之者，以我無畏彼之心耳。兵家之事，我愈畏則愈敗，彼愈不畏則愈勝。職所言修邊牆、明烽火以固守，教練士卒以待戰，而慎選實心任事之臣，以嚴戰守之具，皆非言款也。而受款之機未嘗不在焉，何也？虜見我以牆堡則固，以戰士則强，以邊政則嚴明，知我之可以無款也。來而無所獲，則俯首而就小利耳。千古禦夷之法，多不出此。伏惟皇上裁擇施行。職無任悚仄待命之至。

崇禎元年七月二十五日上。二十八日奉聖旨：籌畫插酋，不恃款而厚修戰備，足破積習。所舉四人，該部分別核實録用，勿抑勿徇。

【一一】嚴巡視疏

題爲禁衛廢弛太甚，巡視振刷宜嚴，謹列八款，祇候聖裁，以重内地，以起積玩事。

竊惟皇城爲宸居，環拱至嚴且重。祖制設班軍以輪守内外，設伍長以鈐束各軍，設指揮、千、百户以分督軍伍。日則執仗擺列，夜則直宿押鈐。每季又差巡視科道二員,察官軍之勤惰,稽隄防之疏密,核食糧之虛冒,清直房之存占,法至善也。不意法久成玩,弊積成弛,沿至于今,大非昔比。

臣等叨承視役,夙夜祗慎,不憚赤日,徒步四門點查,挨舖清理,冀返從前舊轍。奈按籍軍多,輪點軍少,非全然闃寂,十無一二,即急募幾人應點,遮掩一時。及叩以班衛姓名,茫無置對。甚至風雨歇宿之紅舖,大半頂售于人,非舖在而但局其門,則勢占而已非軍有。城內森嚴之禁地,任人往來自由,非張蓋而略無畏忌,則色衣而恣意逍遙,如是光景,豈成清肅?揆厥其故,皆因守衛官局冷俸薄,往往以頑鈍不肖者充之,既無能有所表見,而日久勞深,又漫無分別,使之知懲,誰肯自奮?且積猾伍長,每月包軍點、軍銷,賣于離伍,而軍又樂于偷閑,因循怠忽,毋怪乎實去名存,虛糜廩餼,無一衛、一班之用也。雖前此巡視諸臣,非不時爲整頓;臣等兩月以來,非不痛加責治;而未奉天語之申飭,終是按行之故事。爲此,條列八款,伏乞皇上採擇施行。臣等不勝激切待命之至。

計開:

一、甄別衛官以示激勵。照得二十衛守衛官,每三日輪班一次,率軍防守,責任非輕,須經巡視衛門擇其精壯有才幹者充用,不得以老聵濫承。若能約束軍伍,晝夜靡懈,効勞多年,積有薦獎,仍移咨兵部陞轉,鼓舞作興。如玩忽廢事、輪點不到,一次記過,二次責治停糧,三、四次革任發操。俱于年終分別報部考察優劣,庶功罪明而人皆競勸矣。

一、革補伍長以清蠹耗。照得二十衛守衛各軍,每五十名立一伍長,名爲管頭,欲令嚴加約束,豈容借此生奸?乃貪錢賣放,包攬點銷,以致班軍寥寥,月糧半飽伍長之腹。今須巡視衛門,革去積猾,當堂選補,仍于每次點閘冊上註名,是否勤惰,有無影匿,俟年終考察官唱名過堂。除守法鈐束者,加以獎賞,餘必酌量過犯,輕則停糧發操,甚則革役究罪,庶蠹源清而軍皆實伍矣。

一、各給腰記以杜顧倩。照得顧倩代直之弊,雖曰掩飾一時,亦由本人莫辨。今後守衛指揮、千、百戶,諭令原管班軍,各置腰記一片,上繪本軍面貌,下開第幾衛軍某,年幾歲,係某官所管。類送東、西二把總,轉呈巡視衛門畫押分給,上班懸帶。如對貌不同，身無腰記者，即將替級及伍長官軍究治，庶顧倩別而軍皆正身矣。

一、禁革陋規以蘇軍困。照得班軍所給月糧，每名有幾，乃衛官伍長，動有相沿陋規，借名尅削，如苕箒、燈油、換班換鎖，並各役飯錢、顧覓應差、放糧使費等項，俱經伍長之手，從糧中扣出，則所入無多。宜乎軍不樂役，班伍成虛。今應痛加清革。如有仍蹈前轍者，許各軍指名告究，計贓坐罪，庶花銷免而貧軍蒙惠矣。

一、對單放糧以免破冒。照得官軍分給月糧，事在户部，而應否停給，兩不照應，難免冒支。今後將給之先，巡視衙門，先將月内曠役不到及事故開除官軍姓名，移報該部，照單扣除。年終總計類册存留，爲獎賞守法官軍之用，庶僥倖絶而支放無弊矣。

一、愍飾晝夜以防詐僞。照得皇城以内，皆係禁地，豈容閑雜人等擅自往來！今後日嚴盤詰，即各衙門跟隨班皂，亦須懸帶本衙門印信牌面，以便稽查。如無，不許擅入，違則拿解巡視衙門究治擬罪。夜必點城，指揮輪班押鈴，一員在東交發，一員在西驗，兩員押軍搖遞。鈴有七十二口，編定號籤，數亦如之。每更發鈴十四口，丙夜再加二口，帶籤同往，由東而西，更更如是。次夜，由西而東，循環不已。如前後籤亂，責在原發；如收籤不足，責在違慢。又不時暗委廉能官員，互相查閘，庶晝夜嚴而禁地清肅矣。

一、清查紅舖以便棲止。照得皇城紅舖，原爲遮蓋風兩、歇宿官軍而設，近皆視爲己有，侵占頂售。今後須查某舖應屬某衛、某官所管，揭寫管名，刊釘門首。如巡視時有舖無人，或有人非軍，即係本官通同影賣，清出正罪，庶故居復而棲息有地矣。

一、嚴禁私刑以恤官伍。照得直宿官軍，皆屬巡視衙門統轄，即有不法事情，亦須告理聽斷。乃動輒以徵債索例，小忿微嫌，私自擒捉，私自鞭撻，成何體統？今後如有仍前放縱私刑者，許官軍赴告伸雪，以憑據理處分，庶國法昭而下情無冤矣。

崇禎元年七月二十九日上。八月初二日奉聖旨：禁衛廢弛太甚，委當申飭。

這八款俱切要可行,爾們既職司巡視,即從今日整頓爲始,務期肅然改觀,不得俱託空言。該衙門知道。

【一二】講求火器疏

題爲破虜有必勝之策,利器有已試之效,懇乞聖明注意講求,以保萬全事。

臣日者條上狡虜挾賞無厭一疏,實見講款之必不可專恃,戰守之必不可不修,而能戰能守之人,又必不可不預求也。故末舉胡平表、劉永基、方孔炤、呂一奏四人。蒙皇上敕部分別録用,獨平表則允該部覆疏,仍留任貴陽,以結黔局。西北與西南,總爲皇上封疆,臣何敢補牘再請,以煩聖聽? 近接邸報,見大同巡撫張宗衡一疏,建議出征全以火器爲主,欽奉聖旨:"邊臣無吞胡之氣久矣。覽奏雄心壯略,足鼓敵愾。第懸師遠鬥,關係不小,該部確議,速具覆,欽此。"臣恭繹明綸,真得廟勝之算,不勝躍然喜、瞿然奮也。

夫插虜逞方張之焰,封疆大吏惴惴焉蓄縮不前,競思以款爲羈縻之術。臣嘗居平慨歎,有此款虜之費,何不盡以享戰卒而繕器具? 伏要害以拒之,募死士以砍之,毒水草以絶之,間腹心以離之,虜雖强,未必不受戎索。而舉朝悠悠,漫不及此。宗衡一疏,真足以袪久睡之魔,振久頹之魄,插聞之,自當膽寒矣! 顧臣思之,欲用火器是也。但臣考自古兵器,止于弓矢戈矛,至戰國而有石砲,至國初而有火器,蓋以漸趨于猛烈也。我之火器二百五十年矣,加以遼東屢敗,所存貯者,齎送者,不啻數萬,皆爲寇資。今則必須別有進步。欲求進步,必須倍大倍精。倍大莫如西洋大砲,次則紅夷火砲;倍精則尚有種種巧法。顧此等神器,天下之至奇也,亦天下之至險也。何也? 此器一發,可傷數百千人。用之得當,前無横敵,敵人遇之,智勇俱廢。是即明旨所云"吞胡之氣,足鼓敵愾"者也。然昔人有云:"勝敗兵家常事。"獨此器一用,不堪復敗,敗即並爲敵人所有,有即不可復支,必須計慮萬全,出則盡敵而後可。是即明旨所云"懸師遠鬥,關係不小"者也。

臣考萬曆四十七年,奉旨訓練,遣使購求,而得西洋所進大砲四門者,今禮部右侍郎徐光啓也。天啓元年,建議從廣東取到紅夷火砲二十三門者,南京太僕寺少卿,今丁憂服闋李之藻也。深明臺銃事宜,贊畫關門建臺置銃者,今起陞兵部武選司員外郎孫元化也。天啓六年正月,寧遠守城殲賊一萬七千餘人,後奉敕封爲"安邊靖虜鎮國大將軍"者,此正西洋所進四位中之第二位也。却敵固圍,明效已見,乃邇來東西騷動,而絕無講及于此者,則以用器之人不在故也。

夫光啓學究天人,才兼文武,東事之初,屢陳方略,鑿鑿可行,料度情形,尤多懸合。皇祖嘉其曉暢兵事,特旨留用訓練民兵,未及一年,因東事稍緩,移防薊門,遂以中輟。一應器械率多隨營東去,獨留此四銃,以爲寧遠却敵之用,斯亦文豹之一斑已。若使十年之前,其策得行,則遼左可保無虞。六、七年前其策得行,則恢復亦非難事。且所用士卒爲數不多,所需糧餉大段減省,何至加派不休,徵調無已,抽兵稽餉,在在空虛,以致諸方蠢動,有如今日者哉?今光啓見在講幄,可備顧問。元化亦陞任將到,可備馳驅。皇上試將昔年建議之由,令之逐一剖分,並叩其今日當如何庀具,如何施用,以求全勝。光啓必有説以處于此矣!

臣因是而有感于籌邊之難其人也;非其人之難,竟其用之難也。嘗聞徐良彥之撫宣府也,白言台吉滿陸梁敗盟,而良彥鎮之以静,籠之以計,不費官家一縷,而台吉貼然受罰。毛酋跳梁者四年,良彥至彼中不逾兩月,而弭首俯耳。事幾就緒,實惟賊瑠以上谷肘腋間所必用之人,屢令人游説招來,良彥峻辭相拒,致崔呈秀疏參遣戍。夫良彥與李邦華、熊明遇均負邊材,均遭痛折。今邦華、明遇俱起之田間,用佐樞籌矣。而良彥又最熟于西北邊事者,豈可不亟展其大用乎?伏乞皇上允臣所奏,將火器一事從長講求,務期事事合法,以佐撫臣宗衡之所未備。而素裕韜鈐、夙饒幹略如徐光啓、徐良彥等,或命與樞臣討論兵務,或責令銓臣鎮撫邊疆,則中國制夷有人,而醜虜不足盡平矣。臣無任悚息待命之至。

崇禎元年八月十六日上。十八日奉聖旨:火器破虜最要,徐光啓講幄詞臣,造器之法,不妨間一指授,不必躬領其事。李之藻、孫元化、徐良彥該部酌用。

【一三】先剔遺姦疏

奏爲欲清仕路,先剔遺姦,謹據實直糾,仰祈乾斷事。

臣觀近日言路,多觸邪之白簡,聖主沛去佞之明綸,朝上夕報,公論稱快。然臣以爲非言路之好攻擊也,蓋逆豎弄權,姦人植黨,即皇上神武首出,而黨逆者猶多漏網耳。臣安敢避攻擊之名,不以白簡從事哉?

臣于御史中得二人焉,于撫臣得一人焉,爲皇上直糾之。

一爲太僕寺少卿、巡按兩淮御史許其孝。其孝初入班行,值舉朝請劍上方,欲斬忠賢,獨與科臣李春燁相戒,不出一疏,已爲識者所鄙。及乘驄淮上,日惟搜括助工,以求崔呈秀之悅。認推官許其進同宗,取運庫銀巨萬,餽內監胡良輔等,乞憐薦剡其進,遂從內降批,掌運篆,而其孝亦頓躋閫衙矣。二許朋奸,贓私狼籍。又收運副胡季真銀爵赤金,因委之監造璫祠,任其冒破不問。且熹廟賓天,非臣子鼎湖攀髯之日乎?何忍于聞報詰朝,吉服鼓樂往璫祠上梁也?舍哭臨而慶落成,是尚有人臣禮哉?以視抗節不肯屈膝之道臣來復,當愧死矣。

一爲太僕少卿、管河南道御史李應薦。應薦于天啓五年四月,力薦潘汝禎出山,有"正氣觸天,直節震世"等語。惟時汝禎依然一福建道御史耳,起補浙江道甫逾一載,遂由僕少開府浙藩,首建生祠,穢流海宇。是誰推轂,是誰作俑耶?至去秋北闈,怪事百出,有言擊鼓傳書,有言乞牆通弊,應薦身爲監試之官,不能早發弊端。乃崔鐸事敗後,猶曲爲彌縫,力請覆試,糊塗了事。夫科場首重關節,關節既真,文之優劣在所不論。彼蓋護逆黨之心重,而惜國典之念輕,遂不難作弊瞞弊,將錯就錯。今主司房考業經處分,而監試何獨漏網?且夤緣部覆,冀他日冒濫京堂,捲土重來,豈一手能障天下之公議乎?

一爲巡撫登萊、都察院右副都御史孫國楨。國楨作令貪墨,營入掖垣,黨邪害正,與孫杰結爲死友。及一麾而出,再任海道,受賄給引,致東西二洋,商販出沒,夷賊縱橫。且暱比俞咨皋,凡海上失事,必力爲護持。近日閩寇蹂躪,皆國楨養癰也。未幾陞僕少,未幾陞太常,又未幾陞登撫,是何速化乎?時孫杰正交結崔呈秀,爲忠賢義子,氣焰薰天,故國楨附之,而躍冶捷得耳。聞其撫登,別無方略,惟取浙、直無賴充材官、親兵名色,多冒廩糧,兵士敢怒而不敢言。至以同鄉故,暱比毛文龍,一如俞咨皋,受其餽獻,殆無虛月。任文龍冒餉欺君,即如擅離皮島,闌入登鎮,此軍機重事,何不入告?僅以一二塘報塗飾中外耳目。豈香火情重,封疆念輕,知參貂之餌,而不顧貓鼠之眠耶?登、萊何地,可令貪黷之夫濫節旄也!

當此離照當空,魑魅鬼蜮各已潛形,而此三臣,實為逆璫罪樞,爪牙心腹。乃或託病而藏身,暫圖鷙伏;或建牙而蒙面,妄肆狼貪。恐今日難容負乘之遺姦,他年更憂伏莽之戎首。臣故不憚據實直糾,如臣言有據,乞皇上獨斷,立賜褫斥,則逆璫不漏,而仕路一清矣。臣無任悚息待命之至。

崇禎元年八月二十八日上。九月初七日奉聖旨:許其孝逢迎搜括,貽怨兩淮。李應薦監試庇姦,全弛風紀。俱着冠帶閑住,有加銜未辭的並削去。孫國楨比黨著聞,撫登溺職,該部院看議來説。

【一四】端用人之源疏

題為清撫臣以求吏治之實,清銓政以端用人之源事。

臣前疏糾加銜臺臣許其孝等,及登萊巡撫孫國楨,蒙皇上允臣所請,罷斥臺臣,看議登撫,是皇上已明炳國楨等之為人矣。臣因稽登撫之溺職,熟察地方之利弊,不獨其人當去也,其官亦當裁。夫登撫之設,為節制毛帥也,而毛帥之設,為牽制虜酋也。試觀文龍在海外數年,糜費朝廷數百萬金錢,曾有一縷之功在封疆乎?曾有一旅之師躡虜之尾乎?曾有一奇之出間虜之心腹乎?而日報捷音之鬼語,屢獻自降之俘卒,殺戮無辜,誑欺君父,登萊撫軍,曾有一語駁正之乎?是設一文龍,而國家有二虜之費;又設一登撫,而國家受二文龍之欺也。且虜之不從海島來,亦明矣。虜善乘馬,不善乘舟,縱勉而從舟,將繫馬足,以登海航,風濤漲溟,人馬驚悸。又縱使乘風抵岸,猶當從容解馬之羈以整旅,山東將卒不繫虜之頸乎?虜雖愚,計不出此。國家三空四盡,物力耗殫,即小吏冗員,猶當議汰,而況于撫臣乎?此其當裁,不待再計。即謂海外不可無彈壓之能臣,但慎選一清正之道臣,以壯海上之犄角可矣。

臣因登、萊之撫臣,而又計及天下之撫臣也。夫撫臣者,千里屏障,萬民性命託焉。巡撫久任,煌煌天語,豈不甚殷。顧臣以爲久任之是矣,而先當辨其可以久任之人。臣計天下巡撫不過三十餘人,願陛下列其名於御屏之上,凡以後會推一撫臣,則記以年月,註以選舉之人,未及三年,在任者自不敢圖卸,未任者自不敢垂涎。當其初任之始,而即爲三年之計,其察吏也自嚴,其安民也自密,下逮藩司、郡、縣,自然勵精,以副撫臣之責望。萬一三年之内邊疆失事,官常敗簡,撫自無辭,而舉撫者亦與同罪。即中材處此,皆當兢兢。而舉人者,寧敢以一毫情面,貽後日之悔耶?臣謂即十三省布政,猶當用此法視成于三年,而況巡撫乎?

然撫臣之任以言乎外也,而鑑衡之責,全在銓地,得人則本端而標自正。職考百年來,惟陸光祖銓政最公最明,近則趙南星可與比肩。由今考其所用之人,如鄒維璉、程國祥、張光前、劉廷諫、夏嘉遇,其清則一介必嚴,家徒四壁,天下所共知信;其介則一事不可私干,至有以薦主之臺臣,囑一選吏而指名直糾者,有以堂官囑一教職,而堅持不聽,拂衣以去者。如此冰心鐵面,亘古希聞,而無如直道不容,數逢陽九,坐席未暖,大獄旋興矣。向令居銓地者盡若人,而吏治有不清者乎?至于海内摧折諸賢,在言路已無不達之刻,在皇上已無不俞之旨,而啓事尚屬寥寥。在銓臣不過以缺少爲辭,然一缺出而現任遷轉,捷足者先之矣。臣謂現任諸臣,即俸資已久,亦何妨爲數月之淹。而彼摧折諸賢,出萬死一生之中,當天清日明之候,河清難遇,覯光有心,奈何急彼而緩此乎?嗣後内外缺出,宜先急起廢,而現任者置之徐圖,則人情以平,而薦牘之煩,不禁而自絶矣。

抑臣因是而尤感于南星恤典之未平也。南星忠清爲國,首忤權奸。奸相逢迎賊璫,誓殺南星,賴舊銓臣謝陞力言于崔景榮,痛哭爭之,僅免逮繫,卒使八十老臣,荷戈萬里,身死戍所,貧無含殮。又戍其子趙清衡,又戍其甥王鍾龐,甚至及門之士。唐時循吏有聲,撫、按疏薦,許念敬以趙黨聞于魏璫,竟從劣處,近奉録用之旨,而至今沉抑,其所以摧南星者至矣。乃贈恤之典,南星曾不能比張問達之例,何以慰忠魂而勵臣節哉?敢因論銓政而並及之,伏惟皇上俯賜裁擇,臣無任悚息待命之至。

崇禎元年九月十二日上。十九日奉聖旨:登撫宜裁,該部看議來説。久任已有明旨,巡撫官尤爲緊要,吏部務慎選得人,不許速遷。啓事宜先起廢,如議行。趙南星前已有旨,夏嘉遇已經贈官,鄒維璉等屢經薦舉,遇缺推用。該部知道。

【一五】清苛政疏

題爲恤窮民以回天變,清苛政以恤窮民事。

臣伏覩皇上憂勞天下,未明求衣,已饑忘食,皇皇日望太平之理。乃地震星妖,層見疊出,兩浙之間,江海鼎沸,風雨馮陵,陷没城池,淹溺人命,衝壞田禾,浮屍蔽江,積骸滿山。邇又霜降聞雷,未冬先雪。災異如此,臣等正思叩閽補牘,況天語諄諄,宏開言路,臣敢不竭其駑蹇,共圖消弭?

臣三復聖諭,吏治、民生、夷情邊備,並切聖懷。然臣以爲夷情邊備,病之變症也;吏治、民生,病之本症也。人當大病之後,怪症百出,而明眼之醫,惟以保固根本爲要義。今日根本之計,惟有痛恤窮民,嚴刷吏弊而已。計海内用兵十年矣,無事不取之民間,而郡縣催科苛政,無一事不入考成。官于斯土者,但願徵輸無誤,以完一己之功名,誰復爲皇上念此元元者哉? 故一當催徵之期,新舊併出,差役四馳,杻繫枷鎖,載于道路,鞭笞挞打,叫徹堂皇。至于濱水荒陂,不毛山地,即正供本自難完,今概加新餉,倍而又倍。荒山荒地,誰人承買? 賣子鬻妻,逃亡遍野,而户下所欠,終無着落,以累其宗族親戚者,又不知凡幾矣!

夫民者,天之所生,天愛其所生,猶父母之愛其子。合世宙萬億兒女悲號愁痛,寧不動彼蒼之震驚乎? 皇上深思九重,閉閣自咎,要當有實事以答天心。伏乞頒下明詔,凡天啓六年以前,百姓逋欠,悉與蠲除,則歡呼踴躍遍原野矣! 臣此言,非獨爲皇上樹德于小民,求豫于天地,而足國之道,要不外乎此,何也? 小民終歲勤動,地之所出,止此幾石、幾斗。自逋欠日久,故一當催徵,今日張一示,比崇禎元年錢糧;明日張一示,比天啓七年錢糧;後日張一示,比天啓六年錢糧;層累而上之,而民之耳目亂,手足忙,心計亦惶惶靡定。將完舊乎,則恐徵新者之敲比也;將完新乎,則恐徵舊者之敲比也。民之稍馴者,分作數股,派納少許于各年名下,若似乎舊欠亦有幾分之收,而不知新錢糧之欠多,實由于此。還之分數少,而欠之分數多,亦終難免于官吏之敲朴也。頑民計以爲總不能還清,總之又比,則將其田之所收,塗飾于糧房皂隸,匿影逃形,不見官府。官府計無所出,拿其親屬,累其無辜矣。則是本年可還之錢糧,反以徵舊而致新陳俱欠也。誠使國家盡免其舊欠,而一意于新收,百姓既以愛戴之心急公,而力又足以應之。凡州縣正官,以本年錢糧徵完十分,註上考;徵過九分者,註中考;不及九分者,註下考。直隸則府達于道,道達于撫;十三省則府達于布政司,司達于撫;撫達于户部。至歲終,户部一總覈之,奏聞區處,將見徵解之數,必有過于昔年矣,何也?無他實以費百姓之財也。則臣之所請,不獨足民,而兼以足國矣。

至有司相沿弊政,無益于國而重害于民者,臣尤得而縷言之。夫贖金之設,古人原謂罪犯近矜疑者,釋之則太寬;刑之則或有畏刑而難忍者。彼一受刑于官府,終身不齒于鄉黨,故金作贖刑,以開其自新之路。此古人矜恤下民之至意,豈謂借罪人之物可肥官橐哉?功令祖此意爲濟邊、爲積穀,而不肖有司,遂借此自潤。當兩造具審之時,有明知其人無罪,特以欲擬罰贖,强坐一語,其下筆之時,心中固隱隱不安也。被罰者家苟稍裕,遂勉強完納,亦忘其無罪而贖矣。力不能完者,則立限以比之,比之數四,本官亦忘其無罪,竟以爲贖之不完,理當比責。民苟鄉愚,亦謂贖不能完,理當受責,豈不冤哉?夫百姓即果有真罪,責之數四,豈不能當七十、五十之笞乎?假使無罪而受比,則責之一板,官即造一板之罪矣。乃有責之已數十板,而贖猶懸于比簿,有人心者,宜如是乎?夫此納贖之金,分毫悉以濟邊積穀,而刑法苟妄加于平民,已有無窮之罪;萬或以其餘者,攜以養家,鬼神有知,子孫安能享之乎?今請著爲令,凡郡縣審事之際,審單當堂讀諭,原被情輕者竟釋,情重者竟笞,如當笞而犯人願贖者,方出贖單,或既出單,而犯人力不能完,願改無力,事在郡縣者,即笞而釋之;事在上司者,即申文照原罪,或笞或徒,速與歸結;庶不波累無辜,而囹圄亦爲之少空也。

然有司刑獄無一當輕,而于盜情尤不可不慎。民間被盜,勢不得不捕,一捕出而百捕隨,真盜未獲,而鄉井愚民概被嚇詐已多。或偶獲一盜,捕卒授意,令扳殷實之家,被扳者,慮一至公庭,當受極刑,敢不傾囊,以求免于捕役之手?捕役需索滿意,或以盜至捕官,或以非盜至捕官。捕官意在得錢,有錢則真者可釋,無錢則假者可解。正官多係書生,初臨民事,或未能盡知情弊,但以解到之人實係盜情,卒以重刑加之。間有無辜而受刑,有無辜而下獄,竟有無辜而因受刑,遂死于獄者矣。至于真盜受刑,其所供扳,多係捕役吐意于盜之腹中,謂如此則可免刑,不如此則不得免。而盜以捕人之言爲言,官府不察,遂輕易落筆于草案之上,或添名于捕牌之中。捕役執此牌以肆詐,詐不遂而到官,官儼然以爲盜,而竟不知爲捕人所陷之人也。今宜著爲令,凡地方不幸有盜情,州縣正官視爲切身之事,不得輕委捕衙。審盜之時,遠屏捕役,各盜隔別,審其單詞,察其狀貌,驗其同異,出其不意,更端盤詰。情事相對,機括相符,贓證相合,然後可以下筆。至其所扳之人,亦必細斟細酌于供扳同異之間、夥綫合離之際,確然可據,然後添入牌中。又必詳其地里,摹其狀貌,不使其以此張三而移彼張三,以此李四而騙彼李四。庶幾真盜可得其七八,而誣盜之害可去其二三耳。然而有司亦有姑息成性,遇大盜竟行放釋,而使民間不得安枕者,此尤甚于爲盜。不可藉口捕官捕役之擾害,而長大盜之漸也。此二者,郡縣之大害也。

　　至憲臣之弊政,亦有急當議者。夫訪犯之拿,本謂地方有巨奸大惡,郡縣所不能治,而借鷹斧以除民害。今按臣出巡,其所謂訪犯者,不過民間小小無籍之徒,而所謂元惡大憝者,反藏其身于吏胥虎狼之中,以造人之訪。或怨起睚眥,或需索不遂,輒含沙相中。而庸常有司,遇按臣討訪,已無真見,輒寄耳目于吏胥。是按臣之訪,止爲大惡洩睚眥,報需索而已。既坐爲訪,不得不多開贓款,大抵十事九虛,而問官不敢甚明其枉,亦將錯就錯,以完上司之局。甚有定贓數百金,以逢上官之意者。本犯果有厚產,一訪之下,已是如湯澆雪,況其原未必有者哉?成案一定,訪犯初亦受拷掠,漸久漸猾,訪犯高坐獄門,屈指某家富,可扳之買破屋;某家弱,可扳之買荒地。而有司意在完上司之事,率聽其欺誑。其最不肖之有司,更有借此以詐平民者矣。是按臣之訪,不爲平民去虎狼,而反爲平民樹虎狼也。今宜著爲令,凡按臣之訪,不限時,不拘數,但願有司聽訟之時,時時留意,則地方大惡,自然露形。果郡縣力不能自處,然後報聞。按院尤當留意于積年之衙蠹,至各府刑廳書役,人面虎心者最多。其精神專與各地方大窩家往來,傾陷官長,只等尋常。至溫飽之家,固其几上之肉耳。各處衙蠹,刑廳猶得而訪之;刑廳衙蠹非刑廳不敢訪也,更當于此覘刑廳之才不才耳。訪犯既定,問官當以實心審理,重在正罪,而不在追贓。罪果真實,遣成配徒,按律而行,不當輕以贖罪之路,使其仍肆害于閭里。至于被害受冤已久,其給主之贓,當一一嚴追,盡數給還,不得專重納贖,而置冤主于不顧也。此以言天下之憲臣也。而直隸之官較多于各省,故直隸之百姓,尤多一重之苦趣。

夫民間詞訟,有州、縣之分轄,有府、道之總理,而又有撫、按之彈壓,豈盡無一明察之官,可爲理冤申抑者?臣爲南直人,每見南直刁風,自分理屈不能取勝,或偶挾小忿,希圖報復,輒往南臺各差自操江以下,或屯、或倉、或江,又或太僕、或總督,裝捏各衙門相關情節,以圖準發。又借各問官駐處,以遂其請批之計。每有以數百里外之愚民,而投理于他鄉異郡之官府;以數百里外之婦女,而受執于他鄉異郡之皁隸。縱有一毫無涉之情,其誰與訴?見胥吏則怵惕,別鄉井而墮淚,官府曾一知之乎?于是罄其衣飾,傾其廩糧,盡其雞豚,半以飽原告,半以飽差役。行荒郊而帶纆絏,投旅店而求息詞。甚或代原告而暗認贖金,並代其中人認罪者。愚民之吞聲飲苦,官府曾一知之乎?且有積年惡棍,暗提緩索,隱其身于不見不聞之地,不在原告之中,並不在干證之中,下司遇關提原被至,輒欣然以爲可完上司之一事,誰復能細細尋求,推見至隱?彼準詞之官,不過受一、二罪贖,而寧知民間之害,不可方物如此?臣見南臺之賢者,頗凜凜於此際,不肯輕受一詞。其如各衙門星聯棋列,棍徒一日而進數詞,不準于此則準于彼,不得于今日則得于明日。官府縱明察廉得其情,而小民之困于拖累者已不可勝言矣!臣謂職掌苟有相關,亦安能逆料其情之盡虛,而概求不行?但謂地方隔遠,愚民可憐,準詞之際,寧簡毋濫。而問官研審之時,情罪果真,則依律定罪,不得原被概擬罰贖。若果係飾詞,更不當輕恕原告,斯不亦師下寮于清節之風,而息訟安民之要義乎?

臣之所請,如重盜情,如寬贖刑,特邀天語,申飭撫、按,當易得之有司。如嚴訪犯，而不急贓罰之取盈，清詞訟而求減臺司之罪贖，其言似拂耳。然臣見年來禁火耗、革羨餘，無官不言，無時不敕，而奉行者終未見其實。祇緣按臣有訪犯之贓，各臺、各衙門有無名之贖，已隱然有啓貪教賄之意，則從好不從令，下司固已早伺其微矣。天下豈有大臣法而小臣不廉者哉？火耗羨餘之革，固不言自喻，而府、州、縣佐貳，巧名苛罰，不禁而自戢矣。至如臣所請蠲免舊欠，一意新徵，苟尋紙上之名，必吝湛恩之及。但王者之爲天下，必當會通贏縮之實，而快然行之。皇上試召司農問天下錢糧，一年定數有幾，新舊所徵有幾，計合新于陳，總不能浮于一年之成數也，則名謂之陳，而實民間之新也，即不徵其陳，而本欲貢之皇上者也，實非能于新之外另有所謂陳也。而敲朴之苦，皇上之百姓受之；無名之費，皇上之窮民出之。皇上何樂于受無實之名，而使煢煢者骨髓與肌膚俱竭也哉？昔漢光武時，南陽地震，唐民有壓死者，或家羸弱不能收拾者，官給錢穀，取備尋求而葬埋之。今陽和地震，不下南陽；江南水害，流屍無算。願皇上沛發德音，復逃亡之子弟，喜聞德化之詔，亟歸家園，求父母之遺骸收置殯葬，不重干鬼神之怨恫也。

臣極知語言冗長，仰煩睿鑒，但條陳利病，事非一端，苟窮民之疾苦不能上徹重玄，則皇上之深仁何由下徹蔀戶？伏望天慈憐其愚藎，採納施行。

崇禎元年十月初七日具題。十三日奉聖旨：奏內種種苛政，累害窮民，深可痛恨。這寬刑贖、詳盜情、慎訪犯、禁越訴，着實心軫恤，毋失設官安民至意。蠲免舊逋前已有旨下部，除金花不免外，還議某年以前蠲起，使百姓得並力完新。這本冗長過式，不便省覽，還遵前旨，行該部院知道。

【一六】覈徵解以足軍儲疏

題爲覈徵解以足軍儲事。

臣惟邊備不足，則四夷不畏，糧餉不繼，則武備難張。頃者，督臣告急于邊疆，司農仰屋于懸罄，徒貽一人焦勞于朝，宁臣子撫心歎息，而莫能分憂于君父，豈國用真不可爲乎？良由外解之不至也。而外解之不至，豈郡縣遂無徵解之錢糧乎？又由起解不能如法，急其所緩，緩其所急也。

以臣區區之愚，求皇上盡蠲宿欠，一意新徵者，不獨爲萬民請命，亦謂德音所及，父老子弟將謂天子既念閭閻之艱苦，吾儕小民豈不爲朝廷念塞上之饑軍，扶老携幼爭完本年正課，此情可以想見。但向來解京、解邊錢糧，撒入鞭銀之中，假令開徵之始，儘其投櫃者盡數解遼餉京、邊，則上半年便可完一年之事。而此法不預立，一當拆封之時，各房吏書爭求發其分中之額。又或道、府積胥，將寬緩錢糧，故行催解，州、縣不能自主，不得不均派分解，甚則挪新應舊，移東補西，櫃下所收已花銷其大半。即州、縣有知遼餉之急，專設一櫃，不爲別項所挪動，而徵收之期，隨鞭銀之限，勢必于冬季徵完，雖總計不至虧額，而不能應一時之急。及州、縣徵解至該府，又有等候搭解之遲延，間有府間庫吏，借遼餉以發別項。故每有州、縣遼餉報完，而一府總計竟不足額者。至其解府，解布政司，衙門需索費用，守候擔延，種種皆遲餉之故也。今宜著爲令，頒布省、直，將本年錢糧，明分上中下三等，遼餉、金花、輕齎爲第一等；各邊兵餉，腹地軍糧，太僕馬價爲第二等；官吏師生廩糧及在官各役工食爲第三等。初次開徵即預備起解，吏書算定銀數，方行拆櫃，一切支給分毫不許瓜分，兌準傾完，一面解該府，一面造冊報部。直隸之府，固照舊解部，十三布政之府，不必又解布政司，亦竟由府解部。如到部日期，與各縣解府日期懸殊太甚，該府即以怠緩論罪。布政、道院衙門，先期轉批領銀，竟行按程計日，屈指可望，則不惟本年定無不解之額，而較之尋常解司彙解者，必迅速幾月矣。大抵天下事窮則變，變則通，今當如此之日，而猶拘守常規，不肯做一直截爽快之事，以求京、邊接濟，宵旰寬憂，豈可得哉？此目前第一濟急之務也。

至近來南京亦苦于南糧不到，致截漕運，所謂割北肉以醫南瘡。彼但知南之急，而不知北之尤急也。查南糧俱運自南地，近者千里，又近則數百里，最遠不逾二千里，皆一水可達，非有輪輓陸運之苦。且收糧不比徵銀之遲，計畝而輸，匝月之間，可以盡斂。特爲衙門積棍、豪家勢僕爭先攘得，一僉南解，即私自支收，視爲己物，營放取利，絕無意于轉運。屆期或收糴江淮客米，或裹銀至南京，聊用半價即買倉籌，以數年朽米，仍輸之倉。甚或到京投批，營脱遁歸，二年、三年拖欠，終無了局。今欲空南糧蠹蝕之窟，宜盡革此等解户，令州、縣糧官押運到南京，其盤運腳價，向來贈耗水腳，足供支用。定于正月收糧，三月運斛，不出半年，而百萬餘石之糧並集矣。此臺臣吴焕之疏確然當行者也，不但以足南儲，亦可以絶其漕運之垂涎矣。

至民間完辦錢糧，加派優免之參差，歲有增減。民間所據輸納，惟是由票爲準，乃有由票徵派，散不合總者；有優免冒濫，貽累平民者；有額數日增，而不知增以何名者；有歲有增減，而未見減于何處者；甚之有銀已十限徵完，並未見由票之給發者。夫無由票，豈但小民無所稟承，即有司之典守，先示人以不可測之隙，是上下兩累之道也。即有由票而開載不清，徒令百姓照數啞納，莫知所由，此豈盡有司之甘爲闒茸哉？蓋皆府、縣糧房總書，與積年奸里通同作弊，故將數目含糊，使人不能明白曉暢，就中乃得行其影射，重徵叠派，飛灑隱漏，有司爲所牢籠，而不及知耳。宜下令撫臣，責成布政司、糧儲道，通行各府、州、縣，凡田地山蕩所派銀米，俱要總散相合，新增舊減，俱有實在款項，使人易知；又必令四月以前，家給一紙，户户通曉。輸糧則上倉，納銀必投櫃，不許仍與奸里私收。完過即填明單上，比時即執單爲據。如過期而無由票出給者，此爲奸胥、奸里作弊無疑，而州縣官之昏耄不恤民事亦可以見。此所謂清徵收之法，以鼓舞小民之完納也。

江南州縣，有存留軍儲本色，以供各衛官俸、軍糧等項，原非急徵之數，多至次年冬盡方徵。故奸民往往賄買總書，將此項儘數買坐名下，詭脱漕糧。其守法良民，急欲出兑完事，不願存留，又求縣總免派。是或派或否，縣總皆收漁人之利，以故貧軍坐守而奸胥得計。宜徑改本色爲折色，每石折銀五錢，驗派通縣折色銀兩，按季給發。又有恤孤之米，以瞻貧難老疾之人，猾户亦借以詭脱漕糧，一如賄買軍儲之例，奸胥隱蔽本色，于緩解錢糧内朦朧掛欠，其柴、布、銀則又鬼名支領，以飽貪囊，實在養濟院者不過四分之一。而疲癃殘疾之人，日夜叫呼于市，凍餒而死。此項恤孤之米，亦宜每石折銀五錢，驗派通縣折色銀内，而州縣正官親至養濟院，每月將錢給散，人有缺額，即時召集通縣乞丐，擇其最病苦者，立刻收入，此不但合邑得沾折色之利，軍與孤老得實惠，而漕米亦不爲奸民詭脱矣。

江南民運之最苦者，莫過于白糧。除船户之刁勒、解官之供應、上納之需索、怒濤之漂没，萬苦難悉。只如漕、白並行之日，漕多白少，則少不敵多；漕輕白重，則重不敵輕。每自渡江以北，積四、五十日，不得出清江口，而沿途過閘下溜，民受軍欺，總不能前，于是未抵直沽而嚴冰合矣。不得已而催車裝運，腳價倍費，車夫鼠竊，十僅存七。窮年拮据，傾家蕩産，故百姓聞僉此解，輒如赴蹈湯火。職以爲白糧渡江而後，漕船填塞，委難越幫，惟有儧運一法，庶幾可行。合敕令巡漕御史，每年届期，差武職官一員、把總以上者，前至瓜州，將白糧船押送至臨清出口，計程限期，不許遲誤。其各漕運把總等官有阻撓者，許委官飛報提究。如是則旗軍自不能爲中道之梗，不特小民易釋負擔，而白糧亦得早達于帝都矣。

至于江南州縣有積米銀兩，豐年賤價積米，凶歲平價出糶，甚便于民。而州縣庫房，竟有將此項捏名具領，放債取利者。宜令正官嚴查，此項務實有米穀在倉，以備荒年之緩急。天下當此三空四盡，而又有天災流行，有地方之責者，宜各自爲根本緩急之計也。

職之所請，雖有數端，然急解京、邊者，救目前軍士之燃眉也。委糧官南運者，足南軍之餉，而並絶北漕之漏也。早發由單者，使鄉民不受吏胥之欺，清其急公辦賦之路也。軍儲、恤孤求折色者，非獨養軍贍孤，又使漕運之易起也。白糧需漕院委官押送者，保全良民之身家，亦使玉食易達于天子也。清州、縣積米銀兩者，備地方凶荒之緩急也。皆當今之要務，而臣垣之職掌也。職首疏求寬舊欠而急新徵，此疏責成速解，而並悉徵收運解之利弊。體皇上外念吾軍，内念吾民之至意，集衆思以馨芻蕘也。伏惟即賜裁擇施行。

崇禎元年十月初七日上。十三日奉聖旨：徵收錢糧先儘京、邊。由縣解府，由府解布政司，該府即將起解日期先行報部，以便查催，司、府、州、縣官一體考成。輪納由單，巡撫官責成州、縣先期給散，務簡明易知，使百姓通曉，吏胥隱匿的，處以重罪。蘇、松、常、嘉、湖五府上供白糧，漕臣差弁押送，不許漕船攔阻。備荒米穀，撫、道不時嚴查，以積貯多寡爲治行殿最。軍儲、恤孤還遵舊制，徵收本色。南糧府縣佐貳部運，已屢有旨了。該衙門知道。

【一七】時政不宜久隳疏

題爲大僚不宜久曠，時政不宜久隳，懇乞聖明速賜裁決，以熙庶績，以贊新猷事。

臣伏見我皇上孜孜求治，宵旰不遑，其思得人以圖治，蓋不啻堯之憂不得舜，舜之憂不得禹、皋也。其于吏治民生，夷情邊備，屢頒訓諭，頻切叮嚀。即使三事九列，濟濟班聯，昕夕經營，猶慮智慮弗周，或不能仰副宸衷焦勞萬一。乃今觀于諸大僚竟何如也？以正卿則銓臣、樞臣久已杜門，刑臣亦已病請矣。以亞卿則戶部侍郎王家禎、工部侍郎張維樞，皆以會議靜聽處分且浹月矣。

夫家禎之會議，以寧遠兵變也。留數萬之餉于數日之間，以備插之緩急，而適逢寧遠脫巾之變，家禎誠不能無罪。乃會議之疏，家禎已閑住，而王楫且免議矣。使此議而當，則應罷斥家禎；使此議而不當，亦宜明示聖意。司農非無事之地，而況此日之司農乎？又督餉者乎？其張維樞留咨一事，既經臺臣參論，維樞即自對無慚，然不執爭于兌銀之前，而掯留于發銀之後，其咎已不能辭矣。今會議已定，而明旨杳未處分。臺臣吳阿衡奉差按浙久矣，止爲此事未結，不敢叱馭。臣同官張鼎延謂以屬糾堂非體，並參湯齊、王楫，乃湯齊奉有會議局結處分之旨，似聖衷自有獨斷，何不亟簡前疏，以絕外廷觀望之心乎？

至刑曹，天子之法官也，一切麗于法者勿辟、勿宥，權莫重焉。今者，虎彪之屬，遷延一載，尚未正法，而梁夢環、劉志選、劉詔、曹欽程等纍纍諸犯，久漏爰書，法紀謂何？刑書喬允升精力尚强，止以失儀，杜門請告，且臣見其受事之始，即疏請速結諸獄，風裁凜然。今似應敕令即出視事，早辟諸兇，以快天下之心，而奈何聽其悠悠託病爲也？

若夫銓臣統均任重，黜陟用舍，朝夕啓事不遑，豈容旬日不視事者？況內計之期已迫，枚卜之典方新，會推指日，需人考功，尚無定屬。王永光以聞言自省，故今日一疏，明日一疏，上留之愈篤，而彼辭之愈堅。皇上何不渙發明旨，責令速出，即日舉行枚卜等事。倘其肥遁已决，去志難挽，則了此一、二大事，聽其長往，以成雅尚。斯不亦輔理既早收得人之效，而大臣復曲全易退之節乎？伏乞皇上留神省覽，念大僚之必不可久曠，時政之必不可久隳。將會議二事速賜處分，遺下戶、工員缺，早行銓補。而刑臣責令速結大獄，銓臣責令速完會推。至本兵之任，當此東西交警，亦宜擇人而早付之。蓋庶官無曠，則代天工者不患無人；而枚卜早行，則熙庶績者，更不患無領矣。臣無任悚息待命之至。

崇禎元年十月二十五日上。二十八日奉聖旨：大僚不宜久曠，説得是。王家禎、張維樞會議處分，即候旨行。王永光速舉會推，喬允升速完讞獄，俱不得辭諉。兵部尚書缺，也着亟推堪任的來用。該衙門知道。

【一八】奉旨回話疏

奏爲奉旨回話事。

臣于本月初八日接邸報，見錦衣衛一本，奉聖旨："温體仁直言糾邪，章允儒知情庇護，且以廣微比體仁，將不知何如視朕？徇私滅公，肆言無忌。本當重處，姑從輕，着革了職爲民，如有朦朧起用者同罪。枚卜大典，濫入匪人，把持家臣，撓其職掌。耿志煒、房可壯、瞿式耜、梁子璠都着回將話來。該部知道。欽此。"臣聞命蹐踳，措躬無地，正擬具疏回話聞，初九日接邸報，見協理府事、禮部尚書温體仁，參侍郎錢謙益一疏中及臣名，謂臣受謙益指使，疏催家臣王永光暫出完會推等語，始知回話之旨，蓋因體仁參疏及臣也。臣謹將當日具疏緣由，據實爲我皇上陳之。

臣于十月二十五日，具有大僚不宜久曠一疏，蓋實見邇來卿貳杜門者接踵，班行中頗覺寥寥，故上疏懇陳，謂大臣中宜處分者，即當亟與處分，應推補者，即當亟與推補。蓋言官以言爲職，凡目前時政之所急，自不得不效其區區也。荷蒙皇上俯採臣言，許其不謬，戶、工會議，先後有再議之明綸；銓、刑二臣，亦旋奉責成之明旨；而本兵員缺，亦已即日會推是臣疏所言，業已實見施行矣。今體仁乃牽連及臣，以臣疏專爲速催枚卜而發，致蒙皇上詰責。夫枚卜舉行，出自聖裁；舉朝疏請枚卜者，無慮數人；條陳枚卜者，亦不止數人。豈有臣疏則枚卜舉行，無臣疏則枚卜不舉行乎？若以冢臣王永光之出，爲臣疏所催，則十月十九日下冢臣一疏，先有枚卜在即，還遵旨速出料理之旨；二十四日又下冢臣一疏，又有枚卜大選俱不可緩，該司官宣諭，即出料理之旨；此皆在臣疏未上之前，天語煌煌，是豈皆臣疏所請而得者乎？臣拜疏于二十五日，得旨于二十八日，而冢臣見朝視事，即于二十六日，是冢臣之出，奉皇上之嚴命而出者也，而謂爲臣疏所催乎？

臣職司封駁，感激時事，漫爾條陳，夫亦自盡其職掌，而豈料此疏即爲臣之罪案乎？臣待罪掖垣，甫逾半載，新進小臣。凡朝廷一切會推會議諸大政務，自有部院之長，即六垣自有六垣之長，臣不過散給事中，何能與參末議，而乃以臣爲受人指使，從中主張？天日在上，鬼神在旁，臣實不任受也。伏乞皇上俯鑒臣愚，特垂寬宥，謹因奉旨回話，席藁待罪。臣不勝激切悚仄待命之至。

崇禎元年十一月初十日上。十三日奉聖旨：瞿式耜疏催冢臣，既云速完會推，又云聽其長往，殊屬憑臆，有傷國體，着降一級調用。該部知道。

【一九】邪謀不可不破疏

奏爲黨論不可不明，邪謀不可不破，冒死直陳，懇乞聖明垂鑒事。

臣少讀宋臣歐陽修《朋黨論》，未嘗不廢書而歎也。蓋自古小人欲殘害忠良，廣陷正類，必以朋黨；欲疑人主之心，必以朋黨；欲箝天下之口，必以朋黨。朋黨之説，爲害于天下國家久矣。皇上神明御宇，四海維新。尚書溫體仁因枚卜不與，突興結黨之説，舉朝聞之皆爲寒心。臣請爲皇上臚列言之。

蓋自皇祖中年，諸忠臣義士爭國本者、忤權奸者，多退伏林園。如鄒元標、顧憲成、郭正域輩，海內視如泰山喬嶽，景星慶雲。而浙之奸人劉廷元、邵輔忠、孫杰、韓敬輩，相與合謀，聚族指諸臣爲黨而禁錮之。及崔、魏煽禍，與楊漣、左光斗、繆昌期等爲深讎。廷元輩遂投入忠賢之門，指楊漣等爲東林之黨。凡漣等之親知朋友，死者死，戍者戍，削奪者削奪，無一人得免者。黨禍之慘，古今所未有也。

天開神聖,誅逆鋤奸,廷元等所主持之《要典》燬矣,輔忠、杰削矣,敬以馬鳴世之糾參閑住矣。群奸眈眈虎視,希冀體仁得入黃扉,圖謀翻局。體仁憤不得與,遂倡爲舉朝結黨之説,以傾動朝廷,何其毒也!今日在廷諸臣,蒙恩賜環者,其老成則鄒元標、顧憲成之徒侶也,其後進則楊漣、左光斗之流亞也。其生平期許建白,非護持皇考先帝,則忠愛皇上者也。以護持皇考先帝者爲黨,則必傾危國本者而後爲不黨乎?以忠愛皇上者爲黨,則必依附權奸者而後爲不黨乎?曰舉朝皆黨,則舉朝無一人得免於黨者矣。必復然崔、魏之灰燼,反廷元等之席而後可矣。體仁之心,路人所知也。錢謙益爲楊漣等忠義之朋,科場一案,久已昭雪。章允儒一入夕垣,魏忠賢矯旨欲廷杖之,舊輔葉向高揭救,稱爲海内第一清官;房可壯當楊漣去國之後,力爭會推,侃侃不屈。皆真忠臣也。允儒掌科,可壯掌道,出自九死一生之餘,爲皇上求賢輔弼,豈肯推舉一賄賣科場,寡廉鮮恥之人,以爲大典羞乎?願皇上之深思之也。

體仁謂舉朝皆謙益之黨,多當有數百人,少亦不下百餘人。何不枚數其人,一一爲皇上陳之,而乃爲此翕張吞吐之語,以疑皇上之心,箝舉朝之口乎?枚卜不公,當先有言路糾舉,不當獨發於會推不與之尚書;謙益果不肖,當直糾謙益一人,不當倡造舉朝結黨之邪説。今體仁既以結黨爲打盡之網,復以求退爲護身之符,如此奸邪,能逃於皇上如神之鑒乎?體仁之恨謙益,而牽連遷怒於臣,又不足與辨者矣。伏乞皇上洞察邪謀,大彰神斷,無使讒説殄行,忠良失氣,則社稷幸甚。臣新列班行,狂直取咎,前疏剖辨已明,蒙皇上不加斧鑕。但臣惟知報塞朝廷,身名且不自顧惜,豈敢一毫私見,蹈謙益結黨之嫌?然終不敢一毫瞻徇,畏體仁結黨之議。知之罪之,惟在皇上而已。臣不勝激切候命之至。

崇禎元年十一月二十三日具奏。奉聖旨:[下缺文]

後　記

　　這批瞿式耜未刊書牘，是生前任職於中國社會科學院文學研究所的張暉告訴我的。現在記不清是 2009 年還是 2010 年的冬天了，張暉來臺北"中研院"中國文哲研究所看我（前此，他曾在文哲所從事博士後研究）。晤談間，他告訴我在文學所善本室看過一帙瞿式耜未刊稿，並有意爲之整理出版，以增補瞿氏詩文通行本《瞿式耜集》之闕遺，云云。我聞之大喜，鼓勵他早日完成。不意張暉竟於 2013 年春急病去世。哀慟之餘，我想幫他完成這個遺願。當年隆冬，我從臺北飛往北京借讀並過録該集，開始着手整理本書。在京期間，得到文學所蔣寅教授、李芳教授、李桃，還有善本室館員們無私的協助，實在感激。近年稿成以後，蔣寅教授、陳廣宏教授、張旭東先生曾就出版事宜不吝賜教，予以支持，最後得到廣西師範大學出版社魯朝陽、劉隆進二位社長玉成其事，許多隆情厚誼，銘記在心。此外，成書過程中，臺北門人范雅琇、鄭淇丰做了大量實務工作，貢獻良多，非常感謝。編校過程中，又蒙本書外審專家給予諸多修改建議、責編黃婷婷女士悉心打磨，使本書更臻完善，在此一併謝過。本書於今出版，正值張暉辭世十年，持此以代一瓣心香，不亦可乎。

　　　　　　　　　　　　2023 年春，嚴志雄識於香港吐露港畔中文大學